小公司做大做强24招

彦涛 ◎ 著

所有**大公司**都曾实践的**经营法则**
所有**小公司**都会用到的**制胜技能**

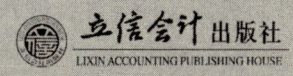
立信会计出版社
LIXIN ACCOUNTING PUBLISHING HOUSE

图书在版编目（CIP）数据

小公司做大做强24招 / 彦涛著. -- 上海: 立信会计出版社, 2015.7

（去梯言）

ISBN 978-7-5429-4631-7

Ⅰ.①小… Ⅱ.①彦… Ⅲ.①企业管理—通俗读物 Ⅳ.①F270-49

中国版本图书馆CIP数据核字（2015）第082602号

策划编辑　　蔡伟莉
责任编辑　　赵志梅
封面设计　　久品轩

小公司做大做强24招

出版发行	立信会计出版社		
地　　址	上海市中山西路2230号	邮政编码	200235
电　　话	（021）64411389	传　　真	（021）64411325
网　　址	www.lixinaph.com	电子邮箱	lxaph@sh163.net
网上书店	www.shlx.net	电　　话	（021）64411071
经　　销	各地新华书店		
印　　刷	固安县保利达印务有限公司		
开　　本	720毫米×1000毫米	1/16	
印　　张	25.25	插　　页	1
字　　数	387千字		
版　　次	2015年7月第1版		
印　　次	2015年7月第1次		
书　　号	ISBN 978-7-5429-4631-7/F		
定　　价	36.00元		

如有印订差错，请与本社联系调换

前　言

公牛电器公司从初创到获得中国驰名商标只用了短短的10年时间。最初，公司没有花1分钱做广告，只是通过渠道中商户的店面横幅和超市柜台上的横幅来宣传，引导消费者关注自己的产品，由此逐渐变大变强；被誉为"中国鞋都"的温州，绝大多数公司是中小规模的家族制公司，但以其分工明确、产业链和相关的产业配套体系完整齐全的优势和特色形成了强大的竞争力，打造了各类强势品牌。

山东小鸭集团，最初以洗衣机发家，逐渐发展到生产热水器、冰柜、空调、灶具，从家用电器到ERP、电子商务、纳米材料，小鸭开始迅速多元化，一度投入数亿元巨资，结果市场严重供大于求，小鸭电器背上了盲目快速多元的沉重包袱；曾经名噪一时的三株集团因为盲目扩张，管理失控，最终酿成了短暂的极速发展之后轰然倒下的悲剧。

以上成功和失败的事实表明，公司发展和壮大的过程是不易的，会存在着各种制约因素。外部因素如国家政策、资金投入、技术标准、市场疲软、消费需求不足、竞争白热化等，公司内部因素如发展战略、产品开发、营销策略等。以上种种原因导致了许多小公司发展缓慢，生意难做。

微利时代下的小公司生存现状

在当今微利时代，面对市场激烈的竞争和严峻的挑战，公司如何做大做强？如何让公司持续发展逐渐壮大呢？这是无数企业家都在思考的问题。

有数据表明，欧洲、日本中小公司的平均寿命约为12.5年，美国中小公司的平均寿命约为8.2年，世界500强的大公司平均寿命不超过50年。我国中小公司平均寿命只有3.7年，小微公司平均寿命不到3年。

中小公司是一个在上有国际跨国公司、国内大型公司，下有多如牛毛的个体工商业者挤压的夹缝中生存和发展的公司群体。其在经济中独特的位置决定了生存、发展的艰难。

目前小公司存在以下8大困境

困境一：格局小。格局小的公司，想的永远是自己，希望从一颗鸡蛋中吃出黄金；而格局大的公司，则能着眼于未来，在大环境中定义自己的事业。

困境二：眼界窄。一个亮点马上就能换回巨大的效益，一个活动或一期广告投下去要立即看到效果。这种想法是不正确的，品牌对于公司来说是一个长期的、系统的工程，公司必须以长远的目光对待。

困境三：安于现状。公司能否做大做强，也取决于老板个人的进步。只知低头拉车，不知抬头看路，结果疲惫不堪，公司却不见成长。所以，如何选择公司管理培训机构至关重要。

困境四：人才流失。没有一批能征善战的下属来冲锋陷阵，公司难以成大事。关键问题是公司有无建设团队、培养员工的措施。

困境五：品牌的生命周期短。

无数的例子证明，一个当年很强势品牌，可能随着时代的发展最终退出历史舞台，比如摩托罗拉、诺基亚、柯达。因为品牌本身也有生命周期。

困境六：产品同质化严重。如果产品不行，也是枉然。中小公司产品同质化现象严重，造成了公司无个性和活力。

困境七：互联网时代，管理的作用被慢慢减弱。管理属于辅助系统，可以帮助公司生存，但是却无法对公司的发展起关键性作用。

困境八：创新受限。创新并非在所有行业和领域都起到关键性的作用，比如批发零售业。

小公司做大做强需把握以下10大关键因素

1.企业家对公司的投入和自身的能力关乎公司的成长高度和发展速度。在公司初创阶段，创立者的魄力、远见、个人能力等决定着公司能否生存。在公司做大之后，公司管理制度、管理方式、竞争力、企业文化等对公司的影响非常大。

2.公司精神是让公司超脱生死的关键因素。

3.经营理念是公司的指导方向，既影响着公司全体成员的精神面貌，也决定着公司的素质和竞争能力。

4.拥有一套科学的有效的发展战略。

5.一个有良好决策力、专业化且训练有素的团队是任何一家想做大做强的公司不懈的追求。

6.公司的运营不能脱离制度，包括工作制度、责任制度、特殊制度等。

7.公司内部组织结构不完善，分工不明确，往往会造成严重的社会经济后果。

8.企业文化成为公司的核心竞争力和灵魂，它直接影响到员工团队的使命、价值观念和行为习惯。

9.把握机遇，不断推出新产品、开拓新市场、变换营销方式等，做到以不变应万变，赢得更多的市场需求。

10.运用市场聚焦策略，扬长避短，把有限的资源、资金、力量集中到自身优势的领域和目标上来，利用产品差别优势，形成核心竞争力。

解决之道：阅读本书

本书重点介绍小公司做大做强之道，列举出24招制胜秘诀，近400条成功经验，其中包括：创业之道、防败之道、战略之道、执行之道、制度之道、人事之道、生产之道、采购之道、财务之道、薪酬之道、降本之道、文化之道、营销之道、产品之道、定价之道、通路之道、电商之道、品牌之道、推销之道、创新之道、情报之道、关系之道、聚焦之道、竞争之道等，内容全面系统，精简扼要，实践性强，可以说是公司管理者走向成功之路的良师益友。

无论是胸怀大志的年轻创业者，还是身经百战的公司经理人，或是驰骋商海中的企业家，希望都能从本书中得到启发，把公司进一步做强、做大、做好！

目 录

创业篇

第1招 创业之道：
活下来和挣钱是第一位的

1. 创业的第一法则：不熟不做 …………………… 004
2. 做好市场考察才能精准把握 …………………… 004
3. 在诱惑面前坚持最初的梦想 …………………… 005
4. 产生具有影响力的带队者 ……………………… 006
5. 偏执狂和疯子哲学 ……………………………… 007
6. 诚信是一种投资手段 …………………………… 008
7. 认准方向，不达目标不罢休 …………………… 008
8. 要么出局，要么数一数二 ……………………… 009
9. 不盈利是可耻的 ………………………………… 010
10. 经营公司要耐得住寂寞 ………………………… 011
11. 将分散资源集成产业化 ………………………… 012
12. 断裂的资金链是经营致命危机 ………………… 013
13. 不要忽略每个合同细节 ………………………… 013
14. 成长是一种疼痛的过程 ………………………… 014

第2招　防败之道：
80%的公司熬不过头三年

1. 最大的风险是没有危机意识 …………………………… 017
2. 建立一套危机预警机制 ………………………………… 018
3. 只看脚下终会走到悬崖边 ……………………………… 018
4. 不能满足于既得利益 …………………………………… 019
5. 将危机转化为机遇 ……………………………………… 020
6. 挺住，走过挫折和艰难期 ……………………………… 021
7. 变通思维，适应市场 …………………………………… 021
8. 以退为进，着眼长远 …………………………………… 022
9. 不盲目，不贪多贪大 …………………………………… 023
10. 建立完备的管理系统 …………………………………… 024
11. 解决合伙创业的内部矛盾 ……………………………… 025
12. 星火燎原，防微杜渐 …………………………………… 025
13. 不因急功近利而早盛早衰 ……………………………… 026

管理篇

第3招　战略之道：
要做大做强，就要找对方向

1. 规划有多远，公司走多远 ……………………………… 032
2. 确立公司的经营方向 …………………………………… 032
3. 超前意识让公司抢占先机 ……………………………… 033
4. 不把鸡蛋放在一个篮子里 ……………………………… 034
5. 做好长期规划，就是未来赢家 ………………………… 035
6. 重点放在有竞争优势的业务上 ………………………… 036

目 录

7. 战略目标要从实际出发 …… 036
8. 战略忌东施效颦，见异思迁 …… 037
9. 根据市场变化调整战略 …… 038
10. 实施科学的决策管理 …… 039
11. 可持续发展战略是发展 …… 040
12. 以小搏大、以快打慢 …… 041
13. 多元化战略要内外兼顾 …… 042
14. 阶梯式战略步步为营 …… 043
15. 跨越式战略获得优势 …… 043
16. 战略与文化密切配合 …… 044

第4招　执行之道：
没有执行力，再伟大的战略都等于零

1. 完美的策划需要有效执行 …… 047
2. 影响执行力强弱的因素 …… 048
3. 执行开始就要有高标准 …… 049
4. 没有可行的流程就没有执行力 …… 050
5. 想尽办法，使命必达 …… 051
6. 执行就要快、准、狠 …… 052
7. 决策不多变，执行不迷茫 …… 053
8. 执行，从我做起 …… 053
9. 有效的执行力来自充分授权 …… 055
10. 授权也要讲究策略 …… 056
11. 沟通顺利，执行到位 …… 057
12. 狠抓各项工作的落实执行 …… 057
13. 没有监督就没有落实 …… 059
14. 强化员工的效率意识 …… 060
15. 把每一位员工打造成落实型员工 …… 061
16. 开放思维，灵活执行 …… 062

第5招 制度之道：
制度是真正的老板

1. 制度定江山 ·· 064
2. 制度为公司画出规矩方圆 ·· 064
3. 用活制度，搞活经营 ·· 065
4. 设计标准化的运行机制 ··· 066
5. 简化管理层次，优化制度管理 ·· 067
6. 制度管理"经"与"权" ··· 068
7. 制度管理不是一味求统一 ·· 068
8. 制度要体现人性化 ··· 069
9. 制度建设要与文化建设同步 ··· 070
10. 有过必有罚，有功必有赏 ·· 071
11. 制度面前，人人平等 ··· 071
12. 制度不完善，滋生"潜规则" ··· 072
13. 防止制度建设错位 ··· 073
14. 再好的制度也有老化的一天 ·· 074
15. 不断修订，让制度日臻完善 ·· 075

第6招 人事之道：
不会用人，你就自己累到死

1. 伯乐相好马，严把招聘关 ·· 077
2. 引进优秀"空降兵" ··· 078
3. 物色有潜力的员工 ··· 078
4. 慧眼识英雄，用人先识人 ·· 079
5. 知人善任辅大业 ·· 081
6. 人得其位，位得其人 ·· 081

7. 合适的就是最好的 …………………………………… 082
8. 给员工一片自由驰骋的蓝天 ………………………… 083
9. 区别对待不同的下属 ………………………………… 084
10. 有信任才会有合力 …………………………………… 085
11. 带动"发动机",然后提供舞台 …………………… 086
12. 没有超能员工,只有超强团队 …………………… 087
13. 做员工的教练 ………………………………………… 088
14. 有效解决团队中的纷争 …………………………… 089
15. 建立后备军,注重人才梯队建设 ………………… 089

第7招 生产之道:
质量好未必成功,质量差一定失败

1. 质量是公司的命根子 ………………………………… 092
2. 小公司要强大,靠质量说话 ………………………… 092
3. 产品质量的两大内涵 ………………………………… 093
4. 实现质量零缺陷 ……………………………………… 094
5. 质量评价要以结果为导向 …………………………… 095
6. 让消费者来检验产品的质量 ………………………… 096
7. 确保质量问题投诉率为零 …………………………… 096
8. 用看板管理推动生产过程 …………………………… 098
9. 品质保证的目视管理 ………………………………… 099
10. 严控废品的损失 ……………………………………… 099
11. 加强物流质量管理 …………………………………… 100
12. 预防仓储品的损坏变质 …………………………… 101
13. 将产品不良率降到最低 …………………………… 102
14. 推行全面质量管理运动 …………………………… 103

第8招　采购之道：
谈判、流程、防腐败，一个都不能少

1. 采购谈判有备无患 …………………………………… 106
2. 采购谈判的四大心理技巧 …………………………… 107
3. 采购谈判的八大沟通话术 …………………………… 107
4. 巧用外力与采购供应商砍价 ………………………… 109
5. 确定最经济的采购批量 ……………………………… 110
6. 确定最佳的采购数量 ………………………………… 111
7. 选择最佳采购供应商 ………………………………… 111
8. 采购供应商评审九要素 ……………………………… 113
9. 集中采购法操作要点 ………………………………… 113
10. 联合采购法操作要点 ………………………………… 114
11. 买断采购法操作要点 ………………………………… 115
12. 准时化采购法操作要点 ……………………………… 116
13. 定点采购法操作要点 ………………………………… 117
14. 计划采购法操作要点 ………………………………… 118
15. 材料标准化采购法操作要点 ………………………… 119
16. 评估采购绩效，严控采购腐败 ……………………… 120
17. 加强绩效考核，杜绝采购腐败 ……………………… 120

第9招　财务之道：
不懂财务，就做不好管理

1. 兵马未动，财务先行 ………………………………… 123
2. 管理者必须懂财务 …………………………………… 123
3. 管理者要看懂三张报表 ……………………………… 124
4. 管理者必须紧抓的财务指标 ………………………… 125

5. 规避税务险，财权不旁落 …… 126
6. 财务费用核算的方法 …… 127
7. 重视财务报表分析的作用 …… 128
8. 影响公司现金流转的内部原因 …… 129
9. 影响公司现金流转的外部原因 …… 131
10. 资金转得快，公司越赚钱 …… 132
11. 缩短应收账款回收期 …… 133
12. 现金流动，源源不绝 …… 134
13. 如何从现金流量表看收益质量 …… 135
14. 公司融资融什么 …… 136
15. 堵住外来合同的财务漏洞 …… 138

第10招　薪酬之道：
要把待遇和贡献结合起来

1. 薪酬设计要公平、有效和合法 …… 140
2. 薪酬设计要内外兼顾 …… 141
3. 薪资结构设计六步曲 …… 143
4. 职位类别薪酬模式优与劣 …… 144
5. 技能薪酬模式优与劣 …… 146
6. 能力薪酬模式优与劣 …… 147
7. 业绩薪酬模式优与劣 …… 149
8. 能力付酬如何让员工满意 …… 150
9. 绩效评价三招搞定 …… 151
10. 薪酬激励增强公司凝聚力 …… 152
11. 涨薪激发员工热情 …… 153
12. 重赏之下有勇夫 …… 154
13. 激励不是天马行空的承诺 …… 154
14. 采取灵活的激励方式 …… 155
15. 激励不宜过度 …… 156

第11招 降本之道：
不该花的支出，一分都不能花

1. 产业投入投出要平衡 …………………………… 159
2. 密切关注成本，就不必担心利润 ……………… 159
3. 将成本概念纳入每一项决策中 ………………… 160
4. 成本管理要以市场为导向 ……………………… 161
5. 成本节约，人人有责 …………………………… 162
6. 提升效率是节约之本 …………………………… 163
7. 从采购源头严控成本 …………………………… 163
8. 聚焦资源和成果的比率 ………………………… 164
9. 既要花得少，又要赢得多 ……………………… 165
10. 不积细流，无以成江河 ………………………… 166
11. 杜绝浪费公司的一分一毫 ……………………… 167
12. 利润是挤出来的 ………………………………… 168
13. 将精益成本管理进行到底 ……………………… 169
14. 简化管理程序，降低人事成本 ………………… 170
15. 降低员工流动成本 ……………………………… 170
16. 降本还靠高科技 ………………………………… 172

第12招 文化之道：
让价值观引导员工的行为

1. 公司要强大，文化先强大 ……………………… 174
2. 文化兴，人才兴，公司兴 ……………………… 175
3. 文化就是生产力 ………………………………… 176
4. 企业愿景是企业的导航灯 ……………………… 177
5. 以价值观统一企业文化 ………………………… 178

6. 企业愿景是所有人的愿意 …………………………… 179
7. 企业家要做企业文化的楷模 ………………………… 181
8. 用生命的微光引领未来 ……………………………… 182
9. "以和而兴"的管理境界 …………………………… 183
10. 造物先造人 …………………………………………… 184
11. 企业文化,简约不简单 ……………………………… 185
12. 奉行以人为本的理念 ………………………………… 185
13. 给员工一定的自由空间 ……………………………… 186
14. 让员工感受到家的温暖 ……………………………… 187
15. 文化建设需要时常更新 ……………………………… 188

经营篇

第13招 营销之道：
不懂营销，公司只能越做越小

1. 小公司更要做营销 …………………………………… 194
2. 不要把营销等同于推销 ……………………………… 194
3. 适销对路，才能决胜千里 …………………………… 195
4. 二流公司做市，一流公司做势 ……………………… 196
5. 市场细分，各个击破 ………………………………… 197
6. 营销就是满足消费者需求 …………………………… 198
7. 客户资源多大，营销就能做多大 …………………… 198
8. 受人青睐还需会吆喝 ………………………………… 199
9. 口碑营销，打出好名声 ……………………………… 200
10. 炒作大事件，赚得大生意 …………………………… 201
11. 薄利多销赚大钱 ……………………………………… 202
12. 将体验营销的快感传遍全世界 ……………………… 203
13. 将免费营销做成大餐 ………………………………… 204

14. 二八营销，无往不胜 ⋯⋯⋯⋯⋯⋯⋯⋯⋯⋯ 205
15. 情感营销，无法抗拒 ⋯⋯⋯⋯⋯⋯⋯⋯⋯⋯ 206
16. 直复营销，方便快捷 ⋯⋯⋯⋯⋯⋯⋯⋯⋯⋯ 207
17. 警惕陷入营销五误区 ⋯⋯⋯⋯⋯⋯⋯⋯⋯⋯ 208

第14招　产品之道：
好产品自己会说话

1. 有价值的产品才有市场 ⋯⋯⋯⋯⋯⋯⋯⋯⋯ 210
2. 具有完备的产品知识 ⋯⋯⋯⋯⋯⋯⋯⋯⋯⋯ 211
3. 新产品知识面面观 ⋯⋯⋯⋯⋯⋯⋯⋯⋯⋯⋯ 212
4. 成功新产品的八大特征 ⋯⋯⋯⋯⋯⋯⋯⋯⋯ 213
5. 这样开发产品最有效 ⋯⋯⋯⋯⋯⋯⋯⋯⋯⋯ 214
6. 产品开发要走哪些流程 ⋯⋯⋯⋯⋯⋯⋯⋯⋯ 215
7. 做好产品的构思工作 ⋯⋯⋯⋯⋯⋯⋯⋯⋯⋯ 216
8. 先试验，再投产 ⋯⋯⋯⋯⋯⋯⋯⋯⋯⋯⋯⋯ 217
9. 小公司开发产品以策略取胜 ⋯⋯⋯⋯⋯⋯⋯ 218
10. 好的产品要内外兼优 ⋯⋯⋯⋯⋯⋯⋯⋯⋯⋯ 220
11. 产品组合组合什么 ⋯⋯⋯⋯⋯⋯⋯⋯⋯⋯⋯ 221
12. 产品组合分析不可忽视 ⋯⋯⋯⋯⋯⋯⋯⋯⋯ 222
13. 全方位拓展产品线的长度 ⋯⋯⋯⋯⋯⋯⋯⋯ 223
14. 如何确定产品线的最佳长度 ⋯⋯⋯⋯⋯⋯⋯ 225
15. 产品生命的五大周期 ⋯⋯⋯⋯⋯⋯⋯⋯⋯⋯ 226
16. 让产品在市场上长久活下去 ⋯⋯⋯⋯⋯⋯⋯ 226

第15招　定价之道：
市场向左，价值向右

1. 价格制定的影响因素 ⋯⋯⋯⋯⋯⋯⋯⋯⋯⋯ 229

2. 公司定价三原则 …………………………………… 230
3. 六步做好公司定价 ………………………………… 232
4. 高价漂取策略的运用 ……………………………… 234
5. 低价渗透策略的运用 ……………………………… 235
6. 中间路线定价策略的运用 ………………………… 236
7. 商品阶段定价策略的运用 ………………………… 237
8. 折扣定价策略的运用 ……………………………… 238
9. 心理定价策略的运用 ……………………………… 239
10. 不定价的定价 …………………………………… 240
11. 定价要围绕消费者转 …………………………… 241
12. 做价值型公司，不做价格型公司 ……………… 242
13. 打价值战，不打价格战 ………………………… 243
14. 跟进市场主流，依市调价 ……………………… 243

第16招　通路之道：
纵横架桥，渠道为王

1. 设计可控的渠道结构 ……………………………… 246
2. 选择合适的渠道模式 ……………………………… 247
3. 策划有吸引力的产品招商 ………………………… 247
4. 渠道管理怎么管 …………………………………… 248
5. 经销商选择的学问 ………………………………… 249
6. 理清厂商和渠道的关系 …………………………… 249
7. 找对渠道，没有卖不出去的东西 ………………… 250
8. 消费者去哪儿买，产品就在哪儿卖 ……………… 251
9. 小公司要傍大渠道 ………………………………… 252
10. 大客户才是真正的"摇钱树" ………………… 253
11. 规范渠道，才能真正控制价格 ………………… 254
12. 制订完善的渠道激励机制 ……………………… 254

13. 激发渠道活力，达到共赢 ·············· 255
14. 有计划地收缩，有步骤地扁平 ·············· 256
15. 营销联姻互联网 ·············· 257
16. 外销渠道，让产品走向世界 ·············· 258

第17招 电商之道：
线上线下的财富穿越

1. 正确认识电子商务 ·············· 260
2. 电子商务：大数据时代营销新模式 ·············· 261
3. 电子商务运营的两大关键 ·············· 261
4. 打好电子商务的前哨战 ·············· 262
5. 做电商要注意的四点问题 ·············· 263
6. 构建电子商务营销团队 ·············· 264
7. 电商营销要吸引消费者的眼球 ·············· 265
8. 电商运营核心在于产品 ·············· 265
9. 电商营销四步曲 ·············· 266
10. 电商营销三大"潜规则" ·············· 267
11. 线上营销的两大方式 ·············· 268
12. 线上线下营销的差异化 ·············· 269
13. 如何进行电商管理 ·············· 269
14. 如何做好电子商务推广 ·············· 270
15. 寻找合适的电商推广社交平台 ·············· 271
16. 借助电商视频推广产品 ·············· 272
17. 挖掘手机里的金矿 ·············· 273
18. 在微博帝国里开拓财富沃土 ·············· 274
19. 瞄准微信电商新商机 ·············· 276
20. 电商之战，得粉丝者得天下 ·············· 277
21. 电商文案的策划方法 ·············· 278

目 录

第18招　品牌之道：
品牌就是印钞机

1. 要走出对品牌的认识误区 …………………………… 281
2. 小公司做品牌的三大硬件 …………………………… 282
3. 没有内涵做不成品牌 ………………………………… 282
4. 精准定位，打造强势品牌 …………………………… 283
5. 品牌名称要响当当 …………………………………… 284
6. 以做百年老店的心态做品牌 ………………………… 285
7. 塑造品牌六要素 ……………………………………… 286
8. 打造品牌中的品牌 …………………………………… 287
9. 借口碑的力量树立品牌 ……………………………… 287
10. 强健信号为品牌插上翅膀 …………………………… 288
11. 舍得花钱才能做好 …………………………………… 289
12. 品牌要靠文化作支撑 ………………………………… 290
13. 与外资合作提升品牌影响力 ………………………… 290
14. 同名品牌扩张策略 …………………………………… 291
15. 异名品牌扩张策略 …………………………………… 292
16. 多品牌架构，让公司更强大 ………………………… 293
17. 品牌维护，生生不息 ………………………………… 293

第19招　推销之道：
成交始于攻心

1. 推销就是要搞定人心 ………………………………… 296
2. 激发客户的购买欲 …………………………………… 296
3. 真心为顾客着想，才能俘获对方的心 ……………… 297
4. 利用互惠心理，让顾客回报你 ……………………… 298

5. 满足顾客"跟风"好奇心 ·············· 299
6. 客户希望得到的是尊重 ·············· 300
7. 满足客户需要胜于产品低价 ·············· 300
8. 抓住20%的大客户 ·············· 301
9. 刺激客户购买的7个心理战术 ·············· 302
10. 大客户推销五步曲 ·············· 303
11. 谈判中的攻守与让步原则 ·············· 304
12. 运用艺术的提问方法 ·············· 305
13. 倾听打开客户心 ·············· 306
14. 让顾客自己说服自己 ·············· 306

第20招　创新之道：
始于效仿，成于创造

1. 不创新，就灭亡 ·············· 309
2. 创新是小公司的唯一出路 ·············· 309
3. 自我更新，才能避免淘汰 ·············· 310
4. 敢为天下先，不走寻常路 ·············· 311
5. 用创新突破公司困境 ·············· 312
6. 尝试一切不可能的事 ·············· 313
7. 小公司创新三大突破口 ·············· 313
8. 驾好创新的三驾马车 ·············· 314
9. 创新的源泉就是与众不同 ·············· 315
10. 群策群力做创新 ·············· 316
11. 让消费者参与到创新中来 ·············· 317
12. 市场是创造出来的 ·············· 317
13. 产品创新要"新、奇、特" ·············· 318
14. 营销战略创新的三大模式 ·············· 319
15. 传播渠道创新的两大方式 ·············· 320

16. 与时俱进，及时进行产业升级 ……………………………… 321
17. 注重创新型人才的选拔 ………………………………………… 321
18. 为员工植入创新基因 …………………………………………… 322

第21招　情报之道：
要想事业成，必须信息灵

1. 打赢信息战就是强者 …………………………………………… 325
2. 信息就是财富，情报就是生意 ………………………………… 325
3. 做好信息预测，把握未来市场 ………………………………… 326
4. 搜集信息的四大准则 …………………………………………… 327
5. 获取信息关键在于快捷和准确 ………………………………… 328
6. 获取商业情报的六大途径 ……………………………………… 328
7. 拓宽信息渠道，扩大信息来源 ………………………………… 330
8. 理顺信息传递机制和渠道 ……………………………………… 330
9. 用现代信息技术打通关节 ……………………………………… 331
10. 控制信息传递的数量 …………………………………………… 332
11. 收集竞争对手的情报 …………………………………………… 333
12. 建立高效的数据化信息平台 ………………………………… 334
13. 及时反馈沟通信息 ……………………………………………… 335
14. 避免公司内部信息传递失真 ………………………………… 336
15. 建立避免信息失真的"防火墙" ……………………………… 336

第22招　关系之道：
人脉就是钱脉，聚人就是聚财

1. 要做企业强者，先做人脉赢家 ………………………………… 339
2. 人脉资源的三大层次 …………………………………………… 339
3. 建立人际关系网 ………………………………………………… 340

4. 拓展人脉圈，效益滚雪球 …… 341
5. 做圈子里最受欢迎的人 …… 342
6. 同行合作，共享共赢 …… 343
7. 背靠政府"大树"好乘凉 …… 344
8. 企业家要懂点政治 …… 345
9. 熟人搭伙，信任至上 …… 345
10. 与客户建立长期的伙伴关系 …… 346
11. 培养公司的忠诚顾客 …… 347
12. 结交贵人圈，助你过江东 …… 348
13. 结交老板圈，与成功者为伍 …… 349
14. 适度发展跨国人脉 …… 350

第23招　聚焦之道：
先做专做精，后做大做强

1. 依靠实力走上强企之路 …… 352
2. 以持久战打造公司航母 …… 352
3. 一砖一石营建商业帝国大厦 …… 353
4. 用勤奋和汗水浇灌公司之树 …… 354
5. 不搞花架子，实干出效益 …… 355
6. 满招损，谦受益 …… 355
7. 找到自己的优势领域 …… 356
8. 公司标准化，效益最大化 …… 356
9. 天下大事，必作于细 …… 357
10. 不放过每一个细节 …… 358
11. 精益求精做企业 …… 359
12. 把简单的事做得不简单 …… 359
13. 利润来自于专业品质 …… 360
14. 每件事都力求完美 …… 361
15. 公司做专做精的六"不"原则 …… 362

目 录

第24招　竞争之道：
不怕竞争，就怕不善于竞争

1. 选择哪种方式去竞争 …………………………………… 364
2. 发现市场空白，抓住潜在契机 ………………………… 364
3. 心中有底气，竞争不畏惧 ……………………………… 365
4. 产业吸引力决定竞争力 ………………………………… 366
5. 核心竞争力是竞争的核武器 …………………………… 367
6. 竞争要靠政策来撑腰 …………………………………… 368
7. 竞争优势的差异取决于价值链 ………………………… 369
8. 用影响力加大竞争的筹码 ……………………………… 370
9. 一马当先，做行业中的领跑者 ………………………… 371
10. 先站好位置，再伺机而动 ……………………………… 371
11. 逆流而上，反向竞争 …………………………………… 372
12. 红海竞争转向蓝海竞争 ………………………………… 373
13. 为自己树立一个竞争对手 ……………………………… 374
14. 不妨做竞争对手的跟随者 ……………………………… 374
15. 对恶性竞争说"不" …………………………………… 375
16. 变压力为动力，化动力为竞争力 ……………………… 376
17. 竞争双赢的通途是正和博弈 …………………………… 377
18. 跳出八大错误竞争思维怪圈 …………………………… 377

创业篇

小公司 XIAOGONGSI
做大做强24招 ZUODAZUOQIANG24ZHAO

第1招 创业之道：活下来和挣钱是第一位的

世界上最大的事都是人做出来的，而他们事先并不知道自己能够做到。虽然事先不知道，他们仍然前进，并且做到了。

一个新模式和商机出来，会有上百个人冲进来，但是只有最沉得住气和准备最充分的人能获得成功。许多创业者在创业初期想一把抓，但结果往往是事与愿违。因为不断转行，使其心态一直处于创业的"投机"状态，实际上没能在任何一个行业里面沉淀，没有构建相当的资源和人脉，更加没有累积丰富的经验和运作能力，结果自然不会成功。

因此，对于创业者来说，能否使公司存活下来一路走下去并且能够赚到钱，是创业成败的关键因素。选择创业，就要尽早地发挥自己的优势，并为之努力奋斗，实现自己的目标，千万不要朝三暮四。此外，在创业期间要把思想集中在当下正在进行的事件中，而不是过多地去幻想失败或成功的可能。

1. 创业的第一法则：不熟不做

美的集团创始人何享健曾经说过："美的成功的一点，在于对经营理念的清晰把握，从不乱搞多元化，集中资源做专业化的白色家电市场。这是我们把美的做大做强的关键因素。"

何享健认为，如果当初贸然进入彩电、手机业，肯定会失败。中国的市场需求很大，白电市场还有很大的蛋糕。未来美的还将继续咬定白电市场不动摇，所有的收购兼并都将围绕白电业务，把规模做大，把产业做大，把区域布局得更合理，这样成功的把握性才可能更大。

美的拥有一整套并购的系统模式，具体表现在：

（1）看成本。

即美的有没有能力并购，能不能承担并购失败的风险。

（2）系统评估。

评估并购公司的真正价值，看它能否给美的带来新的产业增长点。

（3）看企业文化。

美的有一个专业的评估团队，来看企业文化是否能够顺利整合。

【锦囊妙计】创业成功的秘诀在于，不盲目多元化，集中力量做自己最熟悉的行业，做最专业化的市场，以稳健的步伐向前奔跑。

2. 做好市场考察才能精准把握

市场考察对于公司的重要性不言而喻。但是，很多管理者尽管在表面上对市场进行了了解和分析，但实际上考察并不到位。由于对市场缺乏理性的分析，最终致使公司经营失败。

真正有智慧的经营者，首要的一步便是考察市场，因为一个地方的自然条件、地理条件及各种政治、经济、文化、交通等因素对于各种经营的成败有着至关重要的影响。做好市场考察，才能有的放矢。

市场考察要做好四个方面的分析：

（1）行业分析。

包括自身行业，还有相关行业，管理者最好找到大量相关的文章进行了解。

（2）竞争对手分析。

管理者要将竞争对手进行分级，找出哪些是行业领先者，哪些是自己的主要竞争对手。

（3）自身产品分析。

了解自身所在的公司的产品特性，找出与竞争对手的差异点，建议把差异点都总结出来，自己脑海里必须非常清楚。

（4）消费者分析。

确定出产品目标消费者、瞄准目标消费者；并为目标消费者购买产品提供足够的理由。

【锦囊妙计】小公司经营的每一个步骤，尤其是起步阶段的开创和业务的拓展，都离不开对市场的考察。

3. 在诱惑面前坚持最初的梦想

马云在回顾阿里巴巴的创业成功的历程时，其中有一条经验是：坚持自己的理想。任何创业者第一天创业的梦想都是美丽的。具体来说，坚持梦想应该这样做：

（1）明确自己的目标。

做企业一定要清楚自己在做什么，一定要坚信自己是正确的。

（2）再坚持一下就是成功。

马云的阿里巴巴自1999年创业以来，实现了惊人的跨越，从18人的单薄队伍发展到7000多人的超级团队，产品市场占有率超过80%。这就是坚持自己理想的结果。

（3）放眼目标，不因小利而浮躁。

市场竞争很激烈，不能因为一时的利益诱惑就让公司随波逐流。有长足眼光的创业者只有拒绝贪图小利的浮躁，才能够集中力量，发挥出公司核心竞争力，从而赢得成功。

【锦囊妙计】在市场竞争下，很多商机诱惑使很多公司或处于危机状态，或改变发展方向，选择了其他出路以缓解压力。但实践证明，坚持走自己的道路的创业者最终往往走向了成功。

4. 产生具有影响力的带队者

公司创业初期，产生具有影响力的带队者非常重要和关键。公司犹如军队，具有强大影响力的带队者，会以自己的影响力促进员工见贤思齐，积极成长，促进团队共同进步。

成为具有影响力的带队者可以这样做：

（1）成为遵守制度的模范。

带队人不仅是制度的制定者，更是制度权威的忠实维护者。

（2）加强自我管理。

善于自我管理的带队人能够独立思考、工作，无需严密的监督。

（3）为目标的达成全力以赴。

因为大多数人都喜欢与将感情和身心都奉献给工作的人共事。

（4）具有超强的解决实际问题的能力。

带队人如轻而易举地解决掉别人无法解决的问题，能够获得员工的追随。

（5）具有人格影响力。

创业带队人不仅要关爱员工，还要具有人格魅力，以及较高的道德标准，才能获得信赖。

【锦囊妙计】带队者的榜样力量是无穷的。作为创业的带队人，努力提升和发展自己，才能潜移默化地影响员工，成为员工学习的模范。

5. 偏执狂和疯子哲学

英特尔公司前总裁格鲁夫说："只有偏执狂才能生存。"李书福开始造汽车的时候，中国的汽车市场没有国产自主品牌的立足之地。李书福不顾亲友反对，决意投资5亿元资金进军汽车行业，并抛出一句"汽车不过就是四个轮子加沙发"的疯话。他曾对《第一财经日报》表示，要打造一家百年汽车公司，要让吉利走遍全世界。当有人说"民营公司干汽车无异于自杀"，他说"那你就给我一次跳楼的机会吧"。可见，他对造车梦多么执著。

（1）"偏执"是一种战略。

"疯子"是一种精神，一种战略，更是一种专注。

（2）创业者需要一点"疯狂"精神。

这种疯狂不是盲目的偏执，而是一种大胆的想象、坚定的忘我和专注的执著。把自己的主要精力和时间放在热爱的事业上，把能量发挥到最大，取得的效果也会最佳。

【锦囊妙计】"偏执狂"在中国人看来，不是疯子就是傻子，或者是刚愎自用者的代名词。事实上，取得巨大成就的人往往是这些越来越多的"偏执狂"。

6. 诚信是一种投资手段

聪明的商人很早就意识到，坚持诚信可能会在某些情况下吃亏，但的确是干大事业者必不可少的素质。创业者要拓展广阔的市场，更需要诚信。

诚信是一种投资手段，具体表现在：

（1）价格的制定。

价格竞争是公司之间竞争的传统手段，也是现代竞争的重要方法。产品的定价需要考虑商品价值、生产成本以及利润等多种因素。

（2）客户的服务。

"从客户中来，到客户中去"，这是基本的原则，公司要在与客户的互动过程中，建立起卓越的相互信任机制。

（3）信息的准确。

误导顾客，夸大事实，故意忽略其某些有关信息，利用顾客商品知识的缺乏来误导顾客，这是最容易失去信任的行为。

（4）获得顾客的忠诚度。

管理者可以把获得顾客忠诚度作为考核各级领导和全体员工业绩优劣的核心指标。这样，公司的诚信意识便能广泛地建立起来，从而更好地为公司创造财富。

【锦囊妙计】公司从创业开始就意味着良好信誉的开始，有了诚信，自然会吸引财路，诚信是公司必须具备的商业道德。

7. 认准方向，不达目标不罢休

当创业者的项目遭遇瓶颈，参与其中的合作方泄了气，公众舆论对此流露出怀疑的态度，投资者也对此项目没有了信心，不愿再投资。这时候，如果创业者缺少百折不挠的毅力，内心成功的希望之火被熄灭，很可能导致项目功亏一篑。

如何在创业中始终保持热情和信心，可以这样做：

（1）当所有人都绝望时依然满怀信心。

这种坚持不懈的毅力可以帮助你重新找到投资人，开始了新一轮的尝试。

（2）鼓足勇气，重振旗鼓。

有的创业者遇到了一次失败，便把它看成拿破仑的滑铁卢，从此失去了勇气，一蹶不振。可是，在刚强坚毅者的眼里，却没有所谓的滑铁卢。

（3）对原始目标不放弃、不泄气。

那些一心要得胜、立志要成功的创业者即使失败，也不以一时失败为最后的结局，还会为原先的目标继续奋斗。在每次遭到失败后再重新站起来，比以前更有信心地向前努力，不达目的绝不罢休。

【锦囊妙计】成功者都懂得的道理是：失败是难免的，也是暂时的，只要有强烈的成功渴望和信念，有不达目标不罢休的毅力，一定能够转败为胜。

8. 要么出局，要么数一数二

2001年，通用电气已有12个事业部在各自的市场上独领风骚，至少有9个事业部入选500强公司之列。这是杰克·韦尔奇推行"数一数二"战略的辉煌成果。

"数一数二"经营战略的基本含义：

（1）"数一数二"就是精干、高效。

未来商战的赢家要能够洞察到真正有前途的行业并加入其中，无论是在精干、高效，还是成本控制、全球化经营等方面，都是数一数二的。

（2）不做到"数一数二"，就意味着整顿或者关闭。

杰克·韦尔奇认为："当你是市场中的第四或第五的时候，老大打一个喷嚏，你就会染上肺炎。当你是老大的时候，就能掌握自己的命运。"

（3）"数一数二"战略是对专业化精神富予新意的理解。

在任何领域，只有最大或第二的公司才能避开残酷的竞争，赢得巨额利润。"数一数二"不只是个目标，也是公司进行整合发展的方式。

【锦囊妙计】"数一数二"最重要的不是排第几，而是在这一战略的指导下不断地积累自身的竞争优势，为公司带来真正的效益。

9. 不盈利是可耻的

管理大师德鲁克曾说："作为商人，企业家，经营的公司不盈利是不道德的，因为你的工作就是要创造财富。"

史玉柱认为，"我觉得做企业，追求利润是第一位的。你不赚钱就是在危害社会，就是最大的不道德。"如何理解公司盈利，有以下几方面：

（1）利润是公司存在的根本。

公司是要盈利的，不盈利的公司，浪费大量人力、财力、物力和社会资源，最后却没有创造价值，这是一种罪恶。利润是公司存在的根本，如果没有利润，公司就不可能存活。

（2）生存是公司的首要任务。

公司经营的首要准则是避免亏损。公司时常会遇到风险，所以必须赚到能够抵御风险的利润。

（3）企业家的盈利不违背商业道德。

在健全的市场制度下，公司追求利润、为客户创造价值以及承担社会责任之间，并不矛盾，而是基本一致的。没有利润，则没有办法判断公司行为是损害还是有益社会。

（4）商业的本质是盈利。

公司要在法律法规许可的范围内获得最大利益，而企业家的终极使命就是盈利,给员工发不出工资是企业家的耻辱。

公司应以利润为目标,在保证产品质量、合法经营的前提下,使盈利最大化,这需要一种经营智慧和科学决策。

(5)平衡各要素,实现利润最大化。

公司盈利的秘诀,就在于如何去对各种要素进行平衡,最终实现利润最大化。

【锦囊妙计】不重视利润管理的公司,是难以获得持续发展的;而所有快速而有规模发展的公司,都是因为有巨大的利润做基础。有利润,才会有一切。

10. 经营公司要耐得住寂寞

董明珠一直把踏踏实实做事的"工业精神"作为格力的发展信条之一。"工业精神"包含两个方面:一是要在技术研发和自主创新方面多干实事、少说空话、长期作战,要耐得住寂寞;二是要关注消费者的根本需求。

(1)少说空话、多干实事,全心全意关注消费者需求。

喜欢靠"捷径"赚钱的公司容易忽视产品的研制开发,最后养成了依赖他人的习惯,总想着在短时间内赚取暴利,时间久了,产品的技术跟不上市场的需求,最终被淘汰。

(2)视潜心技术研发为长远效益。

公司要耐得住寂寞,要投入巨资潜心进行技术开发,虽然在短时间内看不到效益。但长时间来看,这种做法是非常值得的。格力在这种精神的指导下,已经取得了巨大的成功。

(3)创业者要有好心态。

清华紫光老总李志强认为,做企业如做人,如果把公司规模比做人的个头,把公司利润比做人的力气,那么健康的人应该是高大而有力的。在成长过程中,是先长力气还是先长个头?这其实并不重要,重要的是一定要健康,心态要好。

【锦囊妙计】创业者一定要有良好的心态,耐得住寂寞,经得起诱惑,稳扎稳打,进退有度,公司才能走得更稳。

11. 将分散资源集成产业化

新东方创立初期,整个出国考试培训市场鱼龙混杂,教学水平良莠不齐,由于出国考试大多是短期培训,使得创办者抱以目光短浅、急功近利的心态。但是十几年过去了,许多竞争者都已销声匿迹,唯独俞敏洪创办的新东方挺立潮头。这其中有哪些秘诀呢?

(1)建立运作模式与产业化思路。

产业化是指具有某种同一属性的公司或组织的集合,形成社会普遍承认的规模程度、通行法则,完成从量的集合到质的激变。

(2)召集专业的实力强的合作伙伴。

培训学校普遍没有做大,主要原因是对个别教师过分倚重。而将专业知识和能力过硬的合作伙伴集中一起,吸引更多优秀人才的加盟,会使公司发展更加坚固和长久。

(3)寻找合作方。

如新东方与联想合作,联想注资5 000万元,新东方出品牌资源,各占50%股份,成立了联东伟业科技发展有限公司,专门从事新东方远程教学。

(4)市场细分。

逐步完善对市场的细化,使每一块市场都占有一定份额,在每一个领域都有专业人士负责,逐步形成一个产业体系。

【锦囊妙计】产业化发展之路具有方向明确、实力雄厚等优势，新兴行业可参考这种产业化思路。

12. 断裂的资金链是经营致命危机

资金链是公司的鲜血，公司要想做大，就得保证资金链的连续性发展，这是公司经营的根本。那么，如何避免资金链出问题呢？可以从以下几个方面着手：

（1）保证主链的资金充分宽余。

（2）必须有相当的融资能力，包括政府、银行等非常手段。

（3）资金链必须畅通。

公司要以资金管理为中心，提高资金使用率；做好应收账款管理，防止坏账发生，加强对原始单据的审核，保证会计资料的真实性、完整性及合法性；坚持稳健原则，防范财务风险，建立财务风险防范与财务预警体系，及时化解财务危机；开展财务分析活动，为公司营运提供决策依据；建立财务监控体系，防止财务失控，建立内部稽核制度，保证会计业务的及时、完整、准确、合法等。

【锦囊妙计】任何公司的生存和发展都需要一条健康、有效的资金链来维系和支撑。没有稳健的资金链，公司就失去了生命力。

13. 不要忽略每个合同细节

合同管理不是简单的约定、承诺、签约等内容，而是一种注重细节、全方位的科学管理方式。管理者只有依法对违反制度的行为进行坚决打击，才能实现高效的合同管理。

公司需要建立起完善的授权委托制度：

（1）制定公司的规章制度。

除法定代表人外，任何个人以公司的名义对外签订合同必须持加盖公章和经法定代表人签字的授权委托书，且应该让公司的客户知道此规定。

（2）授权委托书应明确具体。

授权委托书应写明具体的代理事项，有效期限等内容，否则就是授权不明。法律规定，授权不明的损失由被代理人承担。

（3）尽早做出声明。

如果公司解除原代理人的代理权，应尽快告知有业务往来的有关客户，避免出现损失。

（4）建立严格的公章、合同管理制度。

法律规定，如能证明公章、空白介绍信或合同是被盗的，公司不承担责任。

【锦囊妙计】合同管理的完善，可以维护公司良好的信誉，合理规避市场风险，保证公司顺利实现预定的经营计划，从而达到提升公司经济效益，不断发展壮大的目标。

14. 成长是一种疼痛的过程

公司要想有长远的发展，就必须做出困难甚至是痛苦的决定。公司做大固然好，但也滋生出如执行力衰退、机体臃肿、敏感度迟钝等问题，这时候公司就要痛下决心，革除弊端，重占市场，让公司的生命周期尽可能长久。

实现长寿公司可持续发展主要有五个方面：

（1）长期保持和处理好与各种利益相关者的关系。

（2）保持竞争力。

长寿公司在发展中确定自身的优势，摒弃为发展而发展的浮华路线，将自身的特色与运营路线有机结合。

（3）着眼于公司长期发展运营。

长寿公司的短期为10年，中期为20年，长期为30年。短期10年是指培养接班人的时间，中期20年是指自己的经营期，长期30年是指未来的规划。

（4）重视公司的可持续发展，这是公司长寿的关键。

公司需要重视风险管理。即使公司需要也不能轻易引入外部资金。

（5）重视公司的长期稳定发展。

长寿公司是不会为了小利而放弃长远利益的。

【锦囊妙计】整合所有资源，追求事业的可持续性，方能造就长寿公司。

第2招 防败之道：
80%的公司熬不过头三年

把成功的意志注入生命的每一天，不怕失败，不向任何人服输，在屡屡挑战与征服的过程中成就辉煌的人生。

为什么中国公司往往各领风骚三五年？公司持续增长的奥秘究竟是什么？怎样才能成为真正的世界一流？这些困扰着无数企业家和管理学者的难题却在《论语》中找到了答案：无欲速，无见小利。欲速则不达，见小利则大事不成。简单的话语却透射出了深刻的道理。

公司不应该只是在身处逆境时才想到创新、突破、改变，当处在优势、顺境中时，更应该保持忧患意识，不能沉溺于眼前的优越环境，要具有危机意识，勇于突破，敢于挑战。这样公司才能不断增强竞争力，时刻充满生机和活力。当今社会是市场竞争异常激烈的社会，公司要在经济大潮中不被淘汰，就必须要有危机感和应付各类危机的足够能力。

1. 最大的风险是没有危机意识

对于公司来说，最大的风险就是没有危机意识。一些高速成长的公司，只看到自身的快速强大，而忽略了自己处在商海洪流中可能面临的危机。公司要提高危机意识可以这样做：

（1）几乎所有的成功公司，都是注重危机意识的公司。

比如海尔集团以"永远战战兢兢，永远如履薄冰"为生存理念；小天鹅公司坚守"公司最好的时候，也就是最危险的时候"的理念；百度创始人李彦宏在公司上下传达"百度离灭亡只有30天"的警示。

（2）居安思危，在各方面防患于未然。

使公司保持蓬勃向上的发展势头，就要具有居安思危的警惕性。危机意识就是一种强烈的生存意识，如果你不积极进取，不能认识到当前激烈的竞争形势，那么你注定要被淘汰。

（3）以正确的态度应对危机。

为什么大多数失败的公司总是在危机来临时慌了阵脚？究其原因还是由于中国公司缺乏危机激励制度带来的"硬伤"。如果公司沉溺于所取得的成就而完全忽视了可能面临的危机，就会手足无措。

（4）明哲保身，多一些智慧转危为安。

公司要想获得长足的发展，需要在危机中多一些反败为胜的智慧，不仅能帮助自己转危为安，还可能树立更好的品牌形象。

【锦囊妙计】公司所面临的危机无处不在，如果不懂得以危机作为自己成长和进步的动力，公司难逃失败的宿命。

2. 建立一套危机预警机制

公司出现危机时,很多管理者常常会束手无策,错失处理危机的最佳时机。能及早识别危机的存在,采取措施将危机扼杀在摇篮之内,是成本最低的危机管理方式。能够从先兆中预测到危机,并提出防范危机的决策,比挽救危机更重要。

在危机来临的时候正确及时妥当的处理固然重要,但要真正消除危机的隐患,还必须建立一套公司危机预警机制。

建立危机预警机制,分为以下四个方面:

(1)要组建危机管理机构,定期进行公司营运危机与风险分析,进行风险分级管理。将风险分级分类,并订出解决方案。

(2)不定期举行不同范围的危机爆发模拟训练。

(3)确保公司内部对话渠道畅通,将一些危机消灭在萌芽状态。

(4)与外部世界建立良好的协作、互动关系,改善公司外部的生存环境。

【锦囊妙计】建立预警机制,在于危机发生前向公司及管理者提出警告,使危机在发生前就有所控制,将损失降到最低程度。

3. 只看脚下终会走到悬崖边

公司中的共同愿景会改变成员与组织间的关系,使团队能够密切合作。组织成员所共有的目的、愿景与价值观,是公司壮大的重要基础。

(1)共同愿景应是具体存在的。

公司的成员内心渴望能够归属于一项重要的任务、事业或使命。共同愿景不应仅仅是一个想法，而应是具体存在的。

（2）共同愿景培育出承担风险与实验的精神。

就如赫门米勒家具公司的总经理赛蒙所说："当你努力想达成愿景时，你知道需要做哪些事情，但是却常不知道要如何做，于是你进行实验。你不知道实验是否成功，但你在不断尝试与修正之中一步步接近目标。"

（3）愿景要合适而非大而空。

将公司做大做强是每个公司的梦想，但是愿景不必沿袭大而全的路子，在专业型的愿景里形成自己的核心竞争力同样大有市场。

（4）愿景是为了更好地解决现实问题。

愿景激励虽然能够起到"望梅止渴"的作用，但是这不等于"渴"的问题的现实解决，如果不采取现实的行动，愿景将难以实现。

【锦囊妙计】管理者要有自己的理念和理想，和员工多交流，把个人梦想变成整个公司的理想。

4. 不能满足于既得利益

在时刻变动的环境中，能够生存的公司不是最聪明的，也不是最强壮的，而是最灵活的。如果一个公司一直沉溺于过去的辉煌，顺境面前盲目乐观，因循守旧，不思进取，时间一长就会被习惯性思维所控制，丧失锐气，从而失去竞争力，最终被市场淘汰。

（1）身居大公司并非意味着高枕无忧。

那些认为身居大公司可以高枕无忧的人如果安于现状，公司的末日就会来临。

（2）不进则退。

公司是在激烈竞争中生存的，不进则退，退则一败涂地。

（3）市场唯一不变的是变化。

如果管理者能够不被公司目前的业绩表象所迷惑，深刻认知"市场唯一不变的是变化"这一规则，就会在公司内部产生一种紧迫感，最大限度发挥"危机驱动"作用，产生巨大的动力，使公司超越危机。

【锦囊妙计】如果管理者满足于既得利益，意识不到市场的环境变化，最后只会在安逸中死去。

5. 将危机转化为机遇

危险可以转化为机遇，机遇也可能在危险中丧失，没有绝对的危机，也没有永恒的机遇，正是危险与机遇的如影随形，才让我们真正认识到公司管理与经营的大智慧、高境界。在危急关头，找到了解决危机的最佳办法，可以最大限度地减少危机损失。

如何从危机中发现机遇，改变公司的命运呢？可以从以下几方面入手：

（1）危机是"危险"，也是"契机"。

洛克希德·马丁公司的前任CEO奥古斯丁认为：每一次危机既包含导致失败的根源，也孕育着成功的机会。在任何危机之中，总是蕴藏有扭转的良机。

（2）头脑冷静，寻找有利因素。

管理者要善于在危机中保持冷静，寻求和把握对自身有利的因素，这样才能创造出新的市场奇迹。

（3）不迷信过去，着眼于未来。

狄更斯有句名言："这是最好的时候，这也是最坏的时候。"对于企业家而言，我们身处这样的时代，必须适应时代的变化，过去的成功经验，可能恰恰就是埋葬你明天的坟墓，所以，要变革，首先就要打破条条框框，不迷信过去，着眼于未来，将危机转化为良机。

【锦囊妙计】商场风云变幻，公司难免会碰到出乎意料的危机，如果能够在危机中寻求和把握住有利因素，那么必定能够创造出新的市场奇迹。

6. 挺住，走过挫折和艰难期

王永庆是台湾著名的企业家、台塑集团创办人，他的"台塑集团"为台湾公司的王中之王，在世界化学工业界该公司位列"50强"之列。王永庆的成功并非一帆风顺，而是遭遇过种种挫折。公司如何度过艰难期，不妨借鉴王永庆的经验启示：

（1）蓄势"低谷"，伺机而动。

任何人在遇到苦难时，都要锻炼自己的忍耐力，培养毅力，等待机会到来。只要饿不死，一旦机会到来，就会迅速地壮大。

（2）刻苦耐劳下苦功。

世界上为何有人成功，有人失败？关键就在于能否刻苦耐劳。每个人的聪明才智都相差无几，凡事只有下苦功才会有好结果。

（3）挫折成就强者心态。

拥有这种信念的管理者，即便身处困境，也不会消沉，反而困难越多，越能激发他更强韧的生命力。

【锦囊妙计】管理者要具有强韧的生命力，才能忍受持续不断的折磨，渡过重重难关，寻求生存发展的机会。

7. 变通思维，适应市场

只有适应市场，才能快速实施变革。很多管理者发现，公司总是变不出去，是由管理者的思维总是被局限造成的。总是习惯用过去的成功经验来解决今天的问题，甚至来预测未来，这往往并不可靠。相反，如果管理者能抛却过去，就更能发现问题，实现超越。所以，管理者应该对经验思维有所警惕，要习惯运用变革思维解决问题。具体表现在：

（1）管理者的思维要全方位开放。

要有世界眼光，正确对待经验，科学运用经验，这样才能成为优秀的管理者。

（2）管理变革的核心是思维变革。

变革思维就是不拘泥于形式，顺应时代的潮流，准确地给公司定位，不断地推进公司内部结构、管理体制、企业文化的变革，从而增强公司抵御市场风险的能力。

（3）打破经验思维，变通才是发展之道。

循规蹈矩、故步自封的思维定式，冲不破狭隘思维的束缚，信息闭塞，反应迟钝，终究是行不通的。

【锦囊妙计】观念一变天地宽，如果管理者前怕狼后怕虎，最终只能被时代淘汰。

8. 以退为进，着眼长远

古语说，"临渊羡鱼，不如退而结网。"退，不代表不作为，而是以退为进，着眼于长远。作为公司经营者，要懂得以退为进，学会避开对手的锋芒。与其在竞争残酷的空间中厮杀，不如策略性地规避竞争，发现新的空间。

（1）分析当时的大势，把握时机。

"以退为进，天空海阔"是哲学思想在产品营销上的实践应用，就是失与得的关系，是放弃与占有的关系，成败尽在取舍之间。

（2）借力打力、以退为进。

在双方旗鼓相当或者不如对方的市场竞争情况下，以退为进，避其锋芒，可以避免两败俱伤，寻找更佳的突破口，提升自身的竞争力。

【锦囊妙计】商场如战场，有进就有退。不成功绝不罢休固然是真理，但敢于撤退才是最伟大的将军。有一种胜利叫撤退，对公司经营来说，是一种极大的智慧。

9. 不盲目，不贪多贪大

许多公司渴望一夜成名，迅速致富。尤其是在高速发展时期，大都雄心勃勃，放出"十年乃至二十年跻身世界500强"的豪言，以致盲目追求速度，片面扩大规模。其结果往往是投资过大，负债率过高，资金链断裂，导致公司灭亡或一蹶不振。

（1）盲目大跃进式"提速"不可取。

史玉柱在《我的四大失误》一文中痛陈自己的第一大失误便是"盲目追求发展速度"。巨人集团的产值目标过高，导致风险过大，没有必要的组织保证，必然损失惨重。

（2）贪多贪大，导致"消化不良"。

中国第一个导入CI的太阳神是"吃得太多消化不良"的范本。太阳神由最初的辉煌走向沉寂，为多元化战略付出了沉重的代价。

【锦囊妙计】既然自己没有那么大的胃，就不能吃得太多，一口吃不成胖子。应该顺应事物的发展规律，一步一个脚印往前摸着走，千万不要盲目乱跑。

10. 建立完备的管理系统

许多公司在发展过程中已经形成了一定的规模,却始终未能建立现代公司制度,而这种现象产生的原因是:管理不善,导致成本上升;分配不公,导致士气低落;公司没有创新能力,导致公司产品积压;职业经理人玩忽职守,导致公司资产流失严重。钱是赚来了,眨眼又不知去向,老板没有红利可得,这样的公司必然办不下去。

可见,公司要发展,要生存,要在经济大潮中立于不败之地,就要把握好经营的要诀。

(1)解决老臣、空降兵和亲情文化之间的矛盾。

职业经理人群体的发展需要市场的培养,在与企业家碰撞、磨合、交流、学习的过程中逐渐成熟,公司也会因此更加强大。

(2)对自身能力有信心。

企业家的自信心影响着公司的进一步发展。公司能够发展到怎样的程度和规模,直接受限于创立者的胸怀和能力。

(3)经营理念适应环境的变化。

当创立者的经营理念不再适应环境的变化时,公司的生命也即将结束。

(4)组织简单性与完整性并存。

混杂或者不必要的机构设置,容易造成多头指挥或者产生部门特权,使得下属员工无所适从。依据组织简单性与完整性并存的原则,重新组建公司组织层次,岗位明确,责权清晰,上下信息畅通,才有助于公司的稳定发展。

【锦囊妙计】公司要生存和发展,就要建立一套完备的管理系统,才能上行下效,保证公司各部门的良好运转。

11. 解决合伙创业的内部矛盾

创业一旦克服了"散伙怪圈",就变得异常的坚不可摧。如果合伙创业者们能够秉持"求同存异"的战略方针,事事不过于计较,相互宽容信赖,公司一定能够走得更远。如果忽视公司内部问题,在积累过程中,小问题会变大,最终给公司发展带来阻碍。

在合伙经营过程中,有几项工作一定要做到位:

(1) 制度要明确。

能够合伙创业的人,一般都是亲戚、朋友、兄弟等。亲情、友情混杂在公司制度中,如果制度不明朗,为个人利益争执不休,公司很难正常运转下去。

(2) 入股方式要协商。

合伙人现金方式或提供技术方式入股,需要在平等协商的基础上进行书面约定。具体内容包括:确定每位合伙人股份的占有数目、未来利益的分配方法,以及承担相应风险的比例。

(3) 财务要独立。

合伙人在创业初期,可能既是员工又是老板。但是一定要雇佣专门的财务人员来独立地负责账目。

【锦囊妙计】合作者之间、部门之间都要经常沟通,有问题就不要压下,一定要解决问题,这样的公司才会坚不可摧。

12. 星火燎原,防微杜渐

公司如同逆流而行的船,众多员工汇集在一起才给了船以向前的动力。

而安全就如同舵板，使船行驶得更加平稳。

对于公司犯的每一个错误细节，都需要员工去从中找寻、探究，正所谓是前车之鉴、后事之师。小错误集中起来就成了不可挽回的大错误。

（1）防微杜渐，制止坏事情、坏思想、坏作风，不让它发展。

（2）千里之堤毁于蚁穴，要排除隐患。

如果公司成员在工作过程中能多一点仔细，或管理者对员工多一句叮咛，就可避免严重事态的发生。及时地排除隐患或迅速把有关讯息通知到了相关部门和人员，同样也不会发生严重的后果。

（3）相同错误不能犯第二次。

避免犯类似错误，是工作注重细节管理不可或缺的重要环节。以人为本是安全大厦的基石，防微杜渐便是立于其上，使整个建筑得以屹立的重要支柱。

【锦囊妙计】面对一个又一个小问题都要用一百分的耐心解决，如果忽视的话，这些小问题会变成无法挽回的灾难。

13. 不因急功近利而早盛早衰

急功近利即只考虑眼前利益，深谋远虑则是思考问题周密细致，并考虑相应的对策。如果管理者在公司战略上目光短浅，过于急功近利，对公司发展没有长远眼界，将导致日后公司在市场竞争中处于被动下风。

避免发展过程存在急功近利的心态，可以这样做：

（1）不要好高骛远。

战略管理的观点要求公司不能好高骛远，在收入支撑不足时不要盲目大举扩张。

（2）不能急功近利。

在公司的投资构成中，决策者不能只看到眼前的比较直接的"小利益",而应把眼光放长远一些,发现比较隐蔽的"大利益"。

(3)识时务者为俊杰。

一件事情,重要的不是现在怎样,而是将来会怎样。看清了它的将来,坚定不移地去做,事业就已经成功了一半。

【锦囊妙计】加强自身商业素质,不要只看到当下,凡事决策上以长远眼光考虑事情。

小公司 XIAOGONGSI
做大做强24招 ZUODAZUOQIANG24ZHAO

管理篇

小公司 XIAOGONGSI
做大做强24招 ZUODAZUOQIANG24ZHAO

第3招 战略之道：
要做大做强，就要找对方向

战略管理大师迈克尔·波特说："常常在出现失败的时候，人们才会想到对战略的关注。我想真正的挑战是如何让人们更重视战略，甚至在没有出现危机的时候。"

我们应该考虑到战略的重要性，因为战略是我们取得生意成功的大方向。在中国许多中小公司诞生之初，企业家的所有创业初衷就是瞄准市场上利润比较高的行业和项目，开始一头扎进去投资建厂。经过一段时间的发展，当这个行业或项目的利润率开始减少或是趋于平均时，中小公司就往往凭借船小好调头的特点，开始寻找下一个目标。

1. 规划有多远，公司走多远

公司战略可以理解成公司谋略，是对公司长期发展的计划和谋划。公司制定战略就像运动员打棒球，球飞来的方向是不确定的，运动员必须随时调整自己的方向，准确击球。只有这样，才能保证公司战略成功实施。

（1）经营战略应有序。

如果公司在一种无序、无战略的状态下简单经营、粗放经营，这样的公司注定会失败。

（2）经营战略要建立在正确评估公司资源和条件的基础上。

战略很重要，管理者对公司的发展思考一旦停止，公司就会驶向下滑的方向。战略的形成不是个人兴趣，不是一时冲动，而是建立在正确评估公司资源和条件的基础上，科学对待公司发展前景，为公司发展所设计的一个安全航道。

【锦囊妙计】公司的竞争力将主要取决于管理者的战略修炼。管理者必须能够做好战略上的抉择，塑造出公司的核心竞争力，善于分析和把握公司的战略环境，才能使公司走得更远。

2. 确立公司的经营方向

公司领导进行公司经营战略的构想，往往是新创办的公司或对公司进行大规模调整之时的选择。所以，首先就要确定经营的基本方向。选择正确的公司经营方向，是公司经营中的"重中之重"，是公司战略的第一要务。

确定公司的经营方向遵循以下几条原则：

| 管理篇

（1）公司的经营方向要适合国家长远规划和市场需求，避免盲目性，紧跟市场最新动态。

（2）搞清楚公司应该在什么行业经营，经营方向及经营范围是什么，服务的对象是谁，应选择对公司发展和生存最有利的、发展最有前途的行业经营。

（3）找出最能发挥公司特点和优势的行业，尽可能地开发与本公司的生产工艺、技术水平等相适应的产品，不要轻易离开本公司的长处从事完全陌生的事业。

（4）要保持灵敏的商业嗅觉。

（5）选择别的公司的有美好前景的经营方向。

（6）寻求多种能和自己的经营范围起协调作用的经营方向。

（7）服务面越宽，公司的经营就越容易稳定。

（8）收集大量有价值的信息，从中得到启示。

【锦囊妙计】在明确了公司经营方向之后，公司才能够游刃有余地在复杂的市场环境中集中全部财力、物力、人力、信息等资源，取得辉煌的业绩。

3. 超前意识让公司抢占先机

俗话说"抢先一步赢商机"，如果不善于谋划未来，只是鼠目寸光，关注当前，那么就会失去未来潜在的效益，公司的发展就没有后劲。

在市场竞争激烈的今天，管理者应该有超前的战略意识。要想走在市场变化的前面，就必须提前了解、研究客户和消费者的潜在需求，通过不断挖掘市场潜力，拓宽产品的市场份额来获得更大的盈利空间，这样才能战胜对手，在市场竞争中取得优势。

超前意识可以帮助我们制订正确的计划和目标并实施正确的决策。那么，超前意识是怎样培养的呢？

（1）戒骄戒傲，摒弃故步自封、骄傲自满的思想。

（2）不断学习。

学习包括学习书本知识和向别人学习，如果不走出去，永远是坐井观天。

（3）勇于实践。

经过不断的实践，逐步提高判断能力和思维能力。

管理者只有不断地观察社会情况的变化，研究应对变化的措施，这样才可能使公司走在社会经济发展趋势的前沿，永远立于不败之地。

【锦囊妙计】谋划未来，关注未来，是为了给公司指定一个能跟得上未来发展趋势的战略规划。

4. 不把鸡蛋放在一个篮子里

李嘉诚将香港比喻为"篮子"，如果将"鸡蛋"全部放在此处，在遭遇金融危机的时候日子肯定很不好过。他将自己的鸡蛋分放到世界各经济中心的"篮子"里，进行跨国投资，增加公司的风险规避能力，坚持利润与风险平衡。

"不要把鸡蛋放在同一个篮子里"，很形象地解释了投资的风险。如果把所有的资金都集中投资到一个品种上，一旦有什么意外，就会给自己带来很大的损失。如果公司战略局限于一项业务，一旦遭遇巨大的冲击，就会轰然倒下。

该如何将鸡蛋放在不同的篮子里呢？

（1）选择"不同的篮子"。

即不同的行业，同一产业链上不同的环节，不同的市场、不同的产品、不同的地域等。管理者可根据公司的实际状况来决定将"鸡蛋"放在哪一个篮子里。

（2）实施多元化战略的两个条件。

一是公司的主业发展已经到了一个非常高的程度，市场占有率、技术水平、管理水平都无懈可击，产业的发展余地已经到顶，有着丰厚的剩余资本；二是进入的领域一定要有优势。

【锦囊妙计】把鸡蛋放在一个篮子还是多个篮子里，也就是公司多元化与专业化的战略区分。

5. 做好长期规划，就是未来赢家

经营公司没有战略，前途只有灭亡。中国经济新常态下，公司和公司面临的竞争环境越来越严峻，怎样取得竞争优势已是经营管理者的首要任务。

（1）唯一不变的真理是"变"。

放眼过去：产品需求变化、环境变化、市场区隔变化、顾客变化……这些变化显现出世界上唯一不变的真理是"变"，而怎样才能做好事前准备，做好长期经营规划，掌握变量者，就是未来赢家。

（2）发展规划要适应市场变化。

市场形势是多变的，未来也是变幻莫测的，管理者的最大任务是使公司在多变的市场中始终走在清晰、科学的发展道路上。这就需要管理者做出成功的发展规划，成功的战略规划能为公司未来发展提供合乎逻辑的方法。

【锦囊妙计】进行战略规划不能保证公司经营一定成功，但不进行战略规划，公司一定会功能失调，最终导致失败。

6. 重点放在有竞争优势的业务上

制定战略的过程，就是为公司未来发展进行选择和定位的过程。战略代表着未来公司的重点，战略是根据公司自身资源结合外部环境而选择的一个可获得持续竞争优势的空间。在这一空间中，公司具有对手所不具备的能力，并通过努力经营，不断强化这一优势，成为核心竞争力。如果走进自己不擅长或没有任何竞争优势的空间，其结果往往是付出沉痛的代价。

（1）清楚自己的发展重心。

公司在任何发展阶段，一定要清楚自己的发展重心，夯实牢固的根基，再图谋扩张。

（2）具有竞争优势的主营业务，是公司利润的主要源泉和生存基础。

不管公司实施何种形式的战略，其目的都是在确定公司的未来发展重点。管理者应该把发展重点放在具有竞争优势的业务，稳定而具有相当竞争优势的主营业务上。

（3）把增强公司的核心竞争力作为第一目标。

公司应该通过保持和扩大自己熟悉与擅长的主营业务，尽力扩展市场占有率以求规模经济效益，把增强公司的核心竞争力作为第一目标。

【锦囊妙计】成功的公司在经营领域的选择上，都要确定自己的主营业务，积极培养核心竞争力，再以此为基础考虑下一步发展方向。

7. 战略目标要从实际出发

公司的战略规划，不是根据战略理论所描述的美好前景去生搬硬套，而是要根据自身的情况来制定。公司的发展就好比建筑楼阁,需要在坚固的地基上一层层、严谨有序地进行。

(1)战略目标不是"大跃进"的口号,要切合公司发展的实际。

(2)战略规划不是流行新装,只有一步一个脚印地发展才能建成摩天大厦。否则,假如公司设定了不契合实际的发展目标,必将付出沉重的代价,甚至被市场淘汰。

(3)公司的战略目标不是空洞的规划,而是符合公司发展规律和满足公司利益相关者的科学决策。单凭着战略的理论去发展公司,只能是纸上谈兵。

(4)考虑好利益相关者的利益。利益相关者指任何一个影响公司战略制定或执行的相关团体或个人,包括雇员、顾客、供应商、股东、银行、政府,以及能够帮助或损害公司利益的其他团体。在与利益相关者打交道的过程中趋利避害,才能实现共赢目标。

【锦囊妙计】战略目标不能脱离实际,反之,就将成为海市蜃楼,没有切实的作用。

8. 战略忌东施效颦,见异思迁

有些公司虽然也考虑制定战略,但其战略不是建立在对公司外部机会、威胁和内部优势、弱点的全面、科学分析与论证基础之上,而是喜欢走"东施效颦"的"捷径"。看到别的行业、别的公司的战略获得成功,便盲目跟风。尤其是在公司进入新产业的问题上,缺乏独立判断,热衷于"跟紧大势人云亦云",致使许多同行业内公司的发展战略高度雷同。

(1)战略不能一味地效仿。

仿效别的公司经营战略,或仿效自己公司过去的经营战略。当环境的竞争要求公司战略发生变化时,公司会难以适应。

（2）禁不住"利润增长点"的诱惑，见异思迁。

不能一如既往地执行既定的战略，甚至将原先的战略抛至脑后，被短期利益所左右，"游击战"式经营等，结果就是失败。

随着公司内外环境的变化，公司战略固然需要调整和发展，但必须立足长远，专注焦点，把资源集中在既定的战略上，公司才能获得长期利益，真正做大做强。

【锦囊妙计】公司的战略常常目光短浅、见异思迁，注定引发公司的战略危机。

9. 根据市场变化调整战略

花无百日红，任何市场都不可能长盛不衰，一个成功的老板，应当随时准备转向。什么时候考虑转向，应当从市场的症状来看问题。

根据市场的需求变化及时转向一般有以下几个标志：

（1）价格竞争十分激烈。

（2）平均利润明显下降。

（3）市场需求明显衰退。

（4）市场已经饱和。

（5）出现了新的替代产品。

那么，什么时候转向？不同实力的商家，情况是不一样的。如果商家的经营实力和竞争实力都是中等水平，从来也没有做过市场老板，但凭实力又不至于被首先挤走，则可运用这样的策略，缩短战线，集中精力经营少数几个品种，以形成拳头。如果经营实力和竞争实力较弱，在市场上本来就没有多大份额，也没有独特的优势，那么，此时应毫不犹豫地放弃老市场，而且是越快越好。尽早退去，尚可顺利地收回投资，将库存变成现金。稍有犹豫，就极有可能成为市场衰退的牺牲品。

【锦囊妙计】对自己的特点和长处有个比较正面的认识，坚决走自己看准的路认真分析市场情况，不要盲目跟随市场，而要把握市场。

10. 实施科学的决策管理

管理学家西蒙指出："管理就是决策。"决策是公司管理的核心，它关系到公司的兴衰荣辱、生死存亡。可以说，管理者科学理性的决策等于成功了一半。

企业家如果凭着一时兴趣爱好去干事，单凭着感觉去开发产品，是会走向盲区的。

没有决策管理的具体表现：

（1）直觉决策。

即决策准备不充分，收集没有必要的决策信息，凭主观直觉制定决策，凭空决策等。

（2）急躁化决策。

即决策没有规范的内容限定和程序限制，对公司的全局和发展没有完整思考，到危机关头匆匆应对。没有一种科学的决策分析方法，思绪延伸到哪里，就在哪里决策，甚至把自己的期望也当成现实制定决策等。

（3）科学选择投资项目。

选择投资项目在经济学中叫资本预算程序，包括投资计划、复审分析、实施三个步骤。要做到科学还要考虑两个原则：一个叫投资回收期的长短，也就是从投资刚一开始直到公司收回了投资时的资金数，这段时间就是回收期。公司首先就要考虑是否可以接受这个项目的回收期。另一个叫投资折现率，就是通过一种计算方法，把未来的回收折合成现在的投资数，考虑这个项目将来的收益如何。这是科学的选择投资项目的两个基本原则。除此之外，还要考虑投资时所遇到的壁垒障碍，包括资金壁垒、技术壁垒、市场壁垒、政策壁垒。

（4）决策行为。

公司总经理的决策行为，包括判断能力、组织能力、预测能力、协调能力以及个人价值观和行为偏好等。其中，个人价值观和行为偏好对其决策行为起着不容忽视的重大影响。

【锦囊妙计】作为新时代的企业家，一定要充分重视市场调查，不要全凭自己的脑袋来做生意，重视科学，利用信息，才能全面把握生意。

11. 可持续发展战略是发展

公司可持续发展战略重点强调的是发展而不是增长。一个公司不一定变得更大，但一定要变得更好。增长是一个量的变化，发展是一个质的变化。对于任何一个公司，可持续发展都是其追求的目标。

所谓公司可持续发展，是指公司在追求自我生存和永续发展的过程中，既要考虑公司经营目标的实现和提高公司市场地位，又要保持公司在已领先的竞争领域和未来扩张的经营环境中始终保持持续的盈利增长和能力的提高，保证公司在相当长的时间内长盛不衰。

具体可从以下几方面来理解：

（1）公司可持续发展的具体落实在于公司的战略目标。

公司要在对公司未来发展环境的分析和预测基础上，为公司提出总体的战略目标，公司的一切目标都服从于或服务于这个战略目标。

（2）公司可持续发展在于环境的应变性上。

成功的公司都有较强的适应环境变化的能力，以及对生态资源利用的适应性，否则就很难实现可持续发展的目标。

（3）公司可持续发展表现在竞争的优势性上。

公司可持续发展要实现的是在非平衡中求得竞争的优势。必须不断地提高自身的竞争能力和水平，才能实现永续发展目标。

【锦囊妙计】在制定公司每一步发展目标时，要从长远考虑，要考虑公司整体发展前景，不能只看眼前；否则会给公司带来极大的负面效应。

12. 以小搏大、以快打慢

马云的阿里巴巴可以说成功缔造了一个商业帝国传奇。而这一成就的获得，离不开创始人马云的商业智慧，更离不开公司独特的发展战略。

他的成功经验十分值得我们借鉴和学习：

（1）具备独到的商业眼光。

在中小公司常常遭遇被大公司压榨、控制的困境之下，马云将目标盯在中小公司上，通过建立互联网平台，将全球的中小公司的进出口信息汇集起来，使小供应商在全球范围内寻找客户。

（2）以小搏大、以快打慢。

马云将大公司比喻为鲸鱼，将中小公司比喻为虾米。虾米驱动鲸鱼，大公司会被中小型公司所驱动。虾米集中起来可以形成很强大的力量，大公司都是由很多中小公司支撑起来的。阿里巴巴的主要客户是虾米而不是鲸鱼，这来自马云对中小公司的了解，以及阿里巴巴自身的成长经验。

（3）信息时代要靠灵活快速取胜。

工业时代是凭规模、资本来取胜，而信息时代要靠灵活快速的反应取胜。

【锦囊妙计】制定公司的战略规划，要像马云一样，找到适合自己公司的客户群，这样才能集中力量办大事。

13. 多元化战略要内外兼顾

多元化战略的优势和缺憾十分显著,怎样趋利避害,将它的缺憾转化为优势是每个实施多元化战略的公司所关心的问题。要解决这个问题,在决定采取多元化战略前,要注意自身的内在条件和外在条件。

内在条件包括以下各方面:

(1)公司是否具备核心竞争力。

评价公司是否有核心竞争能力,主要看公司是否有核心的技术、是否有核心的管理能力。具有了核心竞争力,就为公司实施多元化战略提供了战略基础。

(2)多元经营的行业应具有相关性。

行业的相关性可分为有形关联和无形关联两种。有形关联的相关业务之间的价值活动能够共享。它是建立在共同的生产、技术、市场、渠道、信息、人才、采购等方面。无形关联则指建立在管理、品牌、商誉等方面的共享。当公司多元化经营建立有形关联时,其在新行业容易站稳脚跟,成功的机会较大些。

(3)足够的资金。

公司财务结构必须稳健且具备了实施多元化战略所必需的剩余资产。公司考虑多元化经营前要具备多余的资金,而且这些资金在目前的产业、产品结构中都无法充分利用才可以。另外,多元化经营需要大量资金,必须具有较稳定的资金来源,否则资金接济不上就会陷入财务危机。

(4)多元化战略的外部条件主要是市场机会。

在做多元化之前一定要研究产品或服务是否有市场需求,市场容量如何,市场成熟度如何,未来的发展前景怎么样等关键问题。

只有在正确评估内部条件和外部机会的基础上,紧密结合自身的核心竞争力,全面分析多元化经营的利弊,制定出详细的发展规划,公司的多元化之路才能成功。

【锦囊妙计】管理者在公司实施多元化发展战略之前,要客观考虑自身内外条件,既不能依靠单一产品打入市场,也不能盲目多元化失去重心,偏移核心能力。

14. 阶梯式战略步步为营

实施阶梯式战略也是一种经营智慧。踏踏实实地走好每一步,一步一个台阶,可以为做大做强奠定坚实的基础。

阶梯式战略的含义:

(1)既看到一,也要看到二、三。

如果公司没有占据市场的领先地位,没有独占鳌头,也并不意味着是失败者。如果产品在同一类型的市场中占据第一、第二或第三名,市场的占有率会在4:2:1。

(2)阶梯战略并不影响消费者的购买力。

消费者在做出购买决定时,通常在头脑中将产品进行一个排序的过程。

(3)找到适合自己发展的道路比做龙头更实惠。

在市场竞争激烈的角逐下,做不到行业的翘楚,做第二也是一种明智之选。

【锦囊妙计】如果做不了聚光灯下的焦点之星,不妨做细分市场上的精英。

15. 跨越式战略获得优势

跨越式战略被很多公司作为战略发展指导思想,在公司规划中,常常作为重要的目标和部署。

（1）跨越式战略的优势。

跨越式战略有助于公司摆脱困境，获得优势地位，增强自身的核心竞争力。

（2）抓住机遇，实现跨越。

公司一旦把握市场发展时机，在新技术和产业得到进一步发展的条件，要争取抓住机遇，实现跨越式发展。

【锦囊妙计】跨越式战略借着特殊的优势成为许多公司梦寐以求的目标，在跨越式发展中，公司得到成长和逐步壮大。

16. 战略与文化密切配合

实践证明，公司要想做强做大，在持续发展过程中走向成功，不仅要依靠科学的战略指导，还要有文化的支撑。战略和文化同等重要，两者的关系密不可分。

为什么说战略的实施离不开文化呢？有以下几点原因：

（1）战略与文化要配合默契。

如果只有战略而缺少文化，公司就等于失去了灵魂；如果只有文化而没有战略的指导，公司将难以长久发展。所以，要顺利地实施战略，必须与文化相协调，用文化做支撑。

（2）硬战略，软文化。

如果把战略比喻为河堤，把文化比喻为河水，那么有了坚固的河堤，公司就能够汇聚一股强大的力量。而文化如同河水，具有柔软和流动的特性，进一步影响着河堤的牢固作用。要使公司战略坚固而持久，就要建设一种良性的企业文化。

（3）文化对战略具有支撑作用。

企业文化对战略的支撑，是通过管理者和员工的行为来体现的。如果公司中的团队成员能够集思广益，齐心奋斗，就会形成一种良好的企业文化和氛围。

【锦囊妙计】公司要做大做强，战略指导和企业文化一个都不能少。

第4招 执行之道：
没有执行力，再伟大的战略都等于零

不要等待，时间永远不会"正是时候"，从你站的地方开始行动，不管什么办法，只要能用就行。当你朝前迈进的时候，自然就会找到更好的方法。

为什么满街的咖啡店，唯有星巴克一枝独秀？为什么同是做个人电脑业务，唯有戴尔独占鳌头？为什么都是做超市，唯有沃尔玛雄居同行业榜首？应该说，各家便利商店和咖啡店的战略都是大致相同的，然而绩效却是大不相同，道理何在？关键就在于是否具有非常强的执行力。

1. 完美的策划需要有效执行

日本软银公司董事长孙正义说:"三流的点子加一流的执行力,永远比一流的点子加三流的执行力更好。"一流公司的执行力就像军队一样说一不二,这样想不胜利都是不可能的。公司管理者一定要注重培养团队的执行力,将战略战术都落到实处。

对于战略和决策来说,执行力越强效果越好,能够更加有力地促进行业的发展。

执行力是决定公司成败的重要因素。没有执行力,再好的决策也只能是一句空话。

提升公司执行力,不能只要求执行者应该怎样去做,更要从决策的制定、宣传、执行和监督等各个环节寻求突破。具体包括:

(1)提升执行力,科学决策是前提。

(2)提升执行力,提高执行者对决策的认知程度是关键。

(3)提升执行力,明确执行主体的主次关系是基本条件。

(4)提高执行力,强化执行过程监督是保障。

如何看待策划与执行的关系呢?

(1)好的策划是能有效在市场中得到有效执行并创造效益的策划。

好的策划方案是应该可以执行下去的,执行不下去的只能是一张废纸,更别谈创造效益了。

(2)可行性较强的策划是最适合市场的。

公司如果没有出色的执行力,那么再好的发展目标也是镜中花、水中月,再好的管理制度也是一纸空文。

【锦囊妙计】完美的策划案制定出来以后,一定要有一个有执行力的团队来执行策划;否则,再完美的策划都是成空的,达不到任何效果。

2. 影响执行力强弱的因素

公司要想做大做强,要依赖于团队高效的执行力。而执行力的强弱,则影响着公司的发展进程和壮大速度。

公司执行力的强弱通常受以下因素的影响:

(1)目标。

在明确目标的指引下,执行力才有的放矢,才具有意义和效力。有了目标,也就有了执行的方向。

(2)管理者。

公司管理者影响着整个团队执行力的强弱,部门管理者影响着某一部门的执行力。

(3)团队成员。

团队的执行力体现在每个成员的工作效率和工作质量,执行力的强弱与员工的工作能力、知识水平和技能的高低密切相关。

(4)制度。

只有通过规范化的制度才能确保执行力的顺利实施,团队必须按制度办事。

(5)合作力。

现代社会讲究团队合作,如果一个部门或员工的工作任务没有完成,会导致整个团队的执行力下降,影响公司目标的达成。

【锦囊妙计】执行力的强弱就意味着团队合作水平的强弱。强大的团队一定有着强大的执行力。

3. 执行开始就要有高标准

《孙子兵法》有一句话，"求其上，得其中；求其中，得其下；求其下，必败"。这句话让人联想到目标牵引——被马拉动的车只能跑在马的屁股后面，要使"车"到达预定位置，就必须给"马"设定更高的目标。这就是我们常常强调的做事要高标准严要求。

（1）执行力决定战略成败。

公司经营管理除了要有使命、愿景这样的激动人心的目标，还要制定战略明确实现目标的途径。但这些仍然停留在规划层面，都还属于纸上谈兵，最终都需要在执行层面去落实，这也是公司经营成败最关键的一步。

因此我们看到，从全面质量、精益制造、六西格玛，到流程再造，几乎所有的管理愿景其核心都是打造公司执行力。因为执行力是把事情做好的能力，而不仅仅是一种意愿。仅有意愿而缺乏能力，就会感到力不从心。

人的能力取决于掌握的知识和技巧，公司的能力取决于做事的方式，包括流程与方法。管理变革就是要改变做事的习惯，建立更加高效的流程和有效的方法，而困扰我们管理变革深化的最大因素就是根深蒂固于传统习惯中的粗放管理、得过且过。

（2）高标准是执行力的源头。

见贤思齐乃是人类追求文明进步的天性，但首先应该有"贤"的标准，通过树立标杆明确进步的方向。为此我们提出了"精准细严"的精细化管理目标，并把它具体化到各项业务中，上升为一种全局性的管理文化，引领管理变革的持续深化。

管理的高标准、高要求也是同样的道理，就是以高度的责任心，用高标准去衡量，区分"把工作做了"与"把工作做好"。具体到管理变革，就是在推进过程中要扎扎实实按照要求去做，如果以管理基础薄弱为借口随意变通，迁就自己，则"求其下，必败"。为山九仞，功亏一篑，这一篑之差，就可能无法够到成功的果实。

【锦囊妙计】提升个人执行力虽不是一朝一夕的事，但只要你按"严、实、快、新"的高标准要求，就一定能实现执行的目标。

4. 没有可行的流程就没有执行力

任何组织或者个人，要想执行到位，就必须重视流程的作用。如果没有制定出可行的流程，执行工作就无法到位。很多工作执行不到位，就是因为不按照流程办事造成的。

设定流程的最终目的是为了提高工作效率，提高管理水平，从而节约管理成本。

建立流程有以下几点好处：

（1）使得工作有序进行，不致杂乱。

（2）在工做出现错误时可及时分析出是哪个环节发生了问题。

（3）由于每一个流程中的节点都有相应的责任人，所以很容易就可以找到相应的责任人。

（4）在员工进行流动时，不至于因员工的流动而使得工作进度缓慢。

（5）可实现"傻子工程"，因为有了很详细的流程，所以新员工在入职以后，只要认识汉字，按照流程操作就没有问题了。

成熟的公司需要稳健，而严格科学的运行程序是稳健的基础条件。这几年常有外企换帅的消息，中国惠普的程天纵，微软中国公司的杜家滨、吴士宏都是这一两年离去的，公司照常运转。国内公司如果有高层人员跳槽，就多半会出现"地震"了。实达电脑公司老总叶龙说他们那儿"谁走了都不怕"，敢说这个话，底气也在于实达公司现在是"靠流程立业"。爱德曼国际公关集团中国执行总监何鑫认为，在中国，多数公司都认为成功的关键在于"高质量人才"的培养。但长期的经验却告诉他，有效的管理程序才是取胜的根本保证。如果光靠人，那么有一天他走了，他脑中积累的知识、经验，就会被带走。而靠程序管理就不会有那么大损失。"一个走了，另一个人马上可以接着干。"

【锦囊妙计】轻视流程，不按照流程办事，不仅效率低下，而且还会造成严重的事故。只有遵守流程，才能把决策、工作更好地执行到位。

5. 想尽办法，使命必达

成功的公司，20%靠策略，60%靠公司管理层与普通员工的执行力，其余是一些运气因素等。弗雷德·史密斯创办的联邦快递公司是公司执行力的典范。

弗雷德·史密斯给联邦快递设立的口号是"不计代价，使命必达"，就是无论面临怎样的困难，都要想尽一切办法，排除万难，不计代价地完成任务。

（1）执行力就是对顾客的承诺。

因为联邦快递人运送的不仅仅是包裹，更是对顾客的承诺。弗雷德·史密斯说："货物本身对寄件者和收件者而言是极具时间价值的，他们愿意为节省时间付出额外费用。我们说服客户把货物交给我们，就必须做到使命必达，并保证货物在运抵前绝不会离开我们的手。"

（2）市场策略与执行力缺一不可。

公司经营要想成功，市场策略与执行力缺一不可。许多公司虽有好的策略，却因缺少执行力，最终导致失败。

【锦囊妙计】市场竞争日益激烈，在大多数情况下，公司与竞争对手的策略相似，主要差别就在于双方的执行能力。谁在执行方面做得更好，谁就会在各方面领先。

6. 执行就要快、准、狠

在工作中，只要真正掌握了执行的"快、准、狠"，那么执行力的核心价值也就找到了。但是在现实中，很多人在执行过程中缺乏紧迫感，经常延误、拖沓，总是慢于进度和计划；即使最终完成了，但已经晚于预定时间了。

所以，在执行的问题上，需要注意以下几个方面的内容：

（1）执行的速度要快。

公司竞争，速度是前提。经过深思熟虑后就应迅速行动，把握稍纵即逝的机遇。谁先抢得了市场先机，就有可能一举赢得竞争优势。执行力强的人，会将时间进度当作核心标杆来看待，一旦晚于预定时间，就会感到有压力，有紧张感。

（2）执行的尺度要准。

执行需要密切贴合组织的战略目标、部门的重点方向、组织的流程制度等。与组织战略目标不相符的事没有必要去做。因此，公司管理者需要时时评估每个部门、每个员工的工作是否与组织战略目标相符。

（3）执行的力度要狠。

执行要追求卓越，追求最好，追求更好。如果执行力度越来越小，会被对手轻易地反攻，许多工作做得虎头蛇尾，没有成效，缺乏后劲与持续力。

【锦囊妙计】执行力在世界级大公司里被看得很重。凡是发展快且好的世界级公司，都是执行力强的公司。公司竞争者的差距就在于执行力的强弱。

7. 决策不多变，执行不迷茫

影响决策改变的因素，通常来自于大环境的改变，包括管理者的想法改变、客户的想法改变、经济环境出现波动等。如果一个公司连自己要卖牙膏还是卖计算机都不清楚，想必决策一定是朝令夕改、摇摆不定。管理者或许因为承受过多压力，会出现政策摇摆不定的状况，但是如果已经到了朝令夕改的程度，组织一定要做出人事调整。

怎样避免朝令夕改，让执行不迷茫呢？

（1）管理者要与部属作定期沟通，避免造成部属的信心危机与认知冲击。

从服装走向计算机行业，绝非一夜之间改变的，必须有所规划、对部属有所训练，经营方向才能逐渐转变。如果一个老板仅被要求数字、业绩上的表现，自然不择手段、调整决策以达业绩要求。

（2）保持政策的连续性、稳定性，是维持公司各项事业良性发展的基石。

政策一年一变，方案一年一改，会让员工们无所适从。这种随意更改管理程序的行为，难免会对公司良性发展造成不利的影响。为了公司的长久发展，要多一些理性思考，少一些盲目冲动。

【锦囊妙计】公司管理者在做出决策之前，要有一个考察验证前提，尽量使决策符合公司实际情况，以保证日后决策的执行力度。

8. 执行，从我做起

一个公司，制度能不能得到彻底执行，管理者是关键因素。

执行制度是制度由理想到现实的重要环节，制度执行好坏往往受到执行者主观因素的影响和制约，严格按章办事、减少不利于制度执行的各种主观因素是走出制度执行难的重要途径。

（1）要强化执行力度，确保制度能够有效实施。

一项制度设计出来了，如果没有一定的配套保障措施，仅由被执行者主观好恶、素质高低来影响制度执行效果，制度很难得以兑现，可能会停留在"耶稣的归耶稣，基督的归基督"的尴尬局面。

强化制度执行力，一是要求执行者具备较高的思想道德品质，能够模范遵守各项规章制度，可以独当一面，充当一面旗帜；二是还要求制度具有现实可操作性，便于理解和执行；同时研究一项制度的同时，有必要考虑好该项制度的配套机制，能够辅助和保障某项制度的实施。

（2）要强化示范作用，管理者带头先行。

管理者带头严格执行制度，不走关系门、不做损公事，制度在执行中起到了应有的效果，在员工面前树立起良好形象，这样管理者在制度层面的魅力也就体现出来了，当这种个人权威树立起来后，被执行者的积极性也便被调动起来了，以此为契机，进一步形成领导带头、人人遵守的制度执行模式。在强调管理者要带好头的同时，对于一些无视规章制度、无视群众利益的人，应给予一定的规制，避免一些人走"制度外"路线，或利用权力扭曲制度的实施。

（3）强化监督效果，对制度执行情况进行动态监督。

制度执行力在一定程度上也属于公权力的范畴，缺乏监督的执行权容易在暗箱中变形走样，有时甚至会成为单向制约被执行一方，在制度执行上显失公平。为了强化监督效果，有必要研究制定监督方面的机制和保障措施，形成刚性监督，实现预期效果。

【锦囊妙计】各级领导只有率先垂范，身体力行，在决策执行上做出表率，做出榜样，才能取信于员工。

9. 有效的执行力来自充分授权

所谓授权就是管理者将自己一定的职权授予下属去行使，使下属在其所承担的职责范围内有权处理问题，做出决定，为管理者承担相应的责任。一句话，就是管理者将不必亲自做，下属可以完成的事情交给下属去完成，这样才能成为一个有效的管理者。授权有非常重要的作用。

（1）授权是管理者抓大事管全局的需要。

管理者需要处理的事情很多很杂，常见一些单位的管理者"两眼一睁，忙到熄灯"，结果成了忙忙碌碌的事务主义者。如何解决管理者工作任务多、工作时间少的矛盾呢？行之有效的办法是授权。管理者只对直接下属行使一定的权力，不包办代替和越级处理问题。这样管理者就能够节约一定时间，用于了解公司情况，静心思考一些大事。

（2）授权是贯彻分层管理、逐级执行原则的需要。

现代化建设事业是纷繁复杂的事业，头绪多，范围广。作为管理者，不可能也没有能力去总揽一切事务，必须把许多工作交由下属办理。管理者交给下属任务时，必须授予下属一定的权力，做到明责授权、事权分清。这就必须建立起合理的管理层次，并正确处理层次之间的关系，精心设计职位，再根据职位任职授权，实行分层领导。

（3）授权是调动下属积极性的需要。

如何调动下属的积极性，使他们自觉地为共同目标而奋斗，是现代管理者提高工作成效的一个关键。授权则是调动下属积极性的一种有效的方法。

【锦囊妙计】管理者只有充分授权，才能将自己解放出来，才能有效贯彻分层管理的原则，自上而下推行决策和指令，提高组织整体效能。

10. 授权也要讲究策略

授权是要讲策略的。从责、权的关联度上看，授权有两种形式：授权授责与授权留责。前者是指授权同时授责，权责一致；后者则不同，授权不授责，如果被授权者处理不当，发生的决策责任仍然由授权者承担。

当总经理把权力授予员工时，应该让员工知道，他拥有的不仅仅是权力，还有与权力相匹配的责任。授权的同时，强调权责一致，不仅能够避免因为权责不一致而出现的滥用职权的情况，还可以培养员工勇于承担责任、积极执行的能力。

在授权过程中应注意以下几个问题。

（1）明确目标责任是授权的前提，没有目标责任的授权，是无原则的授权，这样的授权无济于管理效益的提高和目标的实现。

（2）授权不是下放管理者的所有权力。授权的适度应掌握在能及时掌握全面信息、控制局面的前提下，通过授权发挥各级的积极性。重大方针政策的监督检查权、决策权、例外事项的决策权不应下放；否则，授权就成了放弃领导。

（3）授权的同时必须要明确指挥关系，建立信息反馈制度，规定下级应汇报的内容、时间及形式等。

（4）下级在行使权利中出现失误时，不应一味责备下级。授权是把职权委让给下级，它意味着容许员工犯一些错误，但是应该把全部责任留给自己。管理者要善于耐心指导，坚持激励的原则，热心地帮助下级。

【锦囊妙计】授权是一门艺术，如果授权运用得好，不仅可以使管理更有成效，而且可以调动员工在工作中的主动性、积极性和创造性，提升员工和团队的执行力，提升公司的运行效率。

11. 沟通顺利，执行到位

任何一个部门的不配合都有可能影响整个计划的执行。公司运营如同人体行动，需要各个部位很好地协作才能完成预定的动作，达到思想所要求的目标。比如我们要拿起一个杯子，大脑发出指令，通过眼睛、手臂、手的信息收集确定杯子位置、大小等信息，大脑得到反馈信息后制订行动方案，身体各部位在相互配合的情况下执行任务，完成拿起一个杯子的动作。这个过程就是一个沟通的过程。

一些公司的领导人以为决策是自己做的，下级只要执行就好了，能够理解就理解，不能理解在执行中理解，根本就没有必要沟通。其实沟通是双向的。

只有信息良好、充分地传递和有效的沟通，互相一致协作才能达成公司的战略目标。否则就很容易形成矛盾，产生隔阂，导致公司无法正常运行。

在沟通中主要存在对上、对平级以及对下三个层次的沟通。

（1）对上沟通，渠道通畅。

（2）对平级沟通，坦诚以待。

（3）对下沟通，平易近人。

【锦囊妙计】让员工们了解公司业务进展情况，与员工共享信息，是让员工最大限度地干好其本职工作的重要途径，是与员工沟通和联络感情的核心。

12. 狠抓各项工作的落实执行

管理者脚踏实地地工作，是抓好落实工作的关键。因此，必须明确坚持

"八七对、七提倡"。

（1）反对虚于应付，提倡认真工作。

实行任何一项方针政策，完成任何一项工作任务，都需要认真负责的态度和作风。

（2）反对浮在上面，提倡深入实际。

现在，不少管理者非常忙。忙于参加会议的坏风气，必须痛加革除。管理者必须深入基层，多走动，与员工保持密切联系，才能发现政策执行过程中的问题，并及时采取措施加以解决。

（3）反对弄虚作假，提倡实事求是。

执行中弄虚作假，隐瞒欺骗，严重损害了公司的利益。为了保证各项工作的落实，必须坚持实事求是的原则，对于弄虚作假情节恶劣的，必须严肃处理；对于那些纵容或诱迫下级说假话的管理者，一定要追究责任。

（4）反对职责不清，提倡分工负责。

人浮于事、职责不清、遇事推诿、互相扯皮的现象，在一些公司职能部门中普遍存在，严重影响了工作的落实。因此，必须进一步实行严格的岗位责任制、领导责任制。凡是部署了的工作，要层层有人抓，件件有着落。

（5）反对只发号召，提倡具体指导。

要把各项工作落到实处，各级管理者一定要注意不能把领导工作停留在一般号召上，而要实行一般号召与个别指导相结合，解剖"麻雀"，以点带面。要重视解决落实过程中出现的各种矛盾和问题，按轻重、难易、缓急，抓住重点，攻克难点，统筹安排，逐一去办。

（6）反对空作安排，提倡督促检查。

只布置工作任务，不检查落实情况，是决策不能很好落实的一个重要原因。管理者必须注意充分发挥督查的作用。在提出决策之后，就要及时督促检查，及时通报和交流各部门贯彻的情况。

（7）反对办事拖拉，提倡雷厉风行。

有的公司部门中，办事节奏不快，工作效率不高，再急再大的事也是你推来，我推去，久拖不决。这样的工作作风，我们要坚决反对。

【锦囊妙计】管理者要以高度的责任感和认真精神，做决策执行的带头者，狠抓各项工作的落实，切切实实地将各项工作落实到位。

13. 没有监督就没有落实

战略是组织运作与发展的计划与谋略，战略制定与决策之后，就要付诸实施，而实施的进度、效果、结果，都必须有人来跟踪与监督。谁来监督才最合适呢？答案是：管理层。

（1）管理者要做企业的检察官。

公司管理层代表一个组织，必须对这个组织的战略实施承担责任，而一旦战略付诸实施之后，公司管理者唯一能做的也是必须要做的就是监督。公司管理者此时就像一个检察官，要紧紧盯住关键环节、关键部门和关键人物。如果公司管理者这个检察官的角色扮演得不好，关键环节、关键部门和关键人物就容易出问题，而一旦这些地方出问题，就会影响战略的实施，就会使落实大打折扣。

（2）建立合理的监督机制。

无数经验表明，监督不力会使公司的好举措付诸东流。为了防止这种现象的发生，"三星"在公司内部健全规章制度、严肃监督机制。公司从上到下形成了一个质量保证监督网，不合格的零部件坚决不用，不合格的成品坚决不出厂。各厂、车间、班组层层设立质量保证机构，派有专人检验质量。

【锦囊妙计】没有监督就没有落实，监督到位才能落实到位。合理的监督机制、适时总结经验、查漏补缺，能够让落实工作更加完善、更加高效。

14. 强化员工的效率意识

单位时间内完不成相应的任务,就不能更好地体现本来或预期的价值。也就是说,只有高的员工效率才有可能产生高的公司利润。而要员工高效率,就必须强化员工的执行意识。

那么,公司管理者应该怎样强化员工效率意识,增加公司利润呢?

(1)选择合适的人进行工作决策。

在对工作决策时,应该选择有相当技术能力或业务能力的员工进行决策。

(2)给员工思考的时间。

如果管理者不给员工一些思考的时间,也很难让他们做好自己的工作。管理者要鼓励员工在工作时多动脑子,勤于思考。

(3)搞好团队协作。

将员工的工作成果共享非常重要。对一些工作成果资料要妥善分类和保管,这些都能达到工作成果共享的目的。

(4)让员工整体把握工作。

让员工了解工作的全部,这将有助于员工对工作的整体把握。员工可以更好地将自己的工作与同事的工作协调一致。

(5)强调工作结果。

管理者应该鼓励员工的工作结果,而不是工作过程,应该鼓励员工用最简单的方法来达到自己的工作目标。总之,工作结果对公司才是真正有用的。

(6)充分发挥办公设备的作用

许多工作,可能是因为电话、传真机等办公设备出现故障而耽误下来,无法提高工作效率。

【锦囊妙计】公司要做大做强,其中重要的标志之一就是高效率。决策要靠员工来执行,管理者要想提高公司效率,就要注重强化员工的效率观念,注重检查各项工作的成效。

15. 把每一位员工打造成落实型员工

一项决策或任务的落实,需要迅速行动,只有在预计的时间内完成,决策才能体现出价值,任务才有实效。

(1)执行迟缓会付出沉重代价。

那些面对急需解决的问题而漠视或拖延的公司或个人,势必会付出惨重代价。

美国埃克森公司曾经发生过这样一件事:埃克森的一艘巨型油轮在阿拉斯加触礁,致使油轮泄漏了大量原油,给海洋生态环境造成了巨大破坏,很长一段海岸线遭到严重污染,海洋动植物也遭受了严重破坏。然而,面对重大影响,埃克森公司却迟迟没有任何补救行为,而且对外界也没有任何说法。

埃克森的行为激起了美国民众的强烈指责,引发了一场"反埃克森"运动。这件事甚至惊动了当时的美国总统。最终埃克森因为拖延时间不去解决问题,给自己带来了数亿美元的损失。

(2)公司需要的是有责任心执行力强的员工。

执行决策或任务,一定要杜绝拖延,努力落实,不要等到错过时机,才追悔莫及。特别是在工作中,更不要把今天的工作拖延到明天,因为明天还有明天的事情,正如《明日歌》所说的"明日复明日,明日何其多"。如果我们不计后果地拖延,那么只能是"万事成蹉跎"。

在一家比较出名的品牌洗衣机厂内,有一名清洁工,她已经工作了近20年,不但工作认真,而且很有责任心,对工作也很热爱。如果厂内进货或清理仓库,她往往要干到很晚才能收拾完脏乱的仓房。但即便很晚,她也不会把工作拖到第二天去做,她总说:"我的任务就这么简单,如果我不能清扫干净,还要拖延到明天,那就太不称职了!"

这样的员工不但是负责的员工,而且可以算得上是优秀的员工,因为她清楚地知道,拖延对公司的影响有多大。

【锦囊妙计】任何一个员工的工作上的拖延都会给公司整体的经营计划带来不良影响，使公司的战略实施受阻。管理者要把强化员工的执行意识当作一项重要事务来抓，使员工养成不拖延、重落实的良好习惯。

16. 开放思维，灵活执行

现代社会，科学技术突飞猛进，社会发展瞬息万变。作为公司管理者，其思维也必须做出相应改变，才能跟上时代的步伐，适应时代的需要，掌握决策的主动权。

思维方式的变革，需要考虑以下几方面内容：

（1）要从封闭走向开放。

封闭思维具有封闭性、保守性、片面性的特点，开放思维具有广阔性、变动性、预见性的特点。管理者的思维方式必须从封闭走向开放，既看到内部条件，又看到外部环境；既看到国内，又看到国外；既看到过去，又看到现在与未来。

（2）要从静态走向动态。

静态思维从固定的概念出发，其特点是单一性和经验性。而动态思维是一种运动的、调整的、不断择优的思维活动。它要求根据事物不断变化的环境、条件来改变自己的思维方向，以达到优化的思维目标。

（3）要从单一走向多维。

现代社会，变化节奏快，活动范围广，单一的思维方式已远远不能驾驭这种复杂的局面，我们的思维方式必须从一维走向多维，对事物进行多角度、多方面的思考，其特点是多向性、多层次性、开放性和综合性。

【锦囊妙计】现代社会的发展日新月异，只有根据变化调整思维方式，才有助于战略的实施和执行。

第5招 制度之道：
制度是真正的老板

一个不重视公司制度建设的管理者，不可能是一个好管理者。一流的公司必有一流的制度，制度才是管理的真正老板。

管理制度是公司一系列成文不成文的规则，制度不仅规范公司中人的行为，为人的行为画出一个合理的受约束的圈；同时，也保障和鼓励人在这个圈子里自由地活动。制度将公司中人的行为区分为符合公司利益的行为和不符合公司利益的行为。

制度、规范、标准是公司完成一切活动的前提，但制度并非领导的意志和指令，虽然很多公司的制度制定是管理者所为，公司坚决反对无视制度、各耍小聪明的行为。试想，一个公司如果没有刚性的制度，没有坚定地遵守制度的氛围，就根本谈不上公司效率和公司效益。

1. 制度定江山

在公司发展过程中,制度和标准就是竞争力。工作中缺乏明确的规章、制度和流程,就容易产生混乱,有令不行、有章不循。很多公司都会遇到由于制度、管理安排不合理等方面造成的事故。缺乏制度会使整个组织无法形成凝聚力,缺乏协调精神、团队意识,导致工作效率的低下。

制度的重要性具体表现在以下几方面:

(1)制度为员工创造一个求赢争胜的公平环境。

所有员工在制度面前一律平等,他们会按照制度的要求进行工作,会在制度允许的范围内努力促进公司效益和个人利益最大化,从而使各个团队在良好的竞争氛围中实现绩效的突飞猛进。

(2)管理者要善于把制度引发的竞争乐趣引入到管理工作中。

这样做可以让团队中的每个人都对工作保持激情,兴趣百倍地去工作。

【锦囊妙计】小公司想不断发展永续经营,有一个比资金、技术乃至人才更重要的东西,那就是制度。

2. 制度为公司画出规矩方圆

没有规矩,不成方圆。在团队里,需要尽量避免个人的思想和行为,要求整体步调一致,所以纪律的约束不能缺少。

在每个公司的建立之初,管理者首要做的就是指定明确的纪律规范,为公司画出规矩方圆。好的制度是非常重要的。

(1)不同的分配制度,会产生不同的效果。

一个单位如果没有好的工作效率,那一定存在机制问题。

(2)一个强劲的管理者,首先也应该是一个规章制度的制定者。

(3)规章制度包括很多层面:财务条例、保密条例、纪律条例、奖惩制度、组织条例等。好的规章制度可以使被执行者既感觉到规章制度的存在,又并不觉得规章制度是一种约束。

(4)公司之间的竞争实际上是规矩之争。

谁的胸怀和气度大,谁能立起有效的规矩,谁的公司才能随之长久和伟大。

【锦囊妙计】制度不是束缚公司发展的围墙,而是为公司发展护航,是公司在竞争激烈的环境里生存和作战的保障。

3. 用活制度,搞活经营

保证制度的实际效果是管理者必须认真考虑的问题。衡量制度实际效果的重要指标是制度与市场是否接轨,是否能够促进公司出效益。公司的本质任务是盈利,能够促进效益产生的制度就是好制度,否则就是形式主义。

所以,管理者要建立合理的制度,需要注意以下两点:

(1)充分的授权。

一方面,创业初期的公司需要集权的灵活性。另一方面,这一阶段公司绝大多数决策都是非程序化的。随着公司的发展,当公司行政系统初步完备、工作程序开始形成、决策步入程序化轨道的时候,授权显得尤为重要。公司管理者应该通过明确的授权和管理团队成员彼此之间的分工合作来实行规范化管理。

(2)推行层次管理。

层次管理指的是逐级负责,一个上级层只能对应一个下级层,一般情况下上级不能越级指挥,下级不能越级汇报。上级可以越级检查工作,下级可以越级申述，但不能随便发表议论。

【锦囊妙计】建立规范化的制度管理，让每一位成员严格按照管理规范和制度工作。

4. 设计标准化的运行机制

善于领导的管理者总是能够制定出一套简洁、高效的群体运行机制。远大集团董事长张跃评价制度的重要性时说："公司最强的不是它的技术，制度才是决定所有活动的基础。有没有完善的制度，对一个公司来说是成败之分。"一个标准化运行机制的建设，直接效益就是大大提升了公司的运行效率。

管理者如何设计出完善的群体运行机制？这需要从多个方面入手。

（1）结合企业文化。

群体运行机制是灌输和贯彻企业文化的一条重要渠道。

（2）与公司发展阶段的适应性。

在不同的发展阶段，公司会面临不同的阶段性任务，相应地就不可避免地要应对不同的问题。运行机制就是保障公司在这个阶段的运营，圆满完成阶段性任务。

（3）要与公司资源的适应性。

运行机制的功能之一就是不断促进公司资源的完善，而不是无谓消耗资源。

（4）充分考虑到市场因素。

运行机制要充分保障公司目标的顺利实施，让市场成为真正的运行机制设计的导师。

（5）鼓励员工参与设计。

总经理在设计群体运行机制的过程中，一定要有服务于员工的理念，并尽可能要求员工参与进来，发动所有员工对制度的建设献计献策，共同制定。

【锦囊妙计】建设标准化的群体运行机制，可以令公司大大提升运行效率。

5. 简化管理层次，优化制度管理

MCI公司的管理人麦高文认为，每位员工包括高级管理人员都不要为了工作而相互制造更多的工作。每个人对每个工作岗位及每个管理层次提出质疑，看看它是不是真的需要被设立。比如，两个管理层次是否可以合并？职位的存在是否对生产有益？如果是，那就合并或精简它。

简化管理层次，鼓励人们减少不必要的工作，是优化制度管理的核心。这种结构具有更多的优越性，主要体现在以下四个方面：

（1）有利于决策和管理效率的提高。

管理层次越少，高层领导和管理人员指导与沟通相对紧密，容易把握市场经营机会，使管理决策快速准确。

（2）有利于组织体制精简高效。

减少管理层次必然要精简机构，特别是一些不适应市场要求、能被计算机简化或替代的部门与岗位。

（3）有利于节约管理费用。

发挥计算机辅助与替代功能，实现办公无纸化、信息传输与处理网络化，可以大幅减少办公费及其他管理费用。

（4）有利于管理人才的培养。

组织层次减少，可以调动下属的工作积极性、主动性和创造性，增强使命感和责任感；也有利于培养下属独立自主开展工作的能力，造就一大批管理人才。

【锦囊妙计】公司规模越大，管理层次越多，公司的运行成本就越高。所以，在公司能正常行使其管理职能的前提下，管理层次越少越好，制度执行也就越直接高效。

6. 制度管理"经"与"权"

"经"指规范、原则、制度;"权"指权宜、权变,即衡量是非轻重,因时、因地、因事制宜。"经"与"权",即所谓原则性与灵活性,坚持按制度办事与适当变通之意。

管理中需要按规章制度办事,坚持原则性,这是制度化管理的基本要求;同时,在管理过程中也不能没有灵活性。

如何处理"经"与"权"之间的矛盾,需要注意下面两点:

(1)根据组织中的实际情况,应加强"经"的一面,推行制度化管理,即使牺牲部分灵活性也在所不惜。因为传统的和现实的各种原因,会导致现实中原则性太少而灵活性太多。

(2)在基本的方面、关系全局的方面应坚持原则不动摇;而在局部的、无关紧要的方面可以适当放宽,多些灵活性。

【锦囊妙计】制度化管理强调的不是极端的制度化,而是以制度化管理体系为基础,谋求制度化与人性、与活力的平衡。

7. 制度管理不是一味求统一

管理者在领导员工的时候,不能因为自己处于管理者位置而表现出居高临下、高傲自大,不能依赖制度的框架而使下属觉得管理缺乏感情,不能片面地依靠命令而使下属产生束缚和限制,不能因为上下级关系而使员工产生距离感;否则,团队将会层出不穷地产生问题。

(1)有效的管理必须包容个体的差异性,并在此基础上灵活管理。

无视员工个体的差异，一味追求看似完美的统一，那么这样的组织最终一定会因抹杀了个体的个性而导致解体或僵死。

（2）管理者可采取"空气式"管理，将思想、理念、制度规范弥漫在公司的每个角落。

空气看不见摸不着，却无处不在，人们离不了空气，公司也离不开领导，这说明了领导对公司发展的价值。领导的思想、理念，所传递的制度规范要弥漫在公司的每个角落，能达到这种境界的领导才是真正高明的领导。

【锦囊妙计】制度管理不是强制性统一，在制度管理中浸润情感上的交融，才能获得员工的追随，才能真正达到团队内部的和谐。

8. 制度要体现人性化

随着组织成员越来越多，协同一致就成了更大的挑战。为了分摊责任，公司往往会创建一种组织构架，以避免一个部门到另一个部门的信息流动会遇到障碍或者被歪曲。

（1）公司运行机制的最大意义是保证公司各项信息流动的便捷性、有效性和准确性。

公司规模越大，人们分享信息、做出一致的决策和调整其优先业务的难度就越大。决策的速度变慢，执行力的优势就被削弱。

（2）人尽其才，保证效率。

保证人尽其才，这需要在合适的岗位安排合适的人才，以此来提升团队的运行效率。沃尔玛通过这样的机制，能够使调查的主管积极工作，使商店的执行人员迅速根据决定进行调整，使物流和广告投放人员在团队运行下高效工作。人们协同一致，增强了责任感。

（3）做到公开、公平、透明。

管理者在推行制度的过程中，应当根据业绩的需要自觉调整自己的团队，力求每一个人都是在他最合适的岗位上工作。员工对公司自身的成长、客户满意度以及责任感的关注也日益增强。

【锦囊妙计】公司的管理者要想提高公司的业绩和执行力，就要充分重视人才的使用。公司实现执行力的关键是需要建立一种协同个人贡献的机制。

9. 制度建设要与文化建设同步

企业文化是一种"软性"的管理方式，一旦为成员所接受和内化，便能使其自觉地约束个人的行为，使其行为与组织战略目标及前景规划相一致。公司制度却是"硬"要执行的，企业文化要内化到成员的意识中，必须以完善的制度为基础，其内涵也要通过制度来体现。

公司制度与企业文化的关系是相辅相成、密不可分的，具体表现在：

（1）企业文化与制度建设同等重要。

企业文化与制度建设是推动公司前进的两个翅膀，折其一，组织就难以按预定的航道向预期的目标顺利飞行；文化与制度建设是跷跷板的两端，偏废其一，组织的发展就会失去平衡。

（2）企业文化与制度建设协同作战，步调一致，才能最大限度地发挥功效。

企业文化与公司制度同步进行，才能使企业文化发挥其应有的功效，使制度能够落到实处。

【锦囊妙计】企业文化必须以完善的公司制度为基础，先进的公司制度则有助于企业文化的推行。

10. 有过必有罚，有功必有赏

管理者只有赏罚分明，才能不断强化正确的行为、抵制错误的行为。赏罚分明，要做到有理有据。摩托罗拉就是赏罚分明的代表。

公司和军队，都是组织。一个军队赏罚分明，可以提升军队战斗力；一个公司赏罚分明，可以提升公司的市场竞争力。

管理者在制定赏罚分明的制度时要注意三个问题：

（1）有过必有罚。

一个组织必须讲究制度和纪律，团队事务是公，不能因为个人私交感情而过失不惩罚。有过不罚，等于说总经理自动放弃了惩罚机制。

（2）有功必有赏。

下属有功劳而不能获得奖赏，他会心生怨气，陷入懈怠，工作失去主动性和积极性。

（3）奖罚双管齐下。

下属取得成绩，及时给予奖励和肯定，以此来激励下属取得更大的成绩。下属犯了错误，给予批评和惩罚，以此来警醒下属改正错误。另外，赏罚一定讲求公平，否则会引起员工的抵触心理。

【锦囊妙计】如果赏罚不明，一切制度都成了虚设；赏罚一分明，制度就容易得到巩固和完善。

11. 制度面前，人人平等

作为公司的管理者，倘若不能自律，就无法以德服人、以力御人。所以好的管理者懂得：要求下级和员工做到的事，自己必须首先做到。柳传志从来都是把服从规章制度作为自己也必须做到的事。他说："公司做什么事，就怕含含糊糊，制度定了却不严格执行，最害人！"

柳传志认为，立下的制度是要遵守的。没有规矩，无以成方圆。所有的公司都会有自己的制度，有制度可依，有制度必依。制度不是定来给人看的，而是定来遵守的。只要是公司组织的成员，就应该受制度的约束。

（1）要想让员工遵守制度，管理者首先要管好自己。

领导的力量，往往不是由语言而是由行为动作体现出来的，老板的表率作用尤其重要。

（2）制定统一规范的制度，并强有力地执行它。

如果员工表现优秀并做出贡献，公司应奖励，而对犯错误或违反制度的员工给予批评、处罚。只有公司的正气引导和纪律约束，才能锻炼和造就一支纪律严明、团结协作、朝气蓬勃的团队。

【锦囊妙计】领导人以身作则，自觉地遵守着各种有益于公司发展的制度，才能使公司蒸蒸日上。

12. 制度不完善，滋生"潜规则"

由于制度、管理安排不合理等方面的原因，造成公司某项工做出现真空现象，使原来的有序变成无序，造成极大浪费。一般来说，主要有以下几种情况。

（1）有章不循造成的无序。

随心所欲，把公司的规章制度当成约束他人的守则，没有自律意识，不以身作则，不按制度进行管理考核，不仅影响了其他员工的积极性和创造性，还会降低整体工作效率和质量。

（2）业务流程的无序。

以本部门为中心，要求流程围绕部门转，从而导致流程的混乱，工作无法顺利完成。

（3）协调不力造成的无序。

部门之间的工作缺乏协作精神和交流意识。

（4）业务能力低下造成的无序。

出现部门和人员变更时，工作交接不力，协作不到位，因能力不够而导致工作混乱无序。

公司的管理者应该着力培养自己的规则意识和法制意识。良好的规章制度和执行到底的作风是公司发展和盈利的基本保证。

【锦囊妙计】管理者应该分析造成无序的原因，建立完善的管理制度，并且很好地执行，使无序变为有序，从而整合资源，发挥出最大的效率。

13. 防止制度建设错位

在公司制度形成过程中，任何环节的错位都有可能使制度失去效力。

公司制度建设错位的表现有很多种，总结起来，主要有以下五个方面：

（1）规章制度缺乏系统性。

（2）形成制度缺乏民主性。

（3）制度内容缺乏操作性。

（4）执行制度缺乏连续性。

（5）落实制度缺乏原则性。

公司制度错位的根源，一般有以下几点：

（1）总经理对制度建设的认识和重视不够，是制度错位的第一大原因。

（2）继任的管理者由于对前任的经验采取"颠覆"态度，致使公司制度缺乏连续性。

（3）文化建设不力的公司会使制度合力、凝聚力不够，从而导致错位现象的发生。

【锦囊妙计】要想根除制度错位现象，最先反省的就是制定制度的管理者，尤其是公司的主要决策者。

14. 再好的制度也有老化的一天

公司制度具有一定的刚性，不过，要使制度发挥出最大的效用，又得做到灵活运用。制度化管理并不意味着死板与僵化，如果制度的刚性与管理的柔性不能有效结合，公司制度很难发挥最大的效益。

（1）保证制度的刚性是根本。

制度的刚性不意味着不需要完善。制定制度的目的是对一些模糊不清的事项做出一个明确的标准，因此，制度的时间性很强，绝不可能是不变的定律。当时代与环境发生变化，制度本身也要随之变化。

（2）制度要适应时代与环境的变化。

管理者必须时刻注意公司的规章制度，发现不切实际或不合情理的要及时纠正。一个好的规章制度，必然是不断修改不断完善的。

（3）避免制度僵化或过于迷信制度。

对于制度的刚性与管理的灵活性，管理者要注意两点：

（1）制度应该让执行者有一定的自主权，使其能够按照制度的目标来处理某些例外情况。

（2）让制度的执行者对公司的理念有深刻的认识，而不是"死守"条文，不知变通。

【锦囊妙计】任何制度都是有条件的，因而就要求管理者在实际操作中，要懂得灵活运用。并且只有灵活运用，制度才能真正发挥作用。

15. 不断修订，让制度日臻完善

许多成功的公司，都将自己的成功归因于拥有成熟的制度模式。公司要想赢得优势，就必须学会随着时代的发展变化而迅速调整方针制度。如果故步自封，白白浪费掉大好机会。使原本优秀的公司走向衰退。

科学完善的制度应该至少符合两个基本条件：

（1）制度的时效性。

制度必须符合公司与时俱进的发展要求，符合公司应对同业竞争和市场现状。

（2）制度的前瞻性。

公司的制度在时效性的基础上，更要能够引领公司走在其他公司前面，并符合时代潮流方向发展。如果公司制度不能引领公司加速发展，甚至落后于发展的潮流，那么这样的制度早就应束之高阁。

时效性、前瞻性是公司制度缺一不可的特质，是公司生命的根基。

【锦囊妙计】为了使公司能真正拥有科学的制度，管理者就必须对所有不具有时效性和前瞻性的规章制度及时、全面地梳理、修订，这样才能使公司朝先进、科学的方向发展。

第6招　人事之道：
不会用人，你就自己累到死

人才是利润最高的商品，能够经营好人才的公司才是最终的赢家。

实施人才战略的关键性问题实际上就是敢于大胆启用人才，让他们充分发挥最大潜力，让他们得到充分的磨炼。这是作为一个成功的管理者应该优先考虑的问题。

在各尽其能的用人策略中，根本就没有"扶不起的阿斗"之说，有的只是发现被隐匿的"闪光的金子"。

有的人才是含而不露，等待知遇之人；有的人才没有机会施展自己的才能，只好暂时埋没着；有的人才连他自己也不知道自己有多大的能力。这就靠用人者有爱才、求才的迫切心情，有细微的观察能力和分析能力，有不拘一格使用人才、在实践中考验人才的魄力，有长时间观察、考验人才的耐心，有不怕纠正在识别和使用人才上失误的胆量，有通过业绩来识别人才的考核能力。识才用才是公司发展和强大的基础，切不可掉以轻心。

1. 伯乐相好马，严把招聘关

聘用员工关系到公司的未来，应是管理者最重视的工作之一。它使你有机会把新的人才和经验引入你的部门或公司，以便将来搭建新的班组。

主管在招聘之前，要考虑以下问题：

（1）公司朝什么方向发展？是发展还是缩小规模？

（2）这个岗位真的需要聘用员工吗？

（3）能否重新安排工作，不用招聘？

（4）能否把工作分包出去？

（5）能否重新培训公司或本部门里的某个人去担任这个职务？

（6）有没有写过个人工作规范？需要什么特别品格、资格和技能？

考虑好上述几个方面，你就可以着手为招聘准备了。

内部招聘的途径有：①内部提升。②内部调用。③员工引荐。

外部招聘的途径有：①大中专院校及职业技工学校。②人才交流会。③人才网和公司网站。④报纸、杂志、电视台等的广告。⑤中介机构、职业介绍所。

一般来说，招聘工作都要按一定的程序进行。

（1）面试。

一般来说，在最短的时间内，彼此双方尽可能有针对性地进行详细了解。包括团队合作能力、职场优势、职业定位、个人习惯等。

（2）精神面貌评价。

包括应聘者的穿着、仪表、自信、激情、工作态度等。

【锦囊妙计】招聘工作是公司非常重要的事情。招聘方应擦亮眼睛选拔人才，坚决不能录用弄虚作假的应聘者。

2. 引进优秀"空降兵"

柳传志认为,公司好比是舞台,人才是演员。如果没有演艺超群的好演员,而是一群跑龙套的小角色,再好的舞台也是白搭。公司将员工放在首位,作为事业成败的第一要素,必将能发挥每个人的最大潜力,在公司的舞台上充分展现自己,人人演出成功,公司这个大舞台自然会成功。

对于引进优秀的人才,很多管理者通常存在这样的误区:他们认为在其他地方优秀、出彩的人才,到了自己的公司也会继续"优秀"。但事实却并非如此。

当确定要引进较为突出的人才时,管理者就要从以下几个方面入手,帮助"空降兵"着陆成功:

(1)安排人力资源部门充分讲解企业文化。

其中包括公司的愿景、价值观和规章制度。另外要使总经理逐渐适应公司里显现的和潜在的规则、流程和习惯。

(2)和他讨论之前公司里成功和失败的案例,尤其是有关员工个人的。

(3)明确指定新经理的工作任务。

根据他做出的成绩,慢慢给他增加任务和权利,不要一开始就给他分配过多的工作。

【锦囊妙计】建议管理者要给"空降兵"营建良好的生存环境,在提出高要求的同时,更需要高关心、高鼓励和高支持,使他们安全着陆。

3. 物色有潜力的员工

公司需要有潜力的员工,知识经济时代,人才制胜。考核现代HR业绩的一项标准就是——发掘有潜力的员工、培养优秀者、创造高绩效的工作环境。发掘有潜力的员工是促进公司发展的智力资本。

什么样的人是有潜力的员工呢？

（1）重能力更重潜力，重潜力更重人品。

胜任目前岗位工作的基本能力是必需的，但只有品德优良、有潜力的员工才能得到足够的发展空间。

（2）视野广阔、心态积极、专注好学。

事业心是成长的动力，专注好学是员工成长的助推剂。员工只有花精力去钻研和学习工作领域的知识，花精力去改善工作领域的绩效，才能为公司创造价值，公司也才会把自身的发展托付给这些人。

（3）"学习型"人才是公司的"潜力股"。

学习能力是公司十分看重的一点，只有不断学习，才能适应不断变化的岗位要求，在学习中不断提升自身的能力，从而实现个人与公司的共赢。能不断为公司创造价值的人是不会被淘汰的。

【锦囊妙计】优秀的公司总是在持续地成群地寻找出有潜力的员工，从而使公司源源不断地获得优秀人才贡献出来的力量。

4. 慧眼识英雄，用人先识人

管理者用人必先识人，用才是艺术，识才也是艺术。如何识别人才？这就要求用人者必须慧眼识真才，把真正的人才选拔出来，把非人才淘汰下去。

识别人才的方法有以下几点：

（1）有雄心壮志。

要有取得成就的强烈愿望，通过更好地完成工作，不断地去寻求发展的机会。

（2）有要求助于他的人。

如果你发现有许多人需要他的建议、意见和帮助，那他就是你要发现的明星了。因为这说明了他具有解决问题的能力，而他的思想方法为人们所尊重。

（3）能带动别人完成任务。

能动员别人进行工作以达到目标，显示出他具有管理的能力。

（4）他是如何做出决定的。

能迅速转变思想和说服别人的人不要错过。一个有才干的高级管理者，往往能在相关信息都已具备时立即做出决定。

（5）能解决问题。

如果他是一个很勤奋的人，他从不会去见老板说："我们有问题。"只有在问题解决了之后，他才会找到老板汇报说："刚才有这样一种情况，我们这样处理，结果是这样。"

（6）比别人进步更快。

通常能把上级交代的任务完成得更快更好，随时准备接受额外任务。他认为自己必须更深地去挖掘，而不能只满足于懂得皮毛。

（7）勇于负责。

勇于负责是一个管理者的关键性素质。

识别和发现潜在人才，还必须注意以下几点：

（1）听其言识其心志。

（2）观其行辨其追求。

（3）析其作辨其才华。

（4）闻其誉察其品行。

当然，有以上这些考察人、识人的要点和注意的方面还是不够的，我们还必须在实践中通过各种方法去有意识地考察他们的能力和水平。

【锦囊妙计】好的管理者能正确识别人才，表现在正确掌握用人的标准上。认识和选拔人才，要注意细微之处，用心观察，见微而知著。

5. 知人善任辅大业

李嘉诚认为人才对于公司非常重要，甚至比金钱还重要。他广纳贤才，而不在意出身和背景。只要有能力，他均奉为上宾。他曾高兴地对记者说："你们不要老提我，我算什么超人，是大家同心协力的结果。"

李嘉诚不拘一格重用年轻人，广采博纳，融合众智。他说："假如没有那么多人替我办事，我就算有三头六臂，也没有办法应付那么多的事情，所以成就事业最关键的是要有人帮助你，乐意跟你工作。"

知人善任要注意以下几点：

（1）*鼓励人才发展，不要怕下属超过自己。*

（2）*批评时对事不对人。*

人非圣贤，孰能无过。下属做错了事，要批评他做错的事情，却不能对他进行人身攻击。批评的目的在于指出错误，以期改进，而不是让下属丧失自信或感到人格不被尊重。

（3）*承担职责，扶持正气。*

下属办事不力，并不一定是下属的过错，作为管理者，应检讨自己在领导上是否有错误，该承担哪些职责，绝不能将过错推卸在下属身上；否则将会严重影响下属的士气。

【锦囊妙计】一个总经理要打理好公司，就必须有得力的人才辅佐。没有人才辅佐的总经理，是做不了大事情的。

6. 人得其位，位得其人

传统的管理仅仅依照工作的制度安排人的位置，结果许多讷于言辞的员工被安排去组织展销会，许多头脑里新点子迭出的员工被安排做财务……这都是不恰当的。雅戈尔公司在用人方面推崇"选好人，育好人，用好人，留住人"的理念，体现出了人尽其才、物尽其用。

（1）知人善任。

作为一名成功的领导，应该知人善任，让自己的下属去做适合他们的事情，这样才能充分发挥他们的工作潜能，实现组织人力资源的有效利用。有许多管理者常感叹手下无人可用，其实是没有把人放在正确的位置上。

（2）让合适的人做合适的事，达到人事相宜。

这是管理者授权的一项重要原则。一个公司只有做到人尽其才，物尽其用，才能维持上下齐心、同舟共济、兴旺发达的局面。

【锦囊妙计】管理者一旦对员工的才能、兴趣了如指掌，要做的就是针对某项特定的工作选择适合的人来做，或者为特定的员工安排适当的工作，做到"人得其位，位得其人"。

7. 合适的就是最好的

汉高祖刘邦说："运筹帷幄之中，决胜千里之外，我不如张子房；镇守国家、安抚人民、发饷送粮保障军队，我不如萧何；指挥百万军队，战必胜，攻必取，我不如韩信。他们三位，都是人中豪杰，因为我能任用他们，所以我能得到天下。"有的人认为，自己能够网罗到最优秀的人，就一定能够成就大事，实际不然。在团队中，选用最适合的人而非最优秀的，才是制胜的法宝。

（1）根据员工的最佳状态来安排工作。

《哈佛经济》调查表明，留住员工很重要的一点是确保他们的能力、兴趣及性格与所从事的职业相匹配。当员工的能力、兴趣与他所从事的职位相符，工作效率会保持在一个高水平线上。

（2）把工作指派给最为合适的人。

美国通用电气公司的总裁杰克·韦尔奇说："让合适的人做合适的工作。"每个人的能力和每个地方的需要都是不同的。作为总经理，把任务授权给最合适的人是最重要的。管理者向员工分配一项特定的任务或项目，这个项目要从员工的兴趣、特长出发，最终保证被指派者能够顺利完成该任务。

（3）合适的员工是符合公司发展需要的人。

对于公司而言，衡量是否优秀的唯一标准是是否符合公司的发展需要。"从作业要求的角度说，匹配的就是人才。"要想找到真正合适公司发展的员工，总经理一定要做好两个准备工作：建立科学的人才选拔机制，戒除急功近利的用人浮躁心态。

（4）把优秀的人才放到合适的岗位上。

总经理应采取正确的措施和手段对人力资源进行合理配置，不要"大材小用"，也不要"小材大用"，要量才而用。

（5）实现人岗匹配，就要了解工作的特性。

只有了解工作的特性，才能在人才使用上有的放矢。

【锦囊妙计】在用人的时候不仅要学会伯乐识马，选合适的人才进公司效力，更要把优秀的人才放到合适的岗位上，发挥他应有的作用。

8. 给员工一片自由驰骋的蓝天

北生药业董事局主席何玉良说："最适合公司的管理就是员工从内心最愿意接受的管理。"他的用人之道同样值得借鉴：

（1）因人设岗，因事设岗。

大胆重用人才，不唯学历，不讲资历，不论出身，能为公司作贡献就能得到重用，北生药业采取因人设岗和因事设岗结合的方法，只要是人才就会有安排。

（2）保护员工的根本利益。

这不仅是对员工劳动、能力的肯定，更是对员工的尊重。北生药业要求每一位员工参与工作目标计划的修订，并说明自己所担负的工作任务和指标，在工作中自我管理、自我约束、自觉行动。

（3）先谋势，后谋利；先求强，后求大；先做人，后做事。

在人才观上，是猴子就给座山折腾，是条龙就给条大江扑腾。对于缺乏挑战精神的人，他们只能放弃。就像何玉良所说，没有人天生就是出色的营销人、广告人、管理者。

【锦囊妙计】一个出色的管理者应该有一个科学的人才观，能够大胆地给员工发展的机会，因为员工发展的同时公司也会得到更大的发展。

9. 区别对待不同的下属

对待不同的下属，要区别对待，充分发挥他们的优势。

（1）根据表现的不同来对待。

表现比较好的人，用人才互补结构，发挥长处，弥补短处。表现一般的人，通过展示求得别人的信任，鼓励他们用自己的行动证明自己的能力。表现较差的人，可以给他们略超过自己能力的任务，使他们得到成功体验，建立起"可以不比人差"的信心，同时注意肯定他们的长处。

（2）根据能力的不同来对待。

有能力、有经验、有头脑的人，可以采取以目标管理为主的方式，扩大他们的自主权，给他们回旋的余地和发展的空间。能力较弱、经验较少、点子不多的人，可以采取以过程管理为主的方式，用规程、制度、纪律等控制他们的行为过程；可用传帮带的方式，使他们逐渐积累经验、提高能力。有能力的年轻人，可以给他们开拓性的、进取性的、有一定难度的工作。对有经验的中老年人，可以让他们做稳定性的、改进性的、完善性的工作。

（3）个性突出的能人。

一是用其长；二是做好思想和情感沟通的工作。

（4）有特殊才能的人。

特殊人才，特殊待遇，使他们能够集中精力发挥长处和优势，放宽纪律约束和制度管理。有很强能力的人可采取多调几个岗位、单位的办法，让他们发挥多方面的作用，调动积极性。

（5）跟自己亲近的能人。

一是调离自己的身边，让其显示自己的才干。二是采取外冷内热的办法严格要求，使他们不依靠领导，而是依靠自己，不断地求得发展。

（6）尚未被认可的能人。

一是采取逐渐渗透的办法，让人们逐渐认识他们的长处和成果。二是给机会显示其才能，以实绩让人们信服。

【锦囊妙计】聪明的管理者要学会分门别类用人才，这样才能人尽其才，为我所用。

10. 有信任才会有合力

信任不仅来自于管理者对员工的充分信任，而且归于一个双向信任的良好氛围。只有双向信任才能保证授权得以持续进行下去。

在现代社会，用人不疑，充分发挥人才的聪明才智，更是每一位管理者成就一番事业的重要保证。

（1）人才是塑造公司品牌的核心资源。

人才竞争是公司竞争的重要内容。用人不疑，疑人不用。用而怀疑，实际上是最失策的。

信任是用人的第一标准。这是众多成功公司的经验之谈。

（2）诚信乃立身之本，也是团队的经营之道。

不以少数人的流言蜚语而左右摇摆，不因小节而止信生疑，更不宜捕风捉影。对人才的信任，实际上也是对人才的爱护和支持。特别是对于那些任劳任怨地担当基层管理的人才，他们最需要的就是最高管理层的信任。

（3）离自己越近越亲的人，应该给他越多的信任。

在一个公司里，副经理、部门经理之于总经理，一般职员之于部门老板，可称为手足或臂膀，理应得到很多的信任。如果老板不给他们信任或给他们的信任不够多，都会影响到他们的工作。

用而不疑，是团队必须秉承的一条重要的用人原则。对于人才一旦委以重任，就要推心置腹，充分信任，大胆放权，决不干预。只有信任，才能赢得人才忠心不渝地献身事业；只有人才对老板忠心，他才能赢得天下！

【锦囊妙计】公司在用人方面有许多做法，但要使人才充分发挥自己的聪明才智，信任是最为重要的，没有信任就没有合力。

11. 带动"发动机"，然后提供舞台

柳传志认为，作为一家制造业公司，获得成功的关键是充分调动核心管理层和公司骨干的积极性。联想在做业务的时候，特别注意"带人"，事业要做出来，人也要培养出来。这种做事风格称为"发动机理论"。

如何实施"发动机理论"呢？

（1）提供舞台。

给副手们一个宽广的舞台。联想就是在制定了总公司的目标和战略之后，接着确定各子公司的目标和责任，和子公司的领导们讨论要实现目标他们有哪些权利，并明确奖惩标准。目标制定以后，具体怎么去实现，是由子公司负责人或者部门负责人及他的团队设计的，在做之前各个部门负责人要把方案向总部汇报，以保持同步。

（2）强调"三心"。

一是责任心，任何一名联想员工都必须有责任心。二是野心。对中层干部而言，除了责任心，还要有野心登上更大的舞台，去管更多的事，挣更多的钱。只有努力进取，他们才可能成为"发动机"。三是事业心。对于核心位置上的核心员工，要把联想的事业当成自己的事业来做，一代一代传下去。

【锦囊妙计】管理者应该让核心管理层和公司骨干成为公司发展的"发动机"，给他们一个舞台，充分发挥自己的能力，为公司创造更大的价值。

12. 没有超能员工，只有超强团队

在公司管理中，总经理关注的不应是某个人的力量，而是团队的综合实力。在一个团队中，每个人都有他的长处，作为管理者，如果你能很好地掌握他们的特点和优势，把他们放到最能发挥其作用的位置上，你就得到了一个超强的团队，你的工作会变得卓有成效。

（1）将员工优化组合。

团队由各色各样的人组成，他们都有自己的特长优势，身为管理者，最大的职责就是对下属的特点、能力，甚至个人的性格做到了如指掌，做到唯才是用，使员工内在的潜力得到充分发挥。

（2）建立无缝型协作团队。

在合适的岗位安排合适的人才，并使这些人才协同一致，以此来提升团队的运行效率。

（3）分工协作，整体功能一定能够大于部分之和。

现代公司正逐步向简单化、专业化、标准化发展，于是互补合作的方式就理所当然地成了这个时代的产物。

【锦囊妙计】在公司中，一个团队就是一个由相互联系、相互制约的若干部分组成的整体，经过互补优化设计后，整体功能一定能够大于部分之和。

13. 做员工的教练

团队的管理者应该是一名教练，要能激励员工士气，传授员工经验，解决员工的问题，能令员工折服，必要时还得自己跳下来打仗。

管理者可以这样激励员工：

（1）权威感让团队成员跑起来。

面对自觉性比较差的员工，一味地为他创造良好的软环境、去帮助他，对他不会产生丝毫的帮助。相反，应该让他感受到"大棒"的威胁，才能激发他们成长的动力，帮助他们认清自我，发挥潜力，保持昂扬的工作斗志。

（2）推动团队成员共同进步。

很多管理者很困惑，我在处处传帮带呀，为什么部下的效率却越来越差？需要管理者反省的是，因为你的示范已经演变成了事必躬亲，时间长了，什么事情你都干了，下属自然轻松地等着你来干。

（3）做教练式的管理者，在新工作时为员工加以示范、引导。

多数工作需要下属自主完成。在员工提升能力过程中，管理者要帮助引导，加以示范，推动他们进步。

【锦囊妙计】一个有成效的管理者，必须成为激励员工进步的教练，以员工的成长来引领团队的进步、公司的发展。

14. 有效解决团队中的纷争

公司兴衰，关键在人。有人的地方总会有这样那样的纷争出现，于是怎样处理公司内部员工的纷争就显得至关重要。如何有效解决团队中的纷争，是最关键的问题。关键的是管理者怎样引导，使矛盾消失或是弱化，尽量不要对公司利益产生影响。

（1）加强沟通。

如口头沟通、书面沟通和聆听的技巧。沟通是一个信息双向交流的过程，有效的沟通可以实现信息的准确传递并建立组织内部良好的人际关系。根据经营管理的实际情况选择适当的沟通渠道。

（2）找到问题的根源。

当发生火灾时，只有找到致火因素，才能有效地灭火。找到问题的根源，才能彻底解决。

（3）当员工发生骚乱事件时，老板不要立刻卷入其中。

管理者应沉着冷静，查明原因，对症下药，问题必然迎刃而解。

（4）增强员工的法律意识。

这可以有效地防止各种纠纷特别是群体性事件的发生，促进团队和谐。

【锦囊妙计】解决公司内部矛盾，弱化是关键，不必一定要争个是非曲直，很多时候，公司内部的矛盾在公司发展过程中会烟消云散，做好疏导工作是重点。

15. 建立后备军，注重人才梯队建设

公司不注重人才梯队建设，就会陷入"临事"用人的境地。临事用人有很多隐患，比如因为急招而不注重人才质量；人才资源储备不足，因为招聘

不到合适的人才致使延误发展良机；空降兵的忠诚度不高等。为了避免公司出现以上尴尬问题，要做到以下几点：

（1）及时储备人才。

总经理不能短视，在工作过程中，要长期坚持地培养人才，要不断挖掘人才、重视人才，只有加强人才的梯队建设，才能保持公司人才的活力。

明基BenQ为了保持持续领先的竞争优势，专门为公司储备骨干人才、管理人才，构建有层次的人才团队，使公司更有序、高效和健康地发展。

（2）人才梯队建设保证了人才的活力和连续性。

人才梯队建设不需要考虑到每个职位，但一定要考虑到那些重要职位。加强人才梯队建设是作为公司战略思考的一个组成部分，每个公司都需要针对一些重要职位采取有计划的继任方案，这一计划至少每年都需要重新审视，如果有特殊情况，还应更频繁。

（3）要留出足够的时间培养接班人。

足够时间可以使这一计划进行得更顺利、更有效。不要期望他们瞬间就成为"职业达人"。

【锦囊妙计】加强人才梯队建设，就要在重要职位需要填补之前，就开始进行培训或轮岗以获取更多的经验和知识。不要等有了空缺后才临时抱佛脚，慌慌张张地找人接替。

第7招 生产之道：
质量好未必成功，质量差一定失败

21世纪是质量的世纪，质量是和平占领市场最有效的武器。

海尔"一根头发丝"的故事证明了质量对公司发展的重要性：

一次，海尔公司的杨绵绵在分厂检查质量工作，在一台冰箱的抽屉里发现了一根头发丝。她立即召开全体相关人员会议，有的职工说，一根头发丝不会影响冰箱的质量，拿掉就是了，没什么可大惊小怪的。但杨绵绵斩钉截铁地告诉在场的干部职工："抓质量就是要连一根头发丝也不放过！"一根头发丝的重量几乎可以忽略，但在今天的海尔人眼中，那一根头发丝和436亿元的品牌价值有着同等的分量。

产品质量是指产品适合一定用途、满足消费者需要所具备的特性，即产品的使用功能。质量是消费者最关心的内容，也是产品在竞争之中能否立稳脚跟的关键因素。

1. 质量是公司的命根子

产品质量是公司的生命。公司的管理者是产品质量工作的第一负责人，在抓质量的环节上可以从以下几点入手：

（1）严格进行质量把关。

长沙市某厨具有限公司的产品深受广大消费者的追捧及赞赏，其成功的秘诀就在于对质量的把关。戴森电器公司的老总说："我们希望我们所生产的产品不同于现有的其他产品，一定要比别人做得更好，所以我们进行新产品开发时，要确保产品的高品质和可靠性，耐久、耐用。"

（2）从失败中寻找完善产品的灵感。

发现产品在使用过程中的缺点和不足，提高消费者使用产品的满意度。关注消费者对产品的使用体验，反复寻找产品的失误之处。

（3）鼓励消费者提意见，注重消费者的体验，重视他们的反馈意见。

不是用市场牵着自己的产品走，而是自己要推出比别人好的产品。

【锦囊妙计】没有最好，只有更好，追求完美永无止境。打造著名品牌，奉献完美产品，是公司生产永恒的追求。

2. 小公司要强大，靠质量说话

对质量的保证就是对公司最好的回报。没有产品质量保证的公司必然死亡。华硕总经理徐世明认为，全世界没一个质量差、光靠价格便宜的产品能够长久地存活下来。通用电气总裁杰克·韦尔奇更是鲜明地指出，"质量是维护客户满意和忠诚的最好保证，是公司对付竞争的有力武器。"

质量对公司的影响力是无法预计的：

（1）质量的保证向消费者传达了公司高度的责任心。

好的质量不仅使消费者放心，而且赢得了顾客的绝对忠诚，提升了市场占有率。

（2）产品质量与其美誉度呈正比。

质量每提高1%，美誉度就提升0.5%。而产品美誉度又和品牌形象有着密切联系，美誉度每提高0.5%，品牌形象就提升1%。品牌形象与销售量又有着直接关系，品牌形象每提高1%，销售量就提升0.5%。依次推演，当质量提高1%时，美誉度提高了0.5%，品牌形象提高了1%，销售量提高了0.5%。

【锦囊妙计】产品的质量直接影响着顾客的满意度与忠诚度，而两者是决定公司利润的主要因素。

3. 产品质量的两大内涵

著名营销专家菲利普·科特勒给质量下的定义是：一个产品或服务的特色和品质的总和。这些特色和品质将影响产品或服务去满足各种明显的或潜在的需要的能力。

质量定义包括两个方面的内涵：

（1）质量是一个产品或服务的特色和品质的集中体现。

（2）不仅满足了顾客对产品或服务本身的要求，而且满足了顾客对产品或服务以外的、附加的潜在需求。

质量本质的两方面内涵对应着质量的两种划分：

（1）适用质量。

适用质量是顾客追求的根本所在，是产品或服务能够满足顾客需求的核心内容。

（2）性能质量。

性能质量是产品除了能够满足顾客的基本需求之外，还可以赋予顾客的其他价值。例如，本田汽车和梅塞德斯汽车都是世界汽车的名牌，它们在满足顾客对交通的需求这一点上并无二致，因此可以说这两种汽车的适用质量相同。但是，本田汽车行驶更平稳、更快速、更经久耐用，因此，它比梅塞德斯汽车有更高的性能质量。

【锦囊妙计】公司要想在激烈的竞争中基业长青，就必须建立运转有效的、从产品设计到售后服务全过程的质量保证体系，以完美之心要求自己，打造完美产品。

4. 实现质量零缺陷

公司要想寻找自己特定的知识，就必须做到精益求精。所有的消费者都是理性的，他们总是希望获得最优的产品。只有出色才能超越对手，才能获得市场的青睐。

（1）像对待艺术品一样对待产品质量。

劳斯莱斯是一个全球知名的汽车品牌，为了能在竞争中脱颖而出，不只是制造冷冰冰的机器，而是带着热情去雕琢每一个零件，每一道工序制作出来的东西都如同有血有肉的艺术极品。

（2）确保质量零瑕疵。

确保质量零瑕疵，就是要使产品具有坚固、耐用、无故障、零噪音等特点。

（3）私人定制，更要保证质量。

根据订货人的爱好，选择制造方式。

（4）高质量是公司核心竞争力的重要组成部分。

只有极端出色，公司才具有竞争力，才能在市场大潮中获得胜利。精益求精是公司核心竞争力。

【锦囊妙计】要想不被超越，唯有在质量上做到精益求精，才能长盛不衰。

5. 质量评价要以结果为导向

服务业的质量评价是由外部客户的满意度来确定的，更加注重与顾客的关系。

以下是十种决定服务质量的特点：

（1）可靠性指作业绩效的稳定性和可信赖程度，包括可用性与实际服务实际表现的一致性。这意味着服务作业一次性圆满完成。

（2）竞争性指应用所需要的技能和知识完成某项作业的能力。

（3）安全性指免于危险、风险或疑虑的程度。

（4）可接触性指能够与顾客接触的难易程度。

（5）可沟通性指通过语言沟通使顾客知晓所需信息，并能够聆听顾客的要求或抱怨，这也许意味着公司对不同的顾客使用不同的话语。

（6）可显示性指服务过程的可辨认性。

（7）可信度指真实性、可信任程度和诚实性，时刻将顾客利益放在心中。

（8）理解用户的程度，是指为理解顾客需求所付出努力的多少。

（9）友好程度指员工在待客过程中礼貌、尊重、周到和友善的程度。

（10）响应程度指员工为客户提供服务的热情程度和及时性。

【锦囊妙计】服务过程及其结果决定了顾客对服务质量的感性认识。对顾客来说，服务的方式与服务本身一样重要。

6. 让消费者来检验产品的质量

在中国，有的人可能不知道史玉柱是谁，但一定知道脑白金是什么。它铺天盖地的电视广告被人斥为"恶俗"，它的产品本身被舆论批评为"无用"。脑白金的成功一直伴随着尖锐的批评，但人们并不知道，脑白金在消费者中靠口碑宣传，赢得的是回头客，至今是同类产品的销售冠军。历史证明，那些对脑白金的批评没有根据。史玉柱认为，消费者的口碑是最重要的，消费者是验证产品好坏最好的老师。

（1）质疑和非议并不重要，市场表现和利润数据才是衡量质量优劣的标准。

产品销售的好坏受制于多种外部因素的影响。做生意不靠广告，要看效果，靠口碑，用事实说话。

（2）有效是第一位的。

（3）产品给消费者带来的好处要被他感觉到，并愿意主动跟周围的人说。

必须同时具备以上因素，产品才能做大。

【锦囊妙计】消费者是验证产品好坏最好的老师，企业家的任务就是把顾客心中有，但却无法满足的需求挖掘出来。这是一个发现新大陆的过程，它比摔破脑袋跟着千军万马抢独木桥高明得多。

7. 确保质量问题投诉率为零

被誉为"全球质量管理大师""零缺陷之父"的菲利浦·克劳士比在20

世纪60年代初提出"零缺陷"思想,并在多个国家得到全面推广。我国的荣事达是成功实行零缺陷质量管理的典范。

荣事达管理层提出:质量管理的目标是提供给消费者的产品必须是百分之百的合格品,要保证质量问题投诉率为零。

实施零缺陷管理可采用以下步骤:

(1)建立推行零缺陷管理的组织。

通过建立组织,可以动员和组织全体职工积极地投入零缺陷管理,对每个人的合理化建议进行统计分析,不断进行经验的交流等。公司的最高管理者要亲自参加,任命相应的领导人,建立相应的制度;要教育和训练员工。

(2)确定零缺陷管理的目标。

确定零缺陷小组(或个人)在一定时期内所要达到的具体要求,包括确定目标项目、评价标准和目标值。在实施过程中,采用各种形式,将小组完成任务的进展情况及时公布。

(3)进行绩效评价。

小组确定的目标是否达到,要由小组自己评议,为此应明确小组的职责与权限。

(4)建立提案制度。

直接工作人员对于不属于自己主观因素造成的错误原因,如设备、工具、图纸等问题,可向组长指出错误的原因,提出建议,也可附上与此有关的改进方案。

(5)建立表彰制度。

零缺陷管理不是斥责错误者,而是表彰无缺点者;不是指出人们有多少缺点,而是告诉人们向无缺点的目标奋进。这就增强了员工消除缺点的信心和责任感。

【锦囊妙计】零缺陷质量管理是公司管理者对顾客的承诺:不要让顾客对公司或产品有任何一丝一毫的怨言。公司要想兑现承诺,唯一的选择就是要保证产品零缺陷。

8. 用看板管理推动生产过程

如何控制在制品的数量，防止在制品的积压，合理运用生产资金，组织均衡生产，取得较好的经济效益，是生产管理的重要内容。看板管理正是解决这个问题的行之有效的一种方法。看板管理确保各生产环节准时、合理、协调地进行生产。

适合看板管理的公司类型主要有：

（1）以流水线作业生产为基础的生产公司，多批次、小批量生产的公司。

（2）公司的生产秩序要稳定，进行均衡化生产，是看板管理的基础条件之一。

（3）使设备处于良好的工作状态，以保证生产的稳定和产品品种、质量的要求。

（4）要采用标准化、专用化的定容定量无磕碰的工位器具。

（5）运输工具和人员要适应看板管理的需要。

（6）要有完善的管理制度。制定完善的看板传递、在制品储备、运输以及保证看板能得以有利实施的各项制度。

（7）公司内部的制造工序、检验工序、运输工序的合理化，平面布置合理，并消除无效劳动。

【锦囊妙计】看板管理要求把眼睛放在异常生产的管理上；采用正物流逆信息流的管理方法，改变了以往由上道工序向下道工序送货的做法；改变了生产管理中的大储备量的多储思想。

9. 品质保证的目视管理

品质目视管理有以下几个要点：

（1）防止人为失误导致的品质问题。

方法：合格品与不合格品分开放置，用颜色加以区分，类似品采用颜色区分。如白色胶带表示等待检查，红色胶带表示不合格，绿色胶带表示合格，通过胶带颜色深浅即可判断出物料状况。或者可用红色标签标记呆料，这样通过看颜色深浅就可以知道库房中过期原料的数量。

（2）设备异常的"显露化"。

方法：重要部位贴附"品质要点"标贴，明确点检线路，防止点检遗漏。

（3）能正确地实施检查。

方法：计量仪器按点检表逐项实施定期点检。

在目视管理中，产品质量管理的具体方法有很多。最常用的有"QC工具看板"、"质量状况看板"、设置不良品暂放区。

【锦囊妙计】实施目视管理可以减轻无谓成本的支出，让员工自觉地认识缺陷、分析缺陷、预防缺陷产生，从而提高产品质量。

10. 严控废品的损失

废品损失是不少公司物耗水平高的重要原因。废品不仅消耗了原材料、能源，而且还消耗了大量的人力。废品到了用户手中，不仅会损坏公司的信誉，而且会给用户造成经济损失，因此从经济角度来看，废品损失是多重的浪费。在生产中出现废品，其浪费损失要由合格产品分摊，废品越多，合格品成本就越高。因此，废品减少，可以使成本降低；同时产品的质量提高。

加强质量管理，控制废品损失的措施如下：

（1）做好事前控制，不合格的原材料不准投产，不熟练的工人不得上岗，不符合要求的设备不得运转。

（2）建立一套完善的生产标准，要围绕产品质量标准，响应建立原材料标准、半成品标准、备件标准、工艺标准和检验方法标准等一整套标准，并严格贯彻执行。

（3）要建立质量责任制，做到质量工作事事有人管，人人有专责，办事有标准，工作有检查，形成一个严密的质量保证体系。加强对员工的教育，使其树立"质量第一"的思想，自觉地把好质量关。

【锦囊妙计】公司要下大力气抓好产品质量，首先要下决心降低废品率。减少废品损失，不仅要加强事后的质量检验，更要从产品设计、用料、生产加工等方面着手，防患于未然。

11. 加强物流质量管理

物流质量就是公司所确定的物流工作的量化标准与根据物流经营需要而评估的物流服务的顾客期望满足程度的有机结合。完善的物流质量管理可以提高顾客对服务的满意度，增强顾客信任感和忠诚度；可以为公司赢得市场，扩大经营规模，降低成本创造良好的条件。

进行物流质量管理，可以从以下方面着手：

（1）保证与改善商品质量。

要保证商品质量的合格，不变质，不破损。通过分装、贴标签等流通加工活动改善、提高商品质量。进行商品质量控制时，可以利用包括统计方法在内的各种质量管理方法。

（2）保证物流服务质量。

应了解和掌握用户需求，为他们提供标准服务和差别服务。及时根据用户需求变化，不断更新完善物流服务质量标准。

（3）制定物流工作质量标准。

可以采用的物流工作质量指标有运输工作质量指标、仓库工作质量指标、包装工作质量指标等。

（4）制定物流工程质量标准。

如物流网点的规划设计等。利用系统论的观点和方法，对物流系统中的相关因素进行分析、计划和控制。可以采用的物流工程质量指标有运输工程质量指标、仓库工程质量指标、包装工程质量指标等。

【锦囊妙计】物流质量管理是一个系统工程，上述四个方面的工作都是必需的，但也可以通过提高其中某一方面工作质量达到降低物流成本的目的。

12. 预防仓储品的损坏变质

仓储保管的作用之一就是要保持好产品原有的质量和使用价值，防止由于不合理的保管措施而引起损坏或变质。为此，需要注意：

（1）危险品和非危险品、性质互相抵触的产品，应该区分放置，不得混淆。

（2）在库位不紧张时，尽量避免产品堆码的覆盖和拥挤。

（3）经常或定期检查和养护仓储产品，特别是对易变质或对储存环境要求比较特殊的产品更应注意。如灰尘、公害、虫害等问题，防水、防火、防盗设备及措施，除锈措施以及对酸、碱、盐的防护。

（4）保持适当的温度和湿度，预防因储存环境不合适造成的产品损坏和变质。

（5）对装卸搬运作业进行控制，防止搬运过程中的损坏。

（6）重物放下层，轻物放上层；大件物品放下层，小件物品放上层。

（7）产品存放位置便于检查、搬运。

（8）配备保管设备如测温仪、红外线装置、空气调节器等和测试、化验使用的仪器和工具。

（9）产品入库验收，应注明接收日期。对有贮存期要求的产品，应建立贮存品周转制度。

（10）对接近保质期的产品，应及时通知有关人员对其进行质量和重量检验，一旦发现变质，要书面呈报上级。

【锦囊妙计】仓储物品的保管方法和措施，因物不同，因环境不同，所以应经常总结物品保管经验，不断改进工作。

13. 将产品不良率降到最低

控制产品的不良率，可以从以下几方面进行：

（1）区分管制重点。

（2）确定标准。

（3）改善标准。

（4）宣导标准，让相关人知道。

（5）适当的激励。

（6）减少停滞时间。

产品在生产中途停滞时间愈久，受污染的机会愈大，因此，即使有各种保护措施，在完成本工程的产品后，也尽量不要堆积储存。

（7）迅速解决出现的问题。

随时留意线上生产的过程，一旦有不良品出现时，就要马上找出是由哪几台机器，哪一批材料及哪位作业人员所生产的，并即时纠正。

（8）三线一体。

将生产线、检查线及修理线,以产品分别区分联结在同一条生产线内,并置于同一位管理者的管辖下,贯彻自己的产品自己检查、自己修理的整体品质意识。

【锦囊妙计】控制产品的不良率,把优质的产品提供给客户,不仅为公司直接创造了收入,更为公司赢得了良好的信誉,为公司的生存与发展奠定了基础。

14. 推行全面质量管理运动

越来越多的公司开展了全面质量管理,并将其作为达到顾客满意的重要途径之一。公司为了持续不断地改进其质量工作,而对它所有的生产过程、产品和服务进行一种广泛的、有组织的管理,就是一种全面质量管理。

(1)全面质量管理定义。

全面质量管理是指围绕着整个组织的、从供应商到顾客对质量的重视。它所强调的是在全公司范围内进行全面化的质量管理活动,持续追求顾客所重视的在产品与服务的各方面的卓越品质的承诺。

(2)"全面"包括两个方面的含义。

全面质量管理的"全面",一是指内容涉及公司的方方面面,从设计、生产、储运到公司内部人员的工作态度和协作精神,以及公司整体和个人对外的形象辐射等内容。二是指质量管理涉及的人是"全面"的、"整体"的,不存在独立于质量管理之外的"特殊观众"。它不是公司某一个或少数几个人的事情,而是包括总经理和一般雇员在内的全体职员的事情。

(3)全面质量管理代表了质量管理发展的最新阶段。

全面质量管理起源于美国,后来在其他一些发达国家推行、发展并各有所长,取得了丰硕的成果。20世纪80年代后期,全面质量管理得到了进一步的扩展和深化。

　　【锦囊妙计】全面质量管理不仅是一般意义上的质量管理的领域，而成为一种综合的、全面的经营管理方式和理念。

第8招 采购之道：
谈判、流程、防腐败，一个都不能少

一个行业注意它的人越少，就越有发展的前景。别人不注意，你注意了，你就是有眼光的。

公司要想做强做大，必须建立一套独特的、严密的采购制度，打造自己强大的采购部。要使公司降低成本，就从采购开始。管理学家德鲁克说："用采购来赚钱，是成功的好方法。"作为采购者，应该掌握一套基本的采购之道和技巧，了解所采购的物品其价格是否公平合理，尽量把握住每一个降低采购成本的机会，使公司赢得低成本优势，增强核心竞争力。

1. 采购谈判有备无患

对公司来说，掌握采购谈判的策略和技巧，有利于维护公司自身的利益，促进采购的成功。

（1）采购谈判的内容。

采购谈判主要包括产品条件谈判、价格条件谈判和其他条件谈判。产品条件谈判内容包括：产品品种、型号、规格、数量、商标、外形、款式、色彩、质量标准、包装等。价格条件谈判包括数量折扣、退货损失、市场价格波动风险、商品保险费用、售后服务费用、技术培训费用、安装费用等。除了产品条件和价格条件谈判外，还有交货时间、付款方式、违约责任和仲裁等其他条件的谈判。

（2）了解谈判过程。

从买方来讲以下五个因素会导致谈判发生：至少两个以上供应商；卖方有意介入；有了清楚的规格；投标者间存在差异；采购额大到足以涵盖竞标成本。

会引起谈判失败的问题。例如，个人风格与谈判抵触；以前和对方有过矛盾；认为谈判是输和赢的关系；为了"赢"将谈判延续得太长；谈判方权限不足以达成协议；将复杂的问题简单归结为"输赢"问题等。

（3）谈判前的准备。

采购人员的商品知识，对市场及价格的了解，对供需状况的了解，对本公司的了解，对供应商的了解，本公司所能接受的价格底线、目标、上限以及其他谈判的目标等，都必须先有所准备，最好把各种条件列出优先顺序，将重点简短地写在纸上，在谈判时随时参考，提醒自己。

（4）成功谈判者应具备的能力。

如计划能力、清晰而敏捷的思路、有强烈成功欲、对他人意见的采纳能力、自制力、了解人性、善于倾听等。

【锦囊妙计】大部分成功的采购谈判都要在彼此和谐的气氛下进行才可能达成。任何人都不愿在威胁的气氛下谈判，保持供应商良好的合作关系是采购人员的重要职责。

2. 采购谈判的四大心理技巧

通常情况下，采购谈判需掌握以下几点心理技巧：

（1）只与有权决定的人谈判。

采购人员应尽量避免与无权决定事务的人谈判，以免浪费自己的时间，同时也可避免事先将本公司的立场透露给对方。

（2）尽量在本公司办公室内谈判。

在自己的公司内谈判除了有心理上的优势外，还可以随时得到其他同事、部门或主管的必要支援，同时还可以节省时间和旅行的开支，提高采购员自己的时间利用率和工作效率。

（3）对等原则。

不要孤身一人与供应商多人谈判。己方的人数与级别应与对方大致相同。

（4）不要表露对供应商的认可和对商品的兴趣。

【锦囊妙计】有经验的采购员，无论遇到多好的商品和价格，都不动声色，冷眼旁观，甚至不冷不热，在一定程度上激怒对方，让供应商感觉在你心中可有可无，从而清晰地了解到对方的真实心理。

3. 采购谈判的八大沟通话术

通常情况下，采购谈判需掌握以下几点沟通话术技巧：

（1）选择开放式问话。

采购员应尽量将自己预先准备好的问题，以"开放式"的问话方式，让对方尽量暴露出其立场。然后再采取主动，乘胜追击，给对方足够的压力。

（2）必要时转移话题。

若买卖双方对某一细节争论不休，无法谈判，有经验的采购人员应转移话题。

（3）避免谈判破裂，不要草率决定。

有经验的采购人员，不会让谈判完全破裂，总会给对方留一点退路，以待下次谈判达成协议。

（4）尽量以肯定的语气与对方谈话。

在谈判中，对于对方认同的观点，应加以肯定和称赞。

（5）成为一个好的倾听者。

采购人员应尽量让对方讲话，从他们的言谈举止及肢体语言之中可听出优势和缺点，也可以了解他们谈判的立场。

（6）掌握主动权。

谈判者应按照事先制订的计划，有选择地谈判，并适时调整谈判策略，绕开自己不愿谈的话题，讨论自己希望触及的话题。

（7）交谈集中在己方强势点（销售量、市场占有率、成长等）上。

多表述自己公司强劲的发展势头和发展目标，引起对方的兴趣。在肯定供应商公司的同时，指出供应商存在的弱点，直到供应商开始调整对他自己的评价为止。

（8）以数据和事实说话，提高权威性。

充分运用准确的数据分析，如销售额分析、市场份额分析、品类表现分析、毛利分析等，进行横向及纵向的比较。

【锦囊妙计】有经验的采购员会在谈判开始很短的时间内弄明白对方的需要，尽量满足对方小的需要，然后渐渐引导对方满足采购人员的需要。避免先让对方知道自己公司的需要，否则对方会利用此弱点要求采购人员先做出让步。

4. 巧用外力与采购供应商砍价

不要让你的采购员与对方谈价格，指的是不要让采购员一个人单独去谈价格，你需要一种外源性的力量来冲击这种个人关系，并以此使采购员尽其所能地去挤压供货商，迫使供货商大幅度地降低价格。

在这里，介绍两种在实际中很实用也很有效的外源性力量。

（1）需要一个冷面无情的"砍价专家"。

公司中的领导，某一个合伙人，都可以作为"砍价专家"，他们能够从最贵的品种查起，认真核查每一项采购成本，不讲情面，而且具有价格裁决权。也可以从公司外部雇佣顾问，全权授权他们有价格决定权，而不仅仅是建议权。

（2）宣布冻结甚至削减价格。

给你的所有供应商发出信件，在信件中写道：从现在起在一定时间内（12个月或8个月）你将不接受任何涨价。一定不要有任何犹豫把信发出去。大约有一半供应商会不理睬你，对于这一半供应商，如果你进一步盯上去，这一半中的一半甚至会退缩回去；而另一半则会冻结价格，并停止涨价计划。毫无疑问，你在这一年就会省下很多的采购成本。

也可以采取削减价格的外源性力量，不是冻结价格，而是要求削减3%。这封信一定要出自公司的高层，具有威胁力的公司负责人之手。你会发现：有许多供应商都会接受这3%的削减。

【锦囊妙计】不要让你的采购员单独地跟你的供应商谈价格，而是要给他们施加一种外源性的力量。

5. 确定最经济的采购批量

采购批量太大,有可能造成积压;反之,又增加采购次数,增大采购固定费用。因此,需要确定最经济的采购批量。具体步骤如下:

(1) 采购需求数量的计算过程。

毛需求量——项目要求的物料数量。

净需求量——毛需求量—现有库存量—计划入库量。

安全库存量——紧急订单周期×平均一天的消耗量。

(2) 确定订单下达日期和订单数量计划。

相关计算公式为:

下单日期=要求到货日期—认证周期—订单周期—缓冲时间

下单数量=净需求量

(3) 补充说明。

订单周期——即订单执行时间,包括从订单制作到物料入库时间。主要由以下四个部分组成:订单拟制审批时间、供应商备料时间、供应商加工生产时间、送货验收入库时间。对一些稳定供应的物料,可把库存设置到供应商库房里,要货时供应商直接送货,如此可以大大缩短订货周期。

订单数量——对于较为稳定的生产需求,订单数量可取值为平均相邻两个订单下达间隔时间里物料的消耗量。

【锦囊妙计】公司在采购前,应根据各方面的情况,采用科学的方法确定合理的采购批量,以降低采购成本,增加公司利润。

6. 确定最佳的采购数量

一般来说，采购数量的决定可由下列计算公式得出：

本期应购数量＝本期生产需用物料数＋本期末预定库存量－前期预估库存量＝前期已购未入库数量

采购数量与采购成本与库存成本有着密切的联系。因为一次大批量购进产品时，库存量会增加，从而导致库存回转率下降；反之，减少采购量时，虽然可以通过减少库存量降低库存管理所需的费用，但是，随着订购次数的增多，订购所需的费用也会相应地提高。

基于上述原因，我们必须从这两者的相对关系中寻求一种总费用（总成本）处于最低限度的适当批量。

订货处理成本随每次订货数量（按单位数平摊）的增加而下降，因为只需要较少的订单就可以买到相同的全年总数。而存货占用成本则随每次订货数量的增加而增加，因为有更多的商品必须作为存货保管，且平均保管时间也更长，这两种成本加起来就得到总成本。

当订货处理成本及存货占用成本的总和即总成本在最小值时，即是最适当的采购量，又称经济订货批量（EDQ）。当公司按照经济订货批量来订货时，可实现总成本的最小化。

【锦囊妙计】在公司采购中，采购数量的决定应考虑数量是否适当，是否使采购成本与库存成本最低。

7. 选择最佳采购供应商

为了避免被供应商揩油，而采购过程中尽可能地节约成本，公司应选择最佳供应商。一般来说，供应商的数量以不超过四家为宜。

选择供应商的方法如下：

(1) 进行市场分析。

采购人员应了解当前市场发展状况，市场的主流如何。进行市场分析可以帮助采购人员确定供应商数量的选择、权限与依存性的平衡点以及何种购买方法才是最有效的。

(2) 识别所有可能的供应商。

寻找潜在供应商的信息来源有很多，如通过互联网搜寻供应商网站、商业周刊、专业组织等。

(3) 对所有可能的资源进行预先筛选。

采购公司可以根据一些简单的标准，对其工艺能力、供应是否稳定、物料是否可靠、竞争能力如何等进行初步筛选，删除那些明显不合格的供应商，使供应商数目减少到足以满足用户需求的范围。

(4) 评估剩余供应商。

采购公司必须决定如何评价那些剩余的相对合格的供应商。对于简单、低价值的采购，只要对获得的信息进行检查就足够了。而对于相对复杂高价值的采购或重大品项的采购，采购公司需要对供应商进行实地考察。必要时，采购部门可以邀请质监部门、工艺部门等的专业人员一同前往，既增加了部门之间的沟通协调，也可以对供应商有一个更权威、更理性的审核。

(5) 选择供应商。

对于一般的项目，可与供应商建立采购合同，对于重大采购项目，一般双方要经过详细的谈判，仔细磋商采购条款的细节，有时要经过多次谈判才能达成一致意见。

【锦囊妙计】在确定供应商上，公司应综合考虑，既要避免单一货源，寻求多家供应，同时又要保证所选供应商承担的供应份额充足，以获取供应商的优惠政策，降低物资的价格和采购成本。

8. 采购供应商评审九要素

供应商经常会在管理方式、质量保证、物料管理、设计程序、过程改进政策、纠正措施与后续措施等方面出现问题，如果不对他们进行评审和监控就可能被供应商揩油，因此做好供应商的评审非常有必要。

对供应商的评审，应重点考察如下几个项目：

（1）供应商是否有完善的公司组织机构。

（2）供应商的财务状况。

（3）供应商的经营理念和管理方式、管理水平。

（4）供应商的经营策略和竞争手法。

（5）供应商的工程技能力、生产能力。

（6）供应商是否制订品质目标和品质计划。

（7）供应商有无合格的出货检验人员，把好合格关。

（8）供应商的长期、稳定的供货能力。

（9）供应商的长期发展规划。

要考察以上几个项目要通过如下几个方法：发函书面调查（供应商调查表）；工厂实地考察；口头调查或查询公司网站。

【锦囊妙计】对新供应商的评审是看供应商能否在两个方面满足采购方的要求：一是否有能力满足采购方的短期和长期需求；二是否能积极地以采购方期望的方式来满足采购方的短期及长期需求。

9. 集中采购法操作要点

集中采购是指在公司或专门机构的统一组织下每年在一定时间内将众多采购部门的采购计划进行集中、整合形成一个统一的采购计划，由统一组织与供应商进行洽谈,统一完成采购的采购方法。这种战略采购方法通过对公司的生产性原料或非生产性物品进行集中采购规划和管理,可以提高议价能力,降低公司采购成本。

集中采购专业性较强,责任重大,通常手续较为复杂,采购的过程也较长,因此适用于大宗采购。

集中采购的作业流程如下:

(1)各部门根据采购需求填写采购申请。
(2)汇总采购申请,对采购申请进行审核。
(3)在分析国内外形式和竞争对手的基础上,制定集中采购策略。
(4)在考虑销售和生产现状的基础上,制订采购计划。
(5)根据现有的库存、市场供应的信息,来相应地进行采购管理工作。
(6)选定供应商,签订采购订单。
(7)执行采购计划,进行结算。

【锦囊妙计】集中采购虽然形式看起来简单,但却涉及多个部门的利益调整,需要制定一系列切实可行的制度加以规范,如确定采购范围,确定采购方式等健全的管理制度和操作程式,以推动集中采购的制度化、规范化。

10. 联合采购法操作要点

联合采购法就是汇集同业或关系公司的需求向同一供应商订购。

联合采购的模式如下:

(1)某一地区的小公司组成的联合采购。
(2)由某一供应商牵头组织的联合采购。
(3)某一协会组织(如五金商品协会)组织的联合采购。

联合采购的适用范围如下:

（1）进口管制下发生紧急采购。

这是指在政府管制货品进口的情况下，一旦国内数量供不应求时，需要紧急向国外采购，因此政府核配特定的进口数量，并由业者分发。但有些分配数量较小的厂商，无法引起国外供应商报价的兴趣，因此必须"积少成多"，进行联合采购。

（2）卖方市场，买方势单力薄。

卖方经常利用买方势单力薄，各个击破，造成竞购的现象而坐收暴利。因此买方必须联合起来成为一个大的买主，以获得谈判上的优势。

【锦囊妙计】随着竞争的日益激烈，公司在采购过程中实施联合将成为公司降低成本、提高效益的重要途径之一。

11. 买断采购法操作要点

如果商品能够吸引消费者，具有广阔的销售空间，销售量就能保持在一个很高的位置，就可以采用买断采购法。

（1）注重市场调研，把握市场行情。

买断商品前，公司要对销售市场做好详细的调查研究工作，预测销售价格、商品数量、回款日期、商品买入价格之间的关系，衡量所有可能的情况下获利如何，然后按取得利润最大值的计划实施。

（2）确定销售利润。

供应商可根据以下公式分析销售利润，以便及时调整价格：

$$V=(P-B) \times N - X \times B \times N \times 6\% \div 360$$

其中：V为销售利润，P为销售价格，B为商品买入价，N为销售商品数量，X为回款日期，6%为年贷款利率。

（3）签订报价条款，有效规避风险。

在买断代理协议中签订保价条款，协议期内供货价格遇涨不涨、遇降则降,这样公司可以有效地降低风险。

(4)制定最佳采购策略,进行批量采购。

在商品的采购需要量稳定、货源充足、商品单价和运费率固定、仓储和资金条件不受限制的情况下,可采用经济批量采购的方法。它是指在一定时期内进货总量不变的条件下,使采购费用和储存费用总和最小。

【锦囊妙计】买断采购法可以获得很高的利润,稳定的超大销售量是采用买断采购法的必要条件。

12. 准时化采购法操作要点

准时化采购法就是把合适的数量、合适质量的物品,在合适的时间供应到合适的地点,能够最好满足用户需要。

公司如何实施准时化采购模式呢?可以遵从下面的具体方法:

(1)创建准时化采购班组。

(2)制订准时化采购计划。

(3)精选优秀供应商并建立伙伴关系。

(4)进行试点工作。

(5)搞好供应商培训,确定共同目标。

(6)给供应商颁发产品免检证书。

(7)实现配合节拍进度的交货方式。

(8)继续改进,扩大成果。

准时化采购是一个不断完善和改进的过程,需要在实施过程中不断总结经验教训,从降低运输成本,提供交货的准确性,提高产品质量、降低供应库存等各个方面进行改进,不断提高准时化采购的运作绩效。

【锦囊妙计】准时化采购不但能够最好地满足用户需要,而且可以极大地消除库存、最大限度地消除浪费，从而极大地降低公司的采购成本和经营成本。

13. 定点采购法操作要点

定点采购是指采购机构通过招投标等方式，综合考虑产品质量、价格和售后服务等因素，择优确定一家或几家定点供应商，同定点供应商签署定点采购协议，由定点供应商根据协议在定点期限内提供有关产品。在政府采购过程中，尤其在通用设备采购和服务采购上，定点采购的方式应用非常广泛。

对定点商家方面，增加了销售量，其经济效益会提高，同时通过竞争被确定为定点单位，也提高了自身的信誉和社会影响力。对采购单位来说，定点单位地点固定，距离相对又近，商品价格低，质量可靠，服务优良，不仅采购方便，用起来放心，还节约了大量的采购成本。

公司在使用定点采购的时候要注意以下几点：

（1）对大宗的定点采购业务通过再竞争的方式采购，以激发定点单位的再竞争意识。

（2）要建立定点采购单位的定期轮换制度，以避免长期定点而形成变相垄断。

（3）要保持一定数量的定点单位，以在定点单位之间也形成正常的竞争机制。

（4）要建立健全供应商的信息库，以确保定点采购单位的选择具有流动性。

（5）要切实增强监督检查与管理考核的力度，对定点采购单位实行淘汰制。

【锦囊妙计】定点采购特点是工作量较轻，一次采购，长期供货和服务，容易操作。采购效率较高，支付也比较方便。

14. 计划采购法操作要点

计划采购法也称规划采购法,指对某些市场需求量大,需求持续而价格有涨有落的商品,事先进行计划,在市场价格低落时予以大量采购的商品采购方法。

公司应该如何运用计划采购法呢?

(1)进行制造、采购分析。

在制造、采购分析中,主要对采购可能发生的直接成本、间接成本、自行制造能力、采购评标能力等进行分析比较,并决定是否从单一的供应商或从多个供应商采购所需的全部或部分货物和服务,或者不从外部采购而自行制造。

(2)采购项目说明。

采购项目说明包括需求数量、需求价格、需求功能。另外,在需求功能说明中应该确定产品所需要的质量水平,包括对所有决定采购的产品的特性进行说明。

(3)采购计划编制。

根据制造、采购分析的结果和所采购项目的说明编制采购计划,说明如何对采购过程进行管理。具体包括:合同类型、组织采购的人员、管理潜在的供应商、编制采购文档、制定评价标准等。根据实际需要,采购计划可以是正式、详细的,也可以是非正式、概括的。

【锦囊妙计】计划采购法可以确保商品需求量,但要以市场需求、价格的预测为前提,并且对时机的掌握要求严格,这样才可以降低商品采购成本。

15. 材料标准化采购法操作要点

材料标准化采购法即不论在什么时候，都要尽量避免采用国外的进口材料或稀有材料。

材料标准化采购法一般遵循如下流程：

（1）尽量避免工程性部件。

工程性部件严重地限制了采购人员平常对供应商所具有的谈判地位，也限制了采购部门降低成本的途径。

（2）采购环节完毕，货物运输到公司，就开始成本控制中的验收环节。

验收所依据的标准是在采购之前所制定的标准化采购细则。验收的重要职能就是使用一定的检测设备检验所采购的货物在数量、质量和价格上是否符合标准化采购细则的要求，另外，还要检验货物是否及时地抵达公司。验收人员应该持有一份货物规格明细单，以检验货物的质量、形状、样式和大小是否正确，同时验收人员还应该有份订货清单，以核对数量是否正确、交货是否及时以价格是否符合双方商定的价格。

（3）建立有效的监督制度。

如采购、运输和验收工作要由不同的人员来担任，以免出现员工相互勾结的情况。要严肃验收人员的工作纪律，发现问题及时调查、及时报告，对不能按照要求完成工作的人员要有相应的惩罚措施等。

【锦囊妙计】材料标准化在采购领域中是一个重要的却常常被忽视的成本节省技术。

16. 评估采购绩效，严控采购腐败

评估采购绩效一般分以下几个步骤：

（1）明确采购绩效评估的目的。

（2）采购绩效评估的指标标准。

这包括数量绩效指标，即库存费用指标、呆料、废料处理损失指标；质量绩效指标主要是指供应商的质量水平以及供应商所提供的产品或服务的质量表现，包括物料质量合格率、质量体系；时间绩效指标、价格绩效指标、采购效率指标。

（3）采购绩效评估的方式。

一般有两种方式：定期和不定期评估。

（4）采购绩效改进的方法。

采购绩效改进主要有以下几个方面：

一营造良好的组织氛围，充分发掘潜力。

二以同行最佳指标为奋进点，不断寻找差距，优化工作方法。

三对采购物品供应绩效进行测评，通过排行榜方式奖励先进、鞭策后进。

四掌握好采购人员的流动比率。

【锦囊妙计】采购工作过程不连贯，采购人员操作实践经验不足，可能产生采购环节的腐败问题，影响采购的质量和成本。

17. 加强绩效考核，杜绝采购腐败

考核能够调动员工的积极性，防止业务活动中非职业行为的主要手段，

在采购管理中也是如此。好的绩效考核可以达到这样的效果：采购人员主观上必须为公司利益着想，客观上必须为公司的利益服务，没有为个人谋利的空间。

如何对采购人员进行绩效考核？跨国公司有许多很成熟的经验可以借鉴，其中的精髓是量化业务目标和等级评价。

（1）业务指标体系。

这主要包括：采购成本是否降低？卖方市场的条件下是否维持了原有的成本水平？采购质量是否提高？质量事故造成的损失是否得到有效控制？供应商的服务是否增值？采购是否有效地支持了其他部门，尤其是生产部门？采购管理水平和技能是否得到提高？

当然，这些指标还可以进一步细化，如采购成本可以细化为：购买费用、运输成本、废弃成本、订货成本、期限成本、仓储成本等。把这些指标一一量化，并同上一个半年的相同指标进行对比所得的综合评价就是业务绩效。

（2）等级评价。

跨国公司会把员工划分成若干个等级，或给以晋升、奖励，或维持现状，或给以警告或辞退。绩效考核与员工的切身利益是紧密联系在一起的。

（3）个人素质的评价。

这包括现有的能力评价、进步的幅度和潜力。如谈判技巧、沟通技巧、合作能力、创新能力、决策能力等。

【锦囊妙计】如果对采购人员进行绩效考核，采购腐败的机会成本就会大得多。所以，绩效考核是减少采购腐败主观因素的法宝。

第9招 财务之道：
不懂财务，就做不好管理

公司要保持正常的运营，重要的是如何积聚资本的现金流，通过各种方式和各种资本进行合作，来加强公司的实力。

市场信息瞬息万变，任何一个市场主体的利益都具有不确定性，存在着蒙受经济损失的可能。同时，公司经营环境复杂多变，风险越来越大，公司要确保利润最大化，必须增加销售、降低成本，确立财务管理在公司管理中的核心地位，发挥财务的预测、决策、计划、控制、考核等方面的作用。我们很难相信一个看不懂财务报表，不能进行公司分析的人能对公司做出正确的经营决策，可以说，不懂财务，就做不好管理。

1. 兵马未动，财务先行

财务是公司的粮草，项目开发前，先要敲定财务计划，用最少的钱办最大的事。人才、资金、技术、信息等都是现代公司重要的生产要素，而资金由于其可计量性和管理手法成熟等特点，往往成为判断公司管理效益的首要指标。优化公司资金的内部管理对公司利润的增长有极为重要的意义。

很多公司的财务管理都滞后于项目启动，资金在内部的分配极为不合理，存在着如生产环节费用少、管理费用多等各种弊端。这些问题充分暴露出公司的财务工作有诸多问题，具体表现在：

（1）没有明确的财务计划。

公司财务计划包括一般性的支出约束和具体项目的财务报告两方面，前者是为了维持公司内部的经营秩序，后者则表明了财务部门对公司决策的态度，任何一个大的项目都是需要财务可行性分析的。

（2）财务管理漏洞大。

有的公司会出现人为的财务漏洞。

【锦囊妙计】公司最重要的是懂得怎样运用资本并使其发挥最大的作用，使资本收益最大化。

2. 管理者必须懂财务

如今是一个数字化经营的年代，公司管理者必须具备财务管理、识别账目的能力。一些财务信息能使经营者了解公司的经营状况，预测未来的经营前景，诊断公司遇到的问题。

管理者可以做到以下几点：

（1）经营者可以吸收不同的资金筹集办法、方式。

不同来源的资金，其可以使用的时间长短，对条款的限制以及成本的大小都不相同，这就需要经营者在筹集资金时认真考虑其资金结构的合理性，所担风险和资金成本的大小等因素，从中选择最有利的筹资方案。

（2）经营者要倾向资金对服务态度的控制、调度、核算和分析工作，增产节约，增收节支。

在资金运转中，首先要及时组织资金偿付债务，避免出现资不抵债的问题，其次应根据现有资金，把握投资机会，最后是建立健全资产管理责任制度。

（3）按规定缴纳增值税、营业税、所得税。

将所实现的利润分为三部分：一是提取各种基金。形成公司积累；二是向投资者分配利润，如上交国家、发放福利等；三是作为未分配利润，留待以后年度分配。

（4）实行财务监督，维护财务纪律。

财务监督是根据国家和财务局的有关政策、法规，借助价值形式对公司活动所进行的控制和利润，其目的在于执行国家财经纪律，促进公司规范经营。

【锦囊妙计】管理者要学习财务知识，看懂账目，才能合理筹集资金，满足生产经营活动的需求，使资金取之有道，用得其所，得到合理配置。

3. 管理者要看懂三张报表

会计报表是综合反映公司一定时期财务状况和经营业绩的总结性书面文件，它是在日常会计核算资料基础上，对其进行加工、整理归类、汇总、编制而成的。因此，会计报表是对公司经济业务的最高度概括总结，是每一个经营者在短期内了解公司经济状况的必经之路。学会看懂、分析会计报表，对公司经理人员有非常重要的作用。

财务报表包括资产负债表、利润表和现金流量表。

（1）资产负债表。

资产负债表包括以下内容：公司资产（如流动资产、长期投资、固定资产、无形资产，递延资产和其他资产等）；公司债务（如流动负债和长期负债）；公司偿债能力；所有者权益；公司未来的财务形势和趋向。

（2）利润表。

其作用是有利用损益资料衡量业绩；用损益资料调节矛盾；利用损益资料发现问题。

（3）现金流量表。

其功能包括提供公司现金流量资讯，分析公司应收账款和存款的质量，反映公司投资活动和筹资活动中的现金流入和流出情况，预测公司未来的发展情况。

从财务报表中获取资讯的主要方式如下：

公司年报表资料，可以先阅读"财务状况说明书"，然后再看"报表附注"，最后再将"财务状况说明书"上所计算资料与会计报表进行简单核对。公司月报或季报表，可以先简单阅读报表中大的专案，然后再根据看表的目的，决定计算分析哪些指标。

【锦囊妙计】各种财务报表之间以及每一财务报表内部之间都相互联系，因此要快速读懂财务报表还需要将多方面的因素结合起来看。

4. 管理者必须紧抓的财务指标

管理者看懂了资产负债表、利润表和现金流量表等三张表以后，如果再牢牢抓住下面几个指标，那么工作就会井井有条，毫厘难逃。

（1）利润。

公司应该先弄清楚"营收"、"毛利"、"净利"等名词，免得被数字给牵着鼻子走。

（2）现金。

花钱没有控制，不知账上有多少现金，现金流一旦被阻断，随时都有可能被一刀毙命。

（3）损益平衡点。

随时掌握公司的损益平衡分析，了解月营业收入要多少才能收支平衡，做到心中有数。

（4）库存。

为了维持一定的营运活动，大部分的公司或多或少都有存货，但要适当。多一天存货，就多一天现金支出。

（5）订单和退货记录。

公司订单若未即时处理，误了交期，恐得面临赔偿的问题。盯紧订单才能实践营收。

（6）员工数。

公司组织常在不知不觉中变大，以直接管理的人数多寡作为重要性的依据，只能增加人事费用。

（7）产品销售量。

定期查看销售量，才能如实掌握公司业务状况，盯紧利润。

【锦囊妙计】公司管理者将财务报表三张表与以上几项重要指标结合起来，有助于财务工作的顺利展开。

5. 规避税务险，财权不旁落

税务本身并不是财务人员根据税法做好纳税工作这么简单，在实际情况中，小公司如果未能正确有效地遵守法规，就会导致公司未来利益受到损害。

具体来讲，公司的税务风险主要来自于以下三个方面：

（1）违背现行税收政策。

做一个成功的公司，要严格遵守我国现行的税务税收制度，要时时关注国家税务政策的变化，及时跟上形式。税务法规滥用、错用，会为公司造成经济损失。

（2）对所在地区税务政策解读不到位。

由于各地区的规定不尽相同，公司财务人员如掌握不好相关规定也可能带来税务风险。特别是在全国不同地区设立分公司的公司，每个分公司都要对所在地的税务政策吃透摸清，避免因不合地区政策造成的税务风险。

（3）公司自身的税务筹划会带来税务风险。

通过税务筹划可以给公司带来节税的利益，因此许多公司都会通过税务筹划达到经济合理的目的。但是如果盲目地进行税务筹划而忽略税收政策的变化，就很可能事与愿违。

【锦囊妙计】小公司要重视财权风险，要合理规避税险，一定不能让财权旁落，财权的不集中，会影响公司的进一步发展。

6. 财务费用核算的方法

财务费用是指公司筹集生产经营所需要资金而发生的费用。管理者要对财务费用的流动情况做到了如指掌，进行科学合理的规划使用，让每一笔费用都得到有效的使用，以确保经营的正常运行。

（1）财务费用核算的内容。

按现行财务会计制度规定，其主要项目有利息支出（减利息收入）、汇兑损失（减汇兑收益）、金融机构手续费以及筹集生产经营资金发生的其他费用。

为了正确核算财务费用，必须合理划分资本化利息和费用化利息。划分的基本原则是建固定资产的借款利息，在固定资产达到预定可使用状态前按规定应当资本化，生产经营的借款利息应当费用化。但是，在实际工作中往往会遇到比较复杂的情况，必须根据具体情况分析处理。凡是按规定不能资本化的利息，都要计入财务费用。

财务费用属于期间费用，在发生的当期就计入损益。

（2）核算使用的主要科目及账务处理。

公司发生的财务费用在"财务费用"科目中核算，并按费用项目设置明细账，进行明细核算。"财务费用"科目的借方反映本期实际发生的财务费用，贷方反映期末转入"本年利润"科目的财务费用；"财务费用"科目结转"本年利润"后无余额。

公司发生的各项财务费用，借记"财务费用"科目，贷记"银行存款"、"预提费用"、"长期借款"等科目；公司发生利息收入、汇兑收益时，借记"银行存款"等科目，贷记"财务费用"科目。期末，将借方归集的财务费用全部由"财务费用"科目的贷方转入"本年利润"科目的借方，计入当期损益。

【锦囊妙计】核定财务费用，搞清生产经营过程中每一笔资金费用的来龙去脉及其数额，有利于减少公司的费用损失，合理利用资金开展经营。

7. 重视财务报表分析的作用

财务报表分析是指根据财务报表所提供的信息资料，运用一系列的分析方法和指标，对公司等经济组织的财务状况、经营成果及其发展趋势进行综合性地比较与评价，为公司进行经济决策提供依据。

（1）财务报表分析能克服财务报表的一般局限性，全面、深入地揭示公司的生产经营和投资理财情况，充分发挥财务报表的作用。

我国主要财务报表基本是账户式的，而账户是按公司经济管理的要求和经济业务的性质分类设置的，因此报表所披露的信息相对独立和杂乱，而且只是静止地反映公司的经营和财务状况，不能直接看出公司的发展变化趋势。孤立地看待报表项目金额，既没有意义，也不利于对公司做出正确的评价。例如某酒厂利润表显示的利润总额为2000万元，如果仅看此表，阅报表者会觉得该公司经营得不错。经查对，该公司的利润结构为：主营业务白酒等的利润为300万元，短期股票投资收益为1700万元。阅读报表者还会得出上述结论吗？因此，报表分析中需将报表相关项目的数据联系起来分析，才能使报表上的数字变活，提供更充分的信息。

（2）报表分析是报表使用者获取相关信息，进行预测和决策的重要前提。

财务报表本身提供的信息是原始、凌乱无序的。分析中可运用一系列的专门技术和方法对原始数据进行加工整理，去伪存真，提炼升华，得出综合性的和能多方位、动态、深入反映公司财务状况与经营成果的具体指标。而这些按一定程序和要求计算的指标，可以作为有关人员预测和决策的依据。另外报表本身并不具备评价公司经营情况的功能，只有报表使用人结合公司资金实力、产品市场竞争力、国家宏观经济走势、行业发展状况等，才能对公司及经营者的业绩做出评价。要得出具有决策价值的信息，没有报表分析是难以想象的。经分析得到的信息可基本满足投资人、债权人、政府有关部门及其他报表使用人决策的需要。

【锦囊妙计】通过财务报表分析能全面地了解公司的经营情况，而报表分析是投资者进行重大决策的前提，因此应当了解报表分析的基本要求。

8. 影响公司现金流转的内部原因

如果公司的现金流出量与流入量相等，财务管理工作将大大简化。实际上这种情况极少出现,不是收大于支,就是支大于收,绝大多数公司一年中会多次遇到现金流出大于现金流入的情况。这就产生了现金流转不平衡的问题。

造成现金流转不平衡的原因有公司内部的,如盈利、亏损或扩充等。

(1)盈利公司的现金流转。

不打算扩充的盈利公司,其现金流转一般比较顺畅。它在短期循环中的现金周转大体平衡,税后净利使公司现金多余出来,长期循环中的折旧、摊销等也会积存起来现金。

盈利公司也可能由于抽出过多现金而发生临时的流转困难。例如,支付股利、偿还借款、更新设备等。此外,存货变质、财产失窃、坏账损失、出售固定资产损失等,会使公司失去现金,并引起周转的不平衡。不过,盈利公司如果不进行大规模扩充,通常不会发生严重的财务困难。

(2)亏损公司的现金流转。

从长期的观点看,亏损公司的现金流转是不可能维持的。从短期来看,又分为两类:一类是亏损额小于折旧额的公司,在固定资产重置以前可以维持下去;另一类是亏损额大于折旧额的公司,不从外部补充现金将很快破产。

(3)扩充公司的现金流转。

任何要迅速扩大经营规模的公司,都会遇到相当严重的现金短缺情况。不仅固定资产的投资要扩大,还有存货增加、应收账款增加、营业费用增加等,都会使现金流出扩大。

【锦囊妙计】管理者的任务不仅是维持公司当前经营的现金收支平衡,而且要设法满足公司扩大的现金需要,并且力求使公司扩充的现金需求不超过扩充后新的现金流入。要做到这一点,就应当首先从公司内部寻找扩充项目所需资金,如出售短期证券、减少股利分配、加速收回应收账款等。

9. 影响公司现金流转的外部原因

除了公司本身盈亏和扩充等，外部环境的变化也会影响公司的现金流转，如市场变化、经济兴衰、公司间竞争等都可以对公司的现金流造成影响。

（1）市场的季节性变化。

通常来讲，公司的生产部门力求全年均衡生产，以充分利用设备和人工，但销售总会有季节性变化。因此，公司往往在销售淡季现金不足，销售旺季过后积存过剩现金。

公司的采购用现金流出有季节性变化，尤其是使用农产品做原料的公司更是如此。集中采购而均匀耗用，使存货数量周期性变化。采购旺季有大量现金流出，而现金流入不能同步增加。

（2）经济的波动。

任何国家的经济发展速度都会有波动，时快时慢。

在经济收缩时，销售下降，进而生产和采购减少，整个短期循环中的资金减少了，公司有了过剩的现金。这种财务状况给人以假象。随着销售额的进一步减少，大量的经营亏损很快会接踵而来，现金将被逐步销蚀掉。

当经济"热"起来时，现金需求迅速扩大，积存的过剩现金很快被用尽，不仅扩充存货要大量投入现金，而且受繁荣时期乐观情绪的鼓舞，公司会对固定资产进行扩充性投资，并且往往要超过提取的折旧。经济过热必然造成利率上升，过度扩充的公司背负巨大的利息负担，会首先受到经济收缩的打击。

（3）通货膨胀。

通货膨胀会使公司遭遇现金短缺的困难。由于原料价格上升，保持存货所需的现金增加；人工和其他费用的现金支付增加；售价提高使应收账款占用的资金也增加。公司唯一的希望是利润也会增加，否则，现金会越来越紧张。

（4）竞争。

竞争会对公司的现金流转产生不利影响。在竞争中获胜的一方会通过多卖产品挽回其损失，实际是靠牺牲别的公司的利益加快自己的周转。失败的一方，不但蒙受价格下降的损失，还受到销量减少的打击，现金周转可能严重失衡。

【锦囊妙计】内部筹集的资金不能满足扩充需要时，要从外部筹集。管理者在从外部筹集资金时要注意到，将来的还本付息的现金流出不要超过将来的现金流入。

10. 资金转得快，公司越赚钱

公司的经营过程实质上是资金的周转过程。资金周转得越快，公司的成本就越少，公司就越赚钱。

公司应当通过以下方面加强财务控制，加快资金周转：

（1）尽量减少产品及材料库存。

（2）应做好估测，合理筹划固定资产，不可盲目扩张。扩充设备、增加资金，必须事前做好市场调查，搞好预测及计划，尽量减少固定资产投资。

（3）应收货款要加强管理，落实责任，及时回收。

（4）营业有盈余时，对生产经营所需资金，应适当保留，以巩固财务基础。

（5）公司增加资本金，由业主直接以现金投入公司，增加公司可运用的资金。

（6）发行公司债券，报经国家批准，发行公司债券，以解决资金不足。

（7）筹借债务资金，向银行申请借款、票据贴现，以及向其他单位、团体、个人借款；还可改革贷款结算条件和方式。

（8）呆滞材料及废料，如仓储费用、保管费用、维护费用等应想方设法将它们变卖掉。

（9）节省各种费用支出，降低产品成本。

（10）让每个人都参与资金管理。公司可以将资金指标进行分解，实行分级分口目标管理责任制，按期检查考核指标完成情况，奖优、罚劣是解决资金周转不灵最根本的措施和方法。如库存材料定额应由采购和保管人员负责，库存产品及产品由销售部门负责，产品生产周期由生产部门负责。

（11）解决好资金调度问题，即收支平衡。比如公司可以编制合理的资金调度计划表。

【锦囊妙计】减少成本，获得利润，是每个公司的最大目标。资金是维持公司运营活动的有力武器。如果资金不流动或者滞后，就不可能为公司带来效益，而是浪费公司成本，使公司面临倒闭的危险。

11. 缩短应收账款回收期

在加速现金流周转时，缩短应收账款回收期是一个很关键的因素。如果经销商的资金拖欠过长，公司的资金收不回来，就无法实现周转。

（1）应收账款比率越高越好。

该比率高，说明公司的应收账款回收快，发生的坏账损失和收账费就少；也说明公司的资金利用率高，变现速度快，其短期偿债能力很强。

（2）现金交易是稳妥的交易方式。

当提供商品或服务之后，立即收钱，结束交易，用不着送达付款通知书和催收货款。

衡量卖出商品变现回收效率可以采用如下的计算公式：

应收账款周转率（销售债权周转率）=销售收入÷（应收货款+应收票据）

（3）公司应收账款的计算方法。

公司应收账款余额公式如下：

应收账款余额＝（全年赊销额÷360）×应收账款平均周转天数

由此也可以推出应收账款平均周转天数的计算方法：

应收账款平均周转天数＝应收账款余额÷日平均赊销额

为剔除周期性或季节性销售带来的影响，公司可以在年末用全年的赊销额计算出全年的应收账款平均周转天数。公司可以在每一季度末将每月赊销额尚未收回部分与当月赊销总额相除，可以得出三个比率结果。然后将这些结果汇总，得出每一季度赊销额尚未收回部分占当季度赊销总额的比率，并进行季度间指标的比较，从而得出公司应收账款的回收情况。

【锦囊妙计】公司如何评价、如何计算应收账款回收期，其目的就是能够使其回收期缩短，激活公司资金流转速度。

12. 现金流动，源源不绝

现金流是指一定时期内流入公司的资金与流出公司的资金之间的差额。现金流与利润率、周转速度、资产回报和业务增长等构成了公司赚钱的基本因素。现金流动控制着公司的命脉。公司如果不能够掌控现金流动，就会使公司资金进入干涸期。

小公司可以采用以下几种现金流解决办法：

（1）尽量延期支付原材料费用。

第一次与原材料供应商合作，可提前支付货款以表示诚意，在以后的合作当中可以先取货后付款。

（2）应收账款尽量提前收取。

如果客户是第一次购买你的产品，那么就要求对方先付全款，然后提货。并随时记录各个客户的付款情况，制定相应的付款条款。对于信用好的客户，可以将预付款的比例适当降低，但最多不低于成本。

（3）尽量租用大型生产设备或固定资产。

对于占用资金巨大、建设周期长的大型生产设备或固定资产，公司应当尽量租用。这样能保留下足够的现金流，支撑公司良性运转。

（4）延期支付员工薪水。

延期支付工资是现金流转最好的方式。但不要拖欠员工工资。

（5）按季度支付员工奖金。

可以将奖金按照季度、年度来统一发放，将这笔资金投入运营。

（6）接受的订单尽量不要超过公司生产能力15%。

一般来说，大订单意味着有很可观的利润可赚，但是没有足够的资金支持，最后可能会使公司资金耗尽而亡，这就需要公司谨慎地权衡得失。可以把订单的一部分转包给可信的同业公司，这样风险就不会自己承担了。

【锦囊妙计】小公司应能够尽量掌控自己的现金流转，不要让其耗尽，以确保公司有充足的资金维持运营。

13. 如何从现金流量表看收益质量

借助财务报表看公司的收益情况，应同时把握三个方面，即收益规模或水平、收益结构和收益质量或品质，其中的收益质量就需要将现金流量表和利润表相结合才能观察。收益质量又有三个侧面：

（1）收益质量。

收入的实质是经济利益流入，而经济利益流入的主要形式就是现金的流入。联系现金流量表和利润表，将销货收到的现金项目与利润表中的销售净收入项目比较所计算的"销售净现率"指标，可以判断公司销货的收现质量和收入的有效性与品质。

该指标反映公司在会计年度内每实现1元的销售收入所能获得的现金净流量，体现公司销售商品所取得的变现收益水平。比值越高，说明货款回笼及时，销售的品质好；反之说明销售的品质差，坏账损失发生的可能性也大。

(2)利润质量。

将利润表中的净利润与经营活动的现金净流量联系起来,所计算的"现金获利指数"和"收益现金比率",可以观察公司利润的品质。该指标反映公司每实现1元的经营活动现金净流量所实现的利润额,以衡量经营活动现金流量的获利能力。

(3)费用质量。

将现金流量表中的购货所支付的现金与利润表中销货成本对比,所计算的"购货现金对销货成本的比率"数值,可以判断公司付现成本的情况。判断时也有三种情况:

其一,公司本期购货现金与销货成本基本一致,说明购货成本基本上是付现成本,一方面表明公司为购货付出了相应的现金,另一方面表明公司没有因购货形成新的债务。

其二,本期购货现金大于销货成本,表明公司不仅支付了本期全部的账款,而且部分的偿还了前期的欠款,虽然现金流出增多,但也可能因此而树立了良好的信誉。

其三,公司本期购货现金小于销货成本,表明赊购很多,虽节约了现金,但增加了负债,对以后形成偿债压力。

【锦囊妙计】经营活动现金净流量实际上就是公司实现的可变现的经营收入,与公司实际发生的需要支付现金的成本费用的差额,实际上就是公司的变现收益。看懂现金流量表,有助于准确判断公司的盈亏状况。

14. 公司融资融什么

在公司通过融资来筹集资金时,无论是债务融资还是股权融资,都不可避免地发生融资成本。融资成本一般指公司筹集和使用资金而付出的代价。它包括资金筹集费和资金占用费两部分。

（1）资金筹集费。

这是指在资金筹集过程中支付的各项费用，主要包括发行股票、债券等有价证券时所发生的印刷费、发行手续费、律师费、评估费、公证费、广告费等，以及向银行借款、办理融资租赁、应收账款让售、典当融资等过程中所可能的手续费、评审费等。

（2）资金占用费。

这是指占用资金支付的费用，如股票的股息、银行借款和债券利息等。

（3）选择恰当的融资方式。

可以按照公司内部融资、银行贷款等负债融资、吸引直接投资的顺序进行优先融资。

公司内部融资具有自主性、低成本性和抗风险性等特点。以留存盈利作为融资工具，不需要实际对外支付利息或股息，不会减少公司现金流量，也不需要发生融资费用。

银行贷款等负债融资具有抵税作用，融资成本比较低。负债融资具有一定的限度。

吸引直接投资的融资成本一般要比银行贷款高，投资者要求的回报率一般都会高于银行贷款的利率。而且投资者的分红是在缴纳公司所得税之后进行的，所以无法享受税前扣除的好处。

（4）合理安排公司资金的使用，尽量减少融资规模。

如果公司一方面有大量的贷款，另一方面又有大额存款，甚至出现存款大于贷款的现象，就会造成资金的严重浪费，也增大了融资成本。

【锦囊妙计】 融资方式的选择、资金的合理安排、做好科学合理规划等等，都会影响到公司融资成本，应当对其加以注意，避免闲置资金过多，减少浪费。

15. 堵住外来合同的财务漏洞

外来合同有时会成为公司财务管理的一大漏洞，让公司管理层防不胜防。比如，有些大公司在大量裁员的同时，又有许多顾问、临时工、外来合同工等突然冒出来。在这些冒出的人员当中有的也许就是你刚刚裁掉的那些员工，如果公司管理层以这种方法再将他们雇回来，那么就需要付出原有工资好几倍的成本。

如何控制外来合同带来的财务漏洞呢？

（1）严格控制顾问、临时工、外来合同工等人员。

有些时候这样的雇佣是合理的，但在很多情况下，至少有50%是不必要的，只是浪费钱财而已。

（2）对公司中的每个部门人员名额做到准确。

如16个人的名额就是16个人，而绝不是16个人再加上2个临时工、3个顾问和2个计时合同工。如果从外面雇人，应该是数目极少，而且必须经过管理者同意。

（3）如何确定有无必要请顾问之类的人。

公司管理层要调查清楚，该顾问是否对利润有贡献，对公司目标是否有意义等。

【锦囊妙计】堵住外来合同的漏洞能够削减公司财务上支出的成本，在聘用外来合同人员时，管理层应当严加控制。

第10招 薪酬之道：要把待遇和贡献结合起来

要让员工有被尊重的感觉，就必须多去接触和关心他们，所以领导方式越民主越会在生产上表现出效果。

薪酬对于员工极为重要。它不仅是员工的一种谋生手段，还能满足员工的价值感。薪酬分配是公司管理者最关心的事，薪酬制度设计要支持公司战略的实施。不同的公司战略决定不同的报酬因素。要结构化、系统化地思考薪酬制度设计，不要孤立地去考虑工资、奖金、股权等各种分配方式，而要系统化组合，充分考虑薪酬制度实施的条件，如绩效考核、任职资格评价等。

1. 薪酬设计要公平、有效和合法

薪酬设计就是公司针对所有员工提供的服务来确定他们应当得到的薪酬总额、薪酬结构以及薪酬形式的一个过程。不论是对于公司而言，还是对于员工而言，薪酬设计都是一个比较敏感的问题，是决定双方是否合作、和谐度如何的主要因素，因此公司的薪酬设计必须要兼顾公平性、有效性和合法性三大目标。

薪酬对公司的重大意义，要求公司的薪酬设计必须注意以下四个方面的要求。

（1）外部竞争性。

员工作为劳动力市场上交易的个体，自然会按照市场交换原则追求自身利益的最大化，因而他们会不自觉地将本人的薪酬与外部劳动力市场上从事类似工作的员工所获得的薪酬进行对比，从而产生满意感或者失衡感，如果他们感觉自身的薪酬水平低于外部劳动力市场的水平，便可能蠢蠢欲动，产生跳槽的动机。

因此公司在制定薪酬决策时，最好不要闭门造车，应该事先进行薪酬调查，争取避免员工产生强烈的不公平感。

（2）内部一致性。

所谓的内部一致性，就是组织内部不同职位（或者技能）之间的相对价值比较问题。在组织内，员工常常把自己的薪酬与比自己等级低的职位、等级相同的职位以及等级较高的职位上的人所获得的薪酬进行对比，然后根据对比结果判断公司支付给自己的薪酬是否公平合理。内部一致性与否会影响员工的工作态度、晋升愿望、工作岗位轮换倾向以及与其他员工合作的心意，从而影响对公司的承诺度。组织可以通过职位评价来强化员工对薪酬的内部公平性的认可。

（3）可变薪酬的激励性。

设计可变薪酬的出发点是实现薪酬的激励性，将薪酬与员工的个人绩效挂钩，但是如果组织的绩效薪酬有名无实、流于形式的话，便会使薪酬的激励性大打折扣，因为既然不论工作表现如何，都会获得同等的薪酬，员工自然会做出不努力的选择，以追求个人利益的最大化。关于如何实现可变薪酬的激励性，公司可以适当采用绩效加薪以及其他绩效奖金等方式，根据业绩水平的不同支付给员工有差别的绩效薪酬。

（4）薪酬设计过程的公平性。

有的公司以暗箱操作的方式进行薪酬设计，员工对于薪酬制度的制定过程一无所知，缺乏必要的知情权；有的公司采取薪酬保密制度，要求每个员工对自己的薪酬水平严格保密，也不能打探其他员工的薪酬收入，这两种做法都违背了薪酬设计过程公平性的原则，往往会导致员工对公司的薪酬制度不信任，而公开、透明的薪酬决策制定与执行过程，则容易使员工对公司的薪酬决策产生认同感，接受起来更为容易。所以，在薪酬设计的过程中，薪酬控制和薪酬沟通是必不可少的。

【锦囊妙计】公司设计薪酬要以公平公正为准则，制订科学合理、有竞争力的薪酬，以此激励员工的积极性，进而推动公司成长和发展。

2. 薪酬设计要内外兼顾

有的公司在设计薪酬制度时，一味地复制一些知名公司的薪酬模式，或者按部就班地套用传统理论和方法。结果，组织所实施的薪酬管理制度并没有很好地发挥出正面效应，这些薪酬模式在公司内出现了水土不服的状况。之所以会出现这种状况，其中一个重要原因就是公司未能对影响薪酬设计的因素进行认真分析，没有对症下药地采取最合适的薪酬模式。下面这些因素是公司在进行薪酬设计时不得不考虑的。

（1）环境因素。

外界各种环境是公司进行组织运作的大背景，制约着公司各项决策的有效性，因此公司在进行薪酬设计时必须审视外在的环境条件，分析预测政治、经济、技术及社会因素对公司孕育的机会和威胁，这是薪酬设计的基本出发点。

（2）政治环境。

随着人力资源及薪酬管理的政策法令逐步健全、劳动者合法权益的保障更加严密科学、劳动者的自我维权意识日益高涨，公司的人力资源管理必须体现依法治国（企）的精神，否则公司的人力资源管理及薪酬管理便会遭遇法律的困境。如《中华人民共和国劳动法》第四十八条设立了关于国家实行"最低工资保障制度"的规定，要求任何单位支付劳动者的工资不得低于当地最低工资标准，并为最低工资率的测算制定了严格的方法。

（3）经济环境。

经济景气和萧条的循环变动会影响到公司薪酬管理制度的调整。比如，市场上的供求状况会直接影响到劳动力的价格，经济发展水平的高低也会左右着公司薪酬制度的改变。又如，当遭遇金融危机时，很多公司做出了降低薪酬和缩减福利的决策，以求员工与公司共渡难关。

（4）技术环境。

如果整个产业环境推崇科技创新的话，由于科技创新有着更高的商业价值，自然会影响公司的薪酬激励导向，使公司倾向于以基于技能的薪酬模式为主，鼓励更多的高科技人才加入公司，长时间服务于公司。

（5）社会环境。

在社会因素中，影响薪酬水平的因素主要有：地区差异与行业特点、劳动力市场的供需关系和价格水平、现行工资率、相关法规等。

公司所在区域和行业特点对公司薪酬水平的影响很大，众所周知，发达地区的公司人才竞争激烈，同时公司的整体支付能力较高，因此薪酬水平也显然偏高，而欠发达地区有公司支付能力的问题，物价水平偏低，所以薪酬水平也相应偏低。

（6）公司因素。

公司因素中主要包含公司经营情况、公司薪酬政策和企业文化等因素。

公司经营情况是影响薪酬水平的最直接的因素。显然，经营情况好的公司，处于较高的利润水平，可维持较高的薪酬率，而经营状况较差的公司，考虑到人力成本支出的因素，迫于成本的压力，常常只能提供较低的薪酬水平。

（7）员工个人因素。

员工的能力、知识水平、所接受的培训、价值观以及工作态度等，都可能影响着对公司的价值，使公司根据员工的个人素质提供不同的薪酬水平。

【锦囊妙计】公司在设计薪酬时，要综合考虑各个方面的因素，分析哪些因素重要，哪些因素不重要，并通过一定的价值标准，给予这些因素一定的权重，同时确定它们的价值分配即薪酬标准。

3. 薪资结构设计六步曲

薪资结构的设计需要遵循的两个最重要原则是：内部一致性和外部竞争性。不过，即使是在同一个公司内部，职位等级不同，对职位薪酬的内部一致性和外部竞争性的考虑的侧重点也会不同，一般而言，职位等级越高，薪酬对外部竞争性的强调就可能越多。

下面以要素计点法说明薪资结构设计的步骤：

（1）核实被评价职位的点值状况，根据被评价职位的点值情况对职位进行排序。

从事这一项工作的目的是，从整体上核实一下被评价职位的点值情况，看一看有没有明显有出入的点值，如果有的话，则进行必要的调整，以准确反映该职位在内部一致性价值评价中所应当得到的点数。

（2）以职位点数为依据，对职位进行初步分组。

将点数相近的职位归属于同一个级别，通常的做法是，利用自然断点来划定职位的等级。

（3）根据职位的评价点数确定职位等级的数量及其点数变动范围。

在实际操作中，公司通常不可能对组织的所有职位进行职位评价，因此为了将未被评价的非典型职位划入适宜的职位等级，公司还需要确定职位等级的数量以及点数变动范围。一般而言，职位等级的数量取决于组织内的职位数量以及职位之间差异的大小。

（4）将职位等级划分、职位评价点数与市场薪资调查数据结合起来。

通过外部市场薪酬调查得到了相应职位的市场薪资水平后，便可以得到与被评价职位相关的两列数据，一列是点数值，一列是薪资水平数值。然后通过方程式求解，最终可得出与每个职位等级相对应的薪资区间中值。

（5）将薪资区间中值与市场水平的比较比率进行衡量对比，调整问题职位的区间中值。

得出每一职位等级的薪资中值后，将薪资区间中值与市场水平的比较比率进行分析，甄选出存在问题的特定职位等级的薪资定位。

（6）根据各职位等级或薪资等级的区间中值建立薪资结构。

【锦囊妙计】公司要根据各职位等级内部各种职位的价值差异大小，以及相应的外部市场薪资水平，确定各个薪资区间的变动比率，建立公司的薪资结构。

4. 职位类别薪酬模式优与劣

职位类别薪酬是依据事务类、管理类、生产类职位，对这些岗位上的任职者的要求是有效地履行其职能职责、专业技术、研发类技能的薪酬制，这种薪酬模式能够有效地鼓励员工发展深度技能和广度技能，从而增强公司的核心竞争力。

从目前公司的实际情况看，管理类、事务类及生产类的员工，采用以职位为基础的基本薪酬制度在现阶段是比较适用的。但需要指出的是，即使是在一些明确实行了岗位工资的公司中,在岗位的界定和评价方面仍然存在很多误区。在有些公司,作为基本薪酬决定依据的,不是真正意义上经过分析和评价之后所确定的岗位。比如,很多公司的部门经理拿的薪酬基本相同,理由是他们属于同一类职位,但事实上,公司不同部门经理所承受的压力以及对公司战略目标的贡献差异是非常大的,"一刀切"的做法难免使公司的薪酬制度欠缺公平。

职位薪酬模式设计步骤为:工作分析→撰写职位说明书→开展职位评价→确定职位结构。其中,职位评价是职位薪酬模式设计中最为关键的环节。职位评价,就是指以职位对达成组织目标所做出的贡献大小和员工所承担的职位的相对价值等因素为依据,以此来决定一项工作与其他工作的相对价值,从而实现薪酬的内部一致性原则。

职位薪酬模式具备如下优缺点:

优点:

(1)通过职位评价这个环节,主要是根据职位对公司的相对重要性来确定员工的薪酬标准,保证了同工同酬原则的实现。

(2)工资结构比较简单,同时体现了公平性,员工易于接受。

(3)管理成本低,晋升和加薪之间的强相关性加大了员工提高自身技能和能力的动力。

缺点:

(1)由于薪酬与职位直接挂钩,当员工晋升无望时,他的基本薪酬会在相当长的时间内保持原来水平,从而导致员工的工作积极性严重受挫,甚至会出现消极怠工或者离职的现象。

(2)职位评价具有一定的主观性,导致薪酬设计缺乏完全的客观性和公正性。

(3)职位评价适应于基本稳定的公司组织结构,如果组织结构不断变化,每个岗位的工作内容不断调整,就不宜引进和应用职位评价。

【锦囊妙计】职位薪酬模式设计要同时兼顾外部导向型和战略导向性。外部导向性,是指公司首先按照市场水平确定薪酬,然后再试图确保职位的内部一致性；战略导向性，是指根据职位对公司经营战略实现的贡献价值来确定职位的薪酬水平。

5. 技能薪酬模式优与劣

技能薪酬模式就是组织根据不同岗位和职务对技能的深度和广度的要求，以及员工实际所具备的技能水平来支付基本薪酬的一种薪酬制度。技能薪酬模式的典型特征是，员工所获得的薪酬是与知识、技能等因素联系在一起的，而不是员工的职位。

技能薪酬模式设计遵循如下的步骤：工作任务分析→技能等级的界定与定价→员工技能分析→技能薪酬模式的确立。技能等级定价是技能薪酬模式设计工作中非常重要的一环。技能等级定价需要遵循的一个重要原则是：组织必须确保只有任职者完全具备职位所要求的各项技能后，才能获得与该职位相应的市场薪酬水平。

技能薪酬模式目前应用十分广泛，特别是与业绩奖金、职务津贴和多样化的福利等辅助薪酬模式形式结合后，更能充分发挥出一个健全的薪酬模式的全部动力功能。

技能薪酬模式的优缺点：

优点：

（1）促进了员工技能的提高和人员内部的流动，增强了公司的灵活性。

（2）有助于员工个人目标与公司战略目标的统一，员工通过提高自身的技能水平，既获得了更高的报酬，也为组织的发展、创新等提供了良好的条件。

（3）加强了员工间的合作，促进了参与性管理风格的形成。

（4）满足了员工的多种需要——技能薪酬制度为员工认知自身的特殊性、寻求自身需要的满足提供了有利的机会。

缺点：

（1）增加了组织的薪酬成本——技能薪酬主要取决于员工的技能水平，这就要求组织在员工培训上进行大量的投资。

（2）技能薪酬模式的设计和管理比较复杂——技能薪酬模式的设计和管理要比职位薪酬模式更复杂，它要求公司有一个更为复杂的管理结构，至少需要对每一位员工在技能的不同层次级上所取得的进步加以记录。

（3）存在降低组织效率的潜在可能性——技能薪酬模式具有强烈的导向性，一方面，员工为了获取高报酬而致力于学习新技能时，很可能会忽视了目前的本职工作；另一方面，如果组织不能为员工提供使用其新技能的机会，那么组织就无法从新技能的获取中获得收益。

（4）可能会限制员工和组织的发展——对于已经达到组织中最高技术等级的员工，技术薪酬制度的激励作用有限，员工和组织的发展将可能会受到限制。

【锦囊妙计】技能薪酬模式的核心要素是"投入"，组织更多的是依据员工所拥有的相关工作技能来支付薪酬，员工加薪与否也取决于员工个人所掌握的技能水平。

6. 能力薪酬模式优与劣

在人力资源开发和管理中，"能力"的概念指向一种胜任力，而不是一般意义上的能力，所谓的"胜任力"，是指员工所具备的能够达到某种特定绩效，或者是表现出某种有利于绩效达成的行为能力。能力薪酬模式就是依据员工的胜任力即技能水平而非职位等级的高低来决定其的薪酬的薪酬制。该模式强调以员工的能力为基础提供薪酬，注重了员工潜力和创造力的开发，使得公司能够保核心竞争力，有助于公司适应外部竞争环境的变化，不断成长和发展，保持领先优势。

能力薪酬模式的操作步骤为：能力分析→能力分级→能力评估→能力薪

酬模式的确立。其中，能力评估是能力薪酬模式设计的关键一环。能力评估是一个动态的过程：一是能力的分级标准本身就是动态的——公司应当根据战略和经营发展需要，定期对其进行审视和调整；二是员工能力成长本身也是动态的，因而公司应建立一个与之相匹配的正常的能力等级升降机制。

能力薪酬模式的优点与缺点：

优点：

（1）员工可获得更多的发展机遇，有助于组织获得一支灵活性较强的技术队伍。

（2）员工不会被特定的工作所束缚，提高了组织内部员工的流动性。

（3）一般而言，高能力的员工队伍只需要较少的监督，因此可以消减管理层次，支持了扁平型组织结构。

（4）鼓励员工对自己未来的发展负责，员工对自己的职业生涯有更多的控制力，也增强了员工控制自己薪酬的能力。

（5）支持了学习型组织的建立。

缺点：

（1）能力薪酬模式扭曲了员工发展和改进自身潜能的真正目的，由于员工的能力与报酬紧密相关，他们就会以金钱为标准衡量自身的能力。

（2）通常来说，很难准确地定义和衡量员工的个人能力，以能力作为报酬决策的依据是比较轻率的——以个人能力为基础提供报酬不如以市场或职位为基础更稳妥。

（3）实施过程太复杂，要求对员工的能力进行层层分级，并且做出相应评估。

（4）管理难度大，成本高，比较依赖基于能力的组织文化、人力资源管理的支持。

【锦囊妙计】能力薪酬模式强调以员工的能力为基础提供薪酬，注重了员工潜力和创造力的开发，使得公司能够保核心竞争力，有助于公司适应外部竞争环境的变化，不断成长和发展，保持领先优势。

7. 业绩薪酬模式优与劣

业绩薪酬是指根据员工的绩效大小来确定薪酬标准的薪酬形式。业绩薪酬有两种形式：一种是将绩效评价结果（如上级或主管评价）应用到基本薪酬的增加上，称为业绩加薪；另一种是根据评价结果支付员工的奖金（如月度奖、季度奖和年终奖），被称为业绩奖金。

如何设计科学、合理的业绩薪酬模式，实现按劳分配、多劳多得、公平公正的原则呢？一般来说，要注意以下八项细节：

（1）薪酬结构要合理。

薪资体系的构成一般由基本薪、职位薪、绩效薪、年资、加班工资、奖金等组成。尤其是基本薪、职位薪、绩效薪的比例要合理。基本工资对公司来说一般是通用型，应不低于同类公司的基本薪。职位薪要根据不同职位的工作分析，来分析岗位的价值，做出科学准确的岗位评估，来确定职位薪水的高低，满足员工内部薪资平衡心理。绩效薪是严格按照绩效结果的达成来确定绩效工资多少。

（2）注意薪酬水准具竞争力。

薪酬水准影响到公司吸引人才的能力和在行业的竞争力。因此，如果一个公司的薪酬水准低于当地同类型公司和行业市场水准，同时又没有与之相配合的措施如稳定、较高的福利、便利的工作条件、有吸引力和提升性的培训机会等，就容易造成员工流失，直接或间接影响公司的利润率和经营发展目标的实现。

（3）注意执薪公正，做到同工同酬。

如果薪酬不能做到同工同酬，员工就会认为自己受到不公正待遇，工作时就会不努力投入，甚至消极怠工，在极端情况下有可能辞职。如果因此而引起员工大量或频繁离职，就会给公司造成难以估量的损失。

（4）调薪有依据，绩效考评公正、公平。

公司内岗位的调薪，做好了能激励员工的士气，做不好会动摇部分员工的信心。尤其是毫无根据地随意调薪，或绩效评估不公正，都会导致员工对公司的薪酬系统产生怀疑，甚至不满，进而造成员工工作消极或离职。调薪必须有依据，讲原则，重激励。

【锦囊妙计】业绩薪酬的制订，一方面要体现公平公正的原则，另一方面还要做到公司内部各级、各类职务的薪资水准适当拉开差距，对员工有吸引力，以调动员工的工作积极性，提高劳动生产率。

8. 能力付酬如何让员工满意

在进行薪酬设计时，公司常常感到困惑的问题是公司是否应为员工的能力（这里的能力是指知识和技能等）付酬？如果不为能力付酬，员工能力提高的动力来自何处？因为员工能力是取得优秀绩效的前提。如果为能力付酬，那么以什么能力为付酬基础？应付出多少？而且能力只有得以真正发挥才能产生绩效。

绩效是能力的逻辑产出，即员工投入能力产出绩效。但是，在现实中，高的能力并不一定产生高的绩效，因为绩效受许多方面的影响，例如，工作的动态环境、资源配置、员工的努力程度，以及目标设置等；这里有些因素已经超出了薪酬的处理范畴。但同时，员工要取得高的绩效，没有好的能力是很难达到的，因此，能力是获得高的绩效的基础。基于这些原因，在薪酬设计时就面临一个两难困境——公司为能力付酬却未获得所需绩效的风险；公司不为能力付酬，造成员工缺乏能力提升动力，影响绩效和人才培养机制。

在解决公司是否为能力付酬这个问题时，必须探讨一下能力、绩效和薪酬三者之间的关系，员工投入能力（知识、技能等）产出绩效，从而获得付出的补偿——薪酬。由于能力和绩效的两难困境，我们如何设计薪酬支付模式以消除能力发挥不确定性产生的影响呢？是基于能力、基于绩效或者是基于能力和绩效的组合？这就是薪酬设计需要思考的问题。

解决这一问题，可以从下面一些方面进行思考：

（1）明确公司的价值观，公司提倡什么、不提倡什么（或反对什么）、什么样的行为倾向应受到奖励等。

（2）掌握公司的战略意图，公司不同时期的战略意图对员工在能力、绩效等方面提出不同的要求，而薪酬模式又如何与之相适应。

（3）结合公司价值观念和战略意图，明确哪些因素要在薪酬中进行体现，又以什么样的形式进行体现。

【锦囊妙计】公司不论如何处理为员工能力付酬的问题，都必须从自身的价值观念、战略发展、面临的环境等方面来考虑，都必须考虑是否有利于支持公司的经营发展，使员工取得成就并提高工作满意度。

9. 绩效评价三招搞定

每一个员工的能力、工作态度、积极性等都不尽相同，公司不可能对每个员工都了如指掌，从全方位来评价员工。最直接有效的评价方法，就是看员工的工作绩效。

具体步骤如下：

（1）制定绩效目标。

这包括根据本部门的主要目标；个人承担的工作任务；工作计划；个人关键业绩指标（分为量化指标和定性指标）。

（2）实施绩效考核。

考核方法有员工比较法，即对考评对象做出相互比较，从而决定其工作业绩的相对水平。

行为评价法，即通过员工行为来考评绩效的方法。

工作成果评价法包括目标管理法和指数评估法。目标管理法，即通过主管人员与下属共同参与制定目标而实现组织目标。在期限结束时，考评人根据员工的工作状况及原先制定的考评标准来进行考评。一般适用于从事工作独立性强的人员，如管理人员、专业技术人员以及销售人员等。而对流水生产线上的员工不适用。

指数评估法是指通过更客观的标准（如生产率、出勤率、跳槽率等）来评估绩效。一般可分为定性评估和定量评估。

（3）绩效评估要避免的错误。

绩效评估最忌不公正、有偏私。

【锦囊妙计】对员工进行绩效评价，可以充分发挥员工的积极性。

10. 薪酬激励增强公司凝聚力

公司如何通过薪酬激励，在不增加当前成本的前提下，提高激励的效果呢？

（1）长期激励政策。

长期激励的周期为3~5年不等。员工在这个时期内，能够持续服务于公司，并创造出稳定出众的业绩，然后在本周期结束之日，可以获得相对丰富的回报。

（2）实施股权激励。

通过分享公司利润和价值，在深层次激励骨干员工，在增量范围内，以未来的收益预期，留住公司的干将。股权激励让员工有主人公的心态，和公司成为命运共同体，其激励作用不是一般的奖金措施能够达到的。

（3）把员工的利益放在第一位，时刻为员工谋福利。

公司管理者采取各种各样的措施，不断地为员工谋福利，以激发员工的主人翁责任感，培养员工的敬业精神，努力营造一种融洽的公司内部氛围。

要竭尽全力地维护员工的种种切身利益，如经济效益、政治利益、文化利益、法律利益等。

【锦囊妙计】面对市场不景气，公司资金困难，应该从其他方面紧缩，不要以减低员工工资作为应对；否则，失去民心以后，公司在经济危机的风浪中更加难以度过。

11. 涨薪激发员工热情

史玉柱说："当你给员工高薪时，表面上看仿佛增加了公司成本，实际不然。我这些年试过了各种方法，但最后发现，高薪是最能激发员工工作热情的，也是公司成本最低的一种方式。"

如何让人才为公司打拼？他们凭什么会去打拼？最重要的方法就是涨薪，使薪水具有市场竞争力。公司管理者应该注意给予员工福利与待遇，为员工提供优良的工作环境和充分的发展空间与表现机会。

（1）涨薪始终是现阶段最主要的留人机制。

当公司将关注的重心放到员工身上，留人就不会成为难题。

（2）公司为员工建立完善的绩效考核和管理机制，以及合理的福利奖励、职位提升。

这是促使员工积极工作的主要条件之一，让员工看到自己的发展轨迹，是有效留住人才的关键。

【锦囊妙计】在缺乏有效激励的情况下，人的潜能只能发挥出20%~30%，科学有效的激励机制能够让员工把另外70%~80%的潜能也发挥出来。公司能否建立起完善的激励机制，将直接影响到公司的发展。

12. 重赏之下有勇夫

在对员工进行行为激励的过程中，公司要充分认识到，员工对高收入以及优厚报酬的追求是永恒的，公司只有在充分认识到员工的物质需求后才能进行有效的激励。而公司人力资源管理应遵循的一个基本原则，就是要尽量满足员工日益增长的物质需求。

（1）用高薪赢得高效。

正如福特所说："这是我们所做出的最成功降低成本的方法之一。"福特高工资的决策使工人的流动率下降，缺勤率下降，生产率大大提高。

（2）给员工高薪，维持家庭稳定和生活。

满足他们的期望，让员工满意，满足员工物质的需求是一个重要因素。

虽然拿破仑说过"金钱并不能买来勇敢"，但为了保持部队的士气，他还是慷慨地给立下赫赫战功的官兵丰厚的物质奖赏。

（3）员工最根本的需求之一就是金钱，更高的收入总是很有诱惑力的。

不管管理者用多么好听的言辞表示感谢，他们最终期望的还是得到自己应得的那部分，让自己的价值得到体现。

【锦囊妙计】现代公司管理中，金钱是员工的最根本的需求之一，公司要想活力持久就要以"薪"换心。

13. 激励不是天马行空的承诺

公司管理者不要因为激励而无限制地提升员工对激励的期望。管理者为了公司目标的实现，对员工做出天马行空式的承诺，完全不考虑自己的能力范围，许下承诺后就把它忘在了脑后，最后不了了之。

员工因为领导的承诺而对奖励抱有很大的期望，并随着不能得到而使工作情绪陷入最低谷。在员工的"一升一降"之间，总经理就失去了公信力，为日后公司的发展埋下隐患。

优秀的总经理在激励员工时，应该这样做：

（1）不从个人的意愿出发，而是从员工的期望出发。

（2）使激励既不低于员工的期望，也不冒着增加公司成本的风险而超过员工的期望。对于员工来说，只要符合自己的期望，他们一定会感到满足。

【锦囊妙计】激励要量力而行，未能实现自己的诺言，终究会失去员工的信任。

14. 采取灵活的激励方式

CEO杰克·韦奇说："我的经营理论是要让每个人都能感觉到自己的贡献，这种贡献看得见，摸得着，还能数得清。"激励员工贡献的方式有很多种，管理者可以写个便条表示称赞；也可以通过走动式管理的方式及时鼓励；或者抽空和员工一起吃午餐、喝咖啡。这项既充满个性又非常人性化的奖励，使员工直接感受到了公司管理者对自己的贴身关注，拉近了员工和公司的距离。

（1）宝洁公司的即时激励。

荣誉激励，如邀请员工参加各种决策，授予荣誉称号，书面、口头和大会表扬等。

物质激励，如提升工资，给予住房、股票等。

特殊奖励，即根据员工的喜好给予奖励。如喜欢看戏的员工会获得戏票；喜欢美食的员工会得到出去大吃一顿，回来报销的奖赏等。

（2）思科丰富多样的奖金。

思科的薪酬设置有销售奖金（销售人员）、公司整体业绩奖金（非销售人员）、期权（全体员工）、"CAP"的现金奖励等。

【锦囊妙计】激励的内容不在大小，只要管理者多花一些心力，员工就能从中得到莫大的鼓舞和安慰，从而使工作业绩大幅上升。

15. 激励不宜过度

有的公司奉行"有钱能使鬼推磨"的原则，为了鼓励员工加倍努力工作，不惜重金下注，为员工提供了远远高于市场平均水平的薪酬福利待遇，以为这样便能发挥出最好的激励效果。

深圳的一家民营公司通过猎头公司聘请了一位职业经理人担任总经理职务，这位经理人曾有任职外企的工作经验，所以民营公司的老板对该经理人特别信任，完全授权他人、财、物的控制权。新的总经理到任后，在薪酬管理方面进行了一系列大胆的改革，普遍增加了员工工资，为员工购买了社会保险，还为部分骨干人员购买了商业保险。公司为员工提供了多项特色福利，员工士气大涨。

然而改革一年后，由于公司的人力资源成本大幅度上升，增长率超过了40%，而同期经营业绩的增长率却仅为10%，导致公司积重难返。面对如此形势，总经理只好下调了大家的工资，减少了福利支出，结果员工倍感失落，对公司的未来前景悲观失望起来，结果年底大量骨干人才抽身而去。

工资、福利的增长应该是一个循序渐进的过程，只有逐步增加才能实现较好的激励效果。而那名职业经理人突然之间将员工的薪酬提高到一个较高的水平，没有预测公司的经营前景，结果导致深圳的那家民营公司出现了"加薪悲剧"。

公司在制订薪酬改革方案时，最好参考如下两个薪酬增长原则：

第一，公司员工工资总额的增长，要低于同期营业收入的增长；

第二，公司员工人均工资的增长，要低于同期公司利润的增长。

日本商界的一句著名格言正体现了这一原则："你不能贿赂你的孩子完成家庭作业，也不能贿赂你太太去做晚饭。自然，你也不能贿赂你的员工为公司工作。"

【锦囊妙计】正如物极必反一样，薪酬激励过度，就会带来一系列负面效应，公司蒙受损失。薪酬激励不宜过度，要把握好分寸，做到恰到好处。

第11招 降本之道：
不该花的支出，一分都不能花

在生产的时候不要浪费1分钱，如果浪费了1分钱，就等于从顾客的口袋里多拿出1分钱。如果从顾客的口袋里多拿出1分钱，就意味着失去了一部分市场。如果能把这1分钱节省下来，产品就会在市场中多一份竞争力。

在市场经济中，利润最大化与成本最小化是公司永恒的主题。一个公司要达到利润最大化，就必须对投入要素进行最优组成以使成本最小。

公司总是对成本斤斤计较，希望通过不断地缩减成本，从而追求利润的最大化。优秀的管理者必须是一位精明的会计师，在成本问题上要"精打细算"。

对公司而言，控制公司的内部消耗，省钱就是挣钱。

1. 产业投入投出要平衡

过剩的生产要素，即人、设备、物料、厂房空间。人力过多，所要付出的费用也随之增加；设备过多，就会产生额外的折旧费、维护费；而物料过多，会发生不必要的利息支出；厂房过多，会产生不必要的租赁费。无论过剩了哪种生产要素，其结果都会提高制造成本。

在理想的产业结构状态下，应当是每个产业所需要的投入（实际为其他产业的产出或自然资源的投入）都能得到充分满足，即不存在瓶颈产业；每个产业的产出又刚好能满足其他产业投入和最终消费的需求而且没有过剩，即不存在过剩产业。同时存在瓶颈产业和过剩产业，是产业结构不合理的主要标志。

（1）生产要素不足。

解决方法：增加要素投入和提高要素使用效率，而不是产业结构调整。

（2）过剩产业。

解决办法：开发新的需求、扩大现有需求，主要手段是调整收入分配结构等。

【锦囊妙计】不同的产业之间存在着复杂的投入产出关系，各产业内部以及各产业之间的投入产出是否协调是评价产业结构是否合理的重要标准。

2. 密切关注成本，就不必担心利润

美国钢铁大王卡内基曾说过："密切注意成本，你就不用担心利润。"在他的一生中，从未为利润担心过，因为他最注重的就是节约成本，节省每

一笔不必要的开支，一辈子坚持最低成本原则。

节约能直接提高公司的经济效益。公司成本管理是对公司成本的发生所进行的计划、组织、控制、考核和分析等一系列工作。主要包括以下几点措施：

（1）实施全过程成本管理。

如在采购过程中要实施比质比价采购方式，力争降低采购成本；在材料的验收入库环节上，要确保所采购材料的数量、质量均符合合同的规定；在生产环节上，要确保领用的材料不被浪费，并保证产品质量，避免产生废品而发生废品成本；在销售环节上，要根据成本效益原则，控制销售费用，特别是广告费用的发生。

（2）实施全员成本管理。

全员成本管理是指把成本控制的指标落实到各个部门的每个人，让每个人都有成本控制的任务。

（3）针对成本项目制定管理方法。

采购成本、生产成本、广告费、利息成本、水费、电费、油费、业务招待费等，应分别制定不同的管理方法，这样才能提高管理的效率。

【锦囊妙计】加强公司成本管理有利于控制无效成本的发生，是建设节约型公司的重要手段。

3. 将成本概念纳入每一项决策中

公司在计算成本时，不仅仅将生产所投入的物质原材料作为成本，公司的人力资源成本、能源成本、管理成本以及广告成本等等，都将作为影响公司利润收成的关键性因素。

优秀的管理者必须是个精明的会计师，无时无刻不将成本概念纳入每一项决策考量中，让每一笔投资都能"物超所值"。

管理者要懂得为公司控制成本，达到成本最小化，需要做好以下几个方面的工作：

（1）加强控制措施，减少无效消耗。

无效消耗是指获得产品不应发生的消耗，是控制的对象，要通过一系列措施对这一消耗进行控制，使其降低到最低点。

（2）加强公司管理，促进管理水平和技术水平的统一。

成本控制是从管理方面对技术工作提出要求，如新产品开发、质量提高等，因而能够促进科学技术转化为公司效益。同时又通过技术进步对经营管理水平提出更高的要求，从而达到了管理水平和技术水平的统一。

（3）加强内涵控制，推动处延控制。

公司的成本控制工作，分内涵成本控制和外延成本控制两个阶段。内涵控制是对公司内部因素的控制，外延控制是对外部因素变化的应对。其中，外延控制成为成本控制的重点。

【锦囊妙计】各领域的公司都在为成本缩减而不断探索和努力，每一个想要做大做强的公司都必须严格控制成本。

4. 成本管理要以市场为导向

在市场经济环境下，公司的成本管理需要以市场为导向。如果一味地追求降低成本，而不顾产品质量，大量偷工减料，有悖于节约的初衷。公司应转变成本管理的思维，成本所体现的效率只有通过市场的检验，才能转化为效益。

以市场为导向进行成本管理，需要注意两个方面的问题：

（1）产品的市场化。

成本承担的客体是产品。因此，要使公司内部的高效率转化为公司的高效益，公司必须保证产品具有良好的市场性。不符合市场需求的产品根本不应该生产。对于市场不需要的产品，公司效率越高损失越大。

（2）目标成本控制法。

公司的成本低于市场的价格，成本才能转化为效益。因此公司应以竞争性的市场价格为基础，根据公司的目标利润，确定产品应达到的目标成本，以此对产品成本水平进行事前控制。目标成本法是以市场为导向的成本管理思维，它以具有竞争性市场价格和公司目标利润倒推出目标成本，这为公司提供了对产品成本的事前控制的标尺。

【锦囊妙计】公司要根据市场需求，以效益为中心进行生产，运用科技手段降低成本，减少能耗，提高效率，提升效益，最终实现公司的经济目标。

5. 成本节约，人人有责

在一个公司中，各个部门、每个员工都是成本控制者，又都是利益创造者。成本管理不单纯是核算部门的事情，而是公司所有人员的职责，必须逐步实现成本管理由财务部门控制向全员控制的转变。要让团队的所有人明确：不能只追求局部的利益，而是要追求整个组织全局的利益。

（1）在公司树立全员成本观念。

每个公司都应该培养全员成本意识，每个员工都应该拥有清楚的"成本意识"概念，包括降低经手的各项材料成本、人工成本、制造费用、营销费用等。

（2）培养员工的成本意识，能够使他们从老板的角度去思考问题。

比如说，钱从哪里来？应该怎么用才能最节省？要让全体员工意识到成本控制的必要性和合理性，从而相应地在日常工作中时刻牢记成本控制的准则，在工作过程中做出成本控制的决策。

【锦囊妙计】消除一切浪费，实现成本化管理，需要全体员工的积极支持和共同努力。

6. 提升效率是节约之本

美国西南航空公司有一句名言,那就是飞机只有在天上才能赚钱。如果每个航班节省地面时间5分钟,那么每架飞机每天就能增加1个小时的飞行时间。其飞机日利用率30年来一直名列全美航空公司之首,每架飞机1天平均有12个小时在天上飞。

可见,节省时间就意味着节省成本,提高效率,为公司创造更大的价值。在实际的管理工作中,公司可以采取工作抽样的方法,来提高公司的生产经营效率。

(1)工作抽样,提高公司的生产经营效率。

工作抽样是对工厂内或公司内不同工位的活动频率和效率进行抽样,能明显地反映出工人和机器两者的生产率及低效率的程度。

(2)工作抽样有利于对机器和人员的利用率做出评估。

工作抽样为公司管理者提供三个方面的宝贵信息:雇员工作时间百分比;雇员工作速率;机器利用率。通过工作抽样,公司就能对机器和人员的利用率做出评估,可以确定公司的哪些工作点的人太多。

【锦囊妙计】公司可以找出薄弱环节,及时加以改进,可以帮助降低人员费用10%~20%,节约公司成本,最终实现利润的最大化。

7. 从采购源头严控成本

随着信息技术、物流技术的发展,国际范围内的采购将成为带动全球经济的一个重要的利益点。降低采购成本,提高整体竞争力是这种采购模式的最大优势所在。同时，可以避免传统的分散采购中存在的物料灰色价格和交易回扣等现象。

全球采购要求稳定的生产、简单的设计、卓越的质量等，促进了制造、市场营销和采购人员的国际合作。西门子移动通信的供应商分布在全球的各个角落，实施全球集约化采购，是西门子进行供应链管理、节约采购成本的关键。

从采购方面降低成本支出主要通过以下几方面：

（1）在世界范围内寻找原材料、零部件来源，在获得原材料以及分配新产品时使用当地现有的物流网络，并推广其先进的物流技术与方法，同时选择一个适应全球分销的物流中心以及关键供应物资的集散仓库。

（2）专业第三方物流公司网络带入全球市场。

（3）形成多种运输航线，降低运输成本。

【锦囊妙计】对采购流程进行变革，创造出一种充分竞争和协调的环境，从而实现高效率地管理自己的供应链，节约采购成本。这是非常值得公司管理者学习和借鉴的。

8. 聚焦资源和成果的比率

完全将资源集中于成果是最好的、最有效的成本控制，也是许多成功公司获得非凡成就的法宝。成本不是孤立存在的，它始终是为了取得某种成果而发生的。所以，重要的不是绝对的成本控制，而是资源和成果的比率。

（1）聚焦战略：完全将资源集中于成果。

聚焦战略是指公司把优势资源集中于某一个特定的细分市场，在该特定市场建立起比较竞争优势，比竞争对手更好地服务于这一特定市场的顾客，并以此获取高的收益率。聚焦战略体现的核心思想就是"完全将资源集中于成果"。

（2）不作任何浪费，节约人手就是节约成本。

2002年富豪排行榜上，美国零售公司沃尔玛荣登全球首富宝座。成功的秘诀何在？答案就是"不作任何浪费"。

德鲁克说，为产生经济成果而使用的资源，是成本；不能产生经济成果的任何支出，都不是成本，而是浪费。沃尔玛的苛刻不是针对成本的苛刻，而是绝对要杜绝浪费。

【锦囊妙计】一种资源，如果失去了成果，那么不管它是多么廉价、多么有效率，也是浪费，而不是成本。

9. 既要花得少，又要赢得多

从成本对竞争结果的影响这个角度来看待成本问题，就会发现，商战的规则是成本越低越容易赢。降低成本是公司管理者的心头大事。低成本和高效益之间并非是矛盾的，优秀的公司管理者总是能够凭借低成本获得高效益。

丰田汽车公司创造了这样的工作方法：必须做的工作要在必要的时间去做，以避免生产过量的浪费，避免库存的浪费。

（1）公司中存在的七种浪费现象。

①生产过量的浪费；②窝工造成的浪费；③搬运上的浪费；④加工本身的浪费；⑤库存的浪费；⑥操作上的浪费；⑦制成次品的浪费。

（2）建立"防范体系"，减少因不当的生产方式造成的浪费。

防范体系可以使各道工序经常保持标准手头存活量，各道工序在联动状态下开动设备。

丰田汽车公司运用防范体系，成功地实现了零库存管理，使产品成本降到了最低。

【锦囊妙计】控制成本是公司管理者素质之一,盈利能力也是素质之一,公司管理者一定要时刻紧绷成本这根弦,一定要想方设法"既要花的少,又要赢得多"。

10. 不积细流,无以成江河

成本控制作为一项精细、严密的工程,它除了需要对大成本支出进行控制之外,还要对小成本支出做到精细,以全方位地节省成本,为利润的增长提供全面的保证。

(1)零基思维。

零基思维认为:先决定公司做什么,再开始分配资源。保持公司的高效率,谨慎使用每一份资源。在公司的所有支出中,成本都应当花费在最有效果的地方。削减公司的所有那些没有产生作用的开支,只保留那些最合理、最有效果的成本开支。

(2)小成本控制要做细。

无论多细小的地方,每一项成本都要严格控制。李嘉诚的和记黄埔公司每一分钱都记入在账。公司各部门每年都要作预算,细到电话费、办公费、交通费、房租成本、人工成本、折旧成本、办公成本、采购成本等,都详细记录在案。

(3)大成本控制要严格把关。

对于数额较大的支出,管理者一定要严格审批、层层把关,确保万无一失。可以采取"一定数额的支出一定要经过严格审批,而且越是重大的支出经过的程序就越多"的措施,通过严格的程序,并明确相关责任人来使用。

【锦囊妙计】对每一项细小的地方都逐项控制,对每一项大额支出都严格审批。管好、管住每一笔支出,最大限度地节省成本。把钱用在最有效果的地方,利润就会增加。

11. 杜绝浪费公司的一分一毫

公司的一点一滴都是逐步积累的，对于这些财富，没有理由不去珍惜。如果你仅仅关注的是公司如何挣钱，如何发展，而对每天的花费开支毫不在意，那么再多的收入也会被支出所抵销。

珍惜财富的最好方法是杜绝浪费。经营者可以采取以下几点措施：

（1）可以把不必要做的事情彻底地减掉。

（2）制定出相应奖惩分明的制度规范，并且严格地加以执行。

（3）设置财务监督部门和人员。

（4）重新设计某些设备的操作，确保浪费被降到最低。

（5）更新生产技术，减少资金和人员的投入。

（6）精确测定原料需求量，进而避免采购环节的浪费。

（7）削减公司高额的交通费与招待费。

（8）不要让机器设备长期闲置不用。

（9）办公室的空调、电脑、电灯等无人时确保关闭。

（10）推行职工持股计划。每个人都是公司的小老板、小股东，他们就会像珍惜自己的财富一样珍惜公司的财富，浪费现象就会被降低到最低水平。

【锦囊妙计】节约并非"一刀切"，该省的省，该花的花，对公司有利的，投资上百万元也值得，对公司有害的，多花1分也是浪费。将有限的资金用在最佳的项目上，把钱花在刀刃上，就是最好的花费方法。

12. 利润是挤出来的

公司如何才能创造更大的利润？很多管理者认为，公司创造利润的方式就是销售额的提升，却忽视了降低成本。在微利时代，降低成本成为公司面临的一种必然选择，很多世界顶级公司的管理者都深刻了解成本的降低对于公司的意义。

王永庆的经营信念就是不断地追求低成本，做到物美价廉。他从一点一滴做起，力争最大限度地节约成本，不多花1分钱，达到降低成本的理想目标，实现公司的合理化经营。

利用节省开支来实现利润最大化主要有以下几个方面：

（1）建立产品成本控制目标和生产责任制，并直接落实到个人。这样做力求大大减少了废、次品，既提高了产品质量，也降低了成本。

（2）杜绝"凑整"。看到以整千、整万数字形式出现的支出账目，一定要再核查一遍。很多时候相关人是为了"凑整"，才把费用提高的。

（3）把公司的经费缩小到合理费用的最低限度。

（4）养成节省的好习惯。随手关水关灯等看起来是小事，但对于千万个员工来说，就是一笔不小的财富。

（5）进行督导和训练。

【锦囊妙计】 管理大师彼得·德鲁克说："在公司内部，只有成本。"公司管理者的一个根本任务，就是不断降低成本。不要等到开支超过盈利的时候才想到要降低成本，其实公司各方面的开支都有节省的余地。

13. 将精益成本管理进行到底

精益成本管理主要包括以下方面：

（1）精益采购成本管理。

以采购为切入点，通过规范公司的采购行动，实施科学决策和有效控制，以质量、价格、技术和服务为依据，在需要的时候、按需要的数量采购需要的物资，杜绝采购中的高价格和一切浪费。

（2）精益设计成本管理。

重点放在产品开发阶段。可以采用下面的程序来进行：

①确定新产品开发任务的同时规定新产品开发成本。

②目标成本按照产品结构分解落实到产品的各个总成本和零件上。

③产品开发的每个阶段对目标成本实际达到的水平进行预测和对比分析。

④根据分析对比中发现的问题，通过价值工程和价值分析方法，研究和采用降低成本措施，保证不突破目标成本。

（3）精益生产成本管理。

可以采用以下几种方法来降低精益生产成本管理：

①改善制造技术降低成本。

②把技术和经济相结合，在确保必要功能的前提下求得最低成本。

【锦囊妙计】 追求最小供应链成本是精益成本管理思想的精髓所在。在供应链的各个环节中，杜绝浪费，降低供应链成本，提高供应链效率，最大限度地满足客户需求，使企业的竞争力不断增强。

14. 简化管理程序，降低人事成本

保持人手紧张，能够保证公司工作业绩的提高。员工的时间分为两部分：一部分时间专注于工作，有效地提高公司的利润基线；另一部分时间用于工作之外的事情。如果给员工分配的工作在不到8小时内就做完了，员工可以找到许多其他事儿做，显得很忙，这一部分时间也就在无效益中度过了。

从管理学角度来看，假如你管理一组员工，主管总是先保证把重要的事以高效率做完。这样人手就会有富余，那么你就安排先把一些不重要的事干完，或者是无效率地去做重要的事。其实，你本不需要这么多人，这样只会造成人浮于事的情况存在。

（1）简化管理程序，提高办事效率。

保持适度的人手紧张，是降低人事成本的有效方法，而且有利于员工人尽其才，人尽其用，让员工工作更见充实。

（2）按轻重缓急安排工作，做事更有效率。

宽容而不做检查，或是不对人手做严格的控制，肯定会使你的管理变得懒散而低效。帕克森有句名言："增加工作量会把可利用的时间填满，同时也可以充分利用每一个可利用的人。"

【锦囊妙计】 减少闲人，在保持人手紧张、工作量满负荷的前提下，让各部门各岗位的人力配置更加合理，才更有利于公司的管理及成本的核算。

15. 降低员工流动成本

当员工离职、跳槽或发生流动时，公司就要重新招聘新的员工来填补空

位,除了花费招聘和培训的费用外,还影响了公司业务正常运转,造成了巨大的流动成本。

公司应该如何降低员工的流动成本呢?可以从以下几个方面着手:

(1)创建公司核心文化,营造良好的文化氛围。

管理者应该努力营造好的企业文化氛围,使员工认同公司的价值观和目标,增加员工对公司的归属感。

(2)建立公司内部良好的沟通渠道。

建立良好的公司各层级人员之间的相互沟通渠道、建立透明、开放、和谐的人际氛围,正确处理和协调人际关系,创造不断发展和积极向上的内部环境。

(3)建立完善的人才竞争机制和良好的晋升培养机制。

从外部招聘人员,或从内部提拔,完善人力结构,形成有效的晋升体系,发现优秀人才。

(4)准确的定义与界定岗位职责。

公司设置的每一个职位都应该有详细的岗位描述和职务说明书,对任职者的技能、能力和知识要求都应该进行明确界定,有助于公司将正确的人员安排到正确的职位上。

(5)做好员工职业生涯规划与开发。

工作和不满意因素造成公司大量优秀人才的流失,加重公司生产经营的成本负担,良好的薪酬福利、工作条件可以消除员工的不满。

(6)加强对离职后的员工管理。

离职员工是公司的潜在资源,如果利用得好,将会对公司产生很大的作用。

【锦囊妙计】公司和员工之间做到有效沟通,员工感受到清晰的发展前景,为员工制定个人培训及发展规划。员工知道公司的经营状况,知道每天自己为公司创造了多少利润,对公司树立起基本的信任感、归属感和成就感,可以避免员工流动频发。

16. 降本还靠高科技

互联网的力量是巨大的，而且这种力量还在呈几何级数增长。在美国，每天有近30亿份电子邮件在网上飞来飞去。作为通讯业的一种工具，作用已经超过了电话。而最显著的功能是，它推动了公司运作速度持续加快和社会产品交易成本的持续降低。

对于曾经出现巨额亏损的IBM来说，在寻求新的发展方向之前，降低成本是当务之急。为此，IBM必须利用信息技术的解决方案来提高自身的反应速度，加强其综合竞争能力。公司以电子技术为手段，改善经营模式，提高公司运营效率，进而增加公司收入。如此一来将极大地降低公司的经营成本，并能帮助公司与客户以及合作伙伴建立更为密切的合作关系。通过降低管理成本，缩短订单周期，更好地进行业务控制，使效率提高，IBM的竞争优势得到显著提高。

公司组织结构系统的网络化促进了公司经济效益实现质的飞跃，主要体现在三方面：

（1）减少了内部管理成本。

（2）实现了公司全世界范围内供应链与销售环节的整合。

（3）实现了公司充分授权式的管理。

因此，用新的信息技术为公司加速是现代公司有效实现发展的重要手段。

【锦囊妙计】 对公司来说，速度意味着效益的提高和成本的降低，如果公司能通过互联网实现库存、订购管理的自动化和科学化，就能最大限度地减少人为因素的干预，实现较高效率的采购，节省大量人力，降低成本，从而提高公司的生存和竞争能力。

第12招 文化之道：
让价值观引导员工的行为

公司发展从根本上来说靠的是文化，公司的一切都是由文化这个核心派生出来的。

企业文化是一种能反映企业价值观、发展观、企业精神、企业道德的文化。它能帮助员工提高审美认识、辨明是非能力，树立正确的人生观、价值观。

管理者要寻找的就是这种能同化员工理想与追求的精神境界，成就让员工魂牵梦绕的公司灵魂。心若在，梦就在！它会让我们的员工更团结，会让我们的公司更有活力。只有拥有良好的企业文化，公司才能所向无敌，战无不胜。

1. 公司要强大，文化先强大

加强企业文化建设，推动公司提高竞争力成为公司的必然选择。企业文化对公司竞争力有着极大的促进作用。通过企业文化建设，价值观得到团队成员的广泛认同，在这种价值观指导下的公司实践取得成功，使公司的主要成员产生使命感，使员工对公司及公司的领导人、公司象征产生强烈的认同感。这是企业文化成为公司发展内在动力的基础。

（1）企业文化决定公司的成败。

美国管理学家彼得·杜拉克说："公司管理不仅是一门科学，还是一种文化，它是有自己的价值观、信仰、工具和语言的一种文化。"从企业文化中提炼出来的公司精神决定着公司的成败。世界大多数成功的公司，不仅是物质技术设备优越，更重要的是公司精神的成功——这些公司精神总是指导公司全体员工一直采用最正确的方法行事。公司精神才是第一竞争力，谁拥有正确的、不断创新的理念，谁就具有最强的竞争力。

在众多著名公司的成功过程中，公司内部强有力的企业文化无一不对公司竞争力的增强起到了决定性的作用。比如深圳华为，这家成功的通信设备制造商以其特有的远见卓识从华为诞生的那一天起就认识到"资源是会枯竭的，唯有文化生生不息"。并时刻注意精心培育华为的企业文化，自觉地将这种独具特色的文化注入公司的经营管理活动之中，从而产生了巨大的文化管理效能。

（2）企业文化建设要跟从时代的节奏。

21世纪是个快速变化的时代。公司环境包括公司的技术环境、人力资源环境、金融环境、投资环境、市场需求环境等。这是公司发展所依存的客观环境，直接影响着公司的短期效益和生存，力度较大。此外，还有政策、法制、社会评价、公平竞争、社会信誉等主要由人为因素控制的社会发展软环境，对企业文化发展的影响看起来较为含蓄较为间接，然而实际上对公司长期的经营业绩和公司的竞争力有着潜在而深刻的影响。

这些环境因素在21世纪会呈现出更加复杂的联系和难以想象的变化，公司要立于不败之地，就要在其发展战略、经营策略和管理模式方面及时做出相应的调整，企业文化的内涵要反映出环境的复杂性和紧迫性所带来的挑战和压力，对公司内部要保持较高的整合度，对外要有较强的适应性，通过对公司主导价值观和经营理念的改革推动公司发展战略、经营策略的转变，使企业文化成为蕴藏和孕育公司创新与公司发展的源泉，从而形成企业文化竞争力。

【锦囊妙计】在当前市场经济条件下，建设一流的企业文化，规范员工行为和经营管理行为，从而引领公司的发展，是小公司持续、健康发展的法宝。

2. 文化兴，人才兴，公司兴

企业文化就是在回答一个问题：你的公司凭什么凝聚人心？这是公司管理的思想底线。大道无形，企业文化是个看不见、摸不着的东西，但却回答了"工作到底是为了什么"。因此，企业文化的好坏直接关系到员工的忠诚度，管理者必须明确一点，你有几流的企业文化，你就有几流的追随者；你有几流的追随者，你就有几流的公司。

（1）建设一流的企业文化，吸引一流的人才。

现在公司最高层次的竞争已经不再是人、财、物的竞争，而是文化的竞争，最先进的管理思想是用企业文化进行管理。

因此，公司管理者越来越注重企业文化的建设和价值观的塑造，最明智的总经理一定是具备将企业文化融于员工血液中的能力的人。只有建设一流的企业文化，公司才能引来和留住一流的人才。

（2）全方位塑造一流的企业文化。

上海宝名国际集团是一家房产销售公司，300多员工大多数是年轻人。很多公司把开展琴棋书画等文体活动作为企业文化的主旋律来唱，但宝名集团却注重企业文化对员工情感的关怀，用总裁吴冠昌的话说，公司要用待遇留人，但更要用情感来留人。

每到周末午后，公司工会都要以下午茶的形式开展工会活动，上至集团总裁、总经理，下至普通员工，在这里都是平等的工会会员，大家在轻松愉快的喝茶中交流。员工无论是工作上的建议，还是生活中的问题都可以谈，经营者则把公司的规划、设想以探讨的形式与职工交流。不少问题，如良好的销售建议、职工上下班的班车问题，都是通过午后茶的形式解决的。

在宝名集团，管理层有一个明确的观点，一个公司要想成为和谐公司，就必须有决策层与管理层的沟通，有管理层与员工的沟通，有决策层与员工的沟通，只有这样，公司上下才能相互了解、相互理解。为此，宝名集团每季度都召开一次管理层与员工沟通会，大到公司投资计划、福利分配、中层人员聘评，都在沟通会上得到交流。

公司领导还倡导用人、容人、培养人，绝不允许随意裁人。凡是员工不能胜任公司安排的工作岗位的，可以转岗，转岗之前工会要听取员工想法。尽管今天的职场跳槽成风，但宝名集团几乎未曾流失过任何一名核心人才。因为有这些优秀人才的持续追随，促使宝名集团的发展蒸蒸日上。

【锦囊妙计】一流的企业文化吸引一流人才。公司必须把企业文化的建设作为重大事务来抓，致力创造一流的企业文化，以此吸引优秀人才，凝聚人心，提升公司竞争力，推动公司成长。

3. 文化就是生产力

"从距离中寻求接近"，成了红蜻蜓集团的公司理念，这一理念造就了温州最年轻的"中国名牌"。

如何缩小距离、寻求接近呢？红蜻蜓的战略是：品牌开路，文化兴业。文化是生产力，企业文化就是核心竞争力。在公司管理中，有些是要靠制度保证的，有些则靠制度不能完全解决，比如员工的归属感和忠诚度。能够弥补制度缺陷的，唯有企业文化。

企业文化的力量主要体现在两个方面：

（1）监督力。

假如一个公司已经形成一种良好的风气，新来的员工行为与公司的习惯不符，有人就会提醒他，告诉他该怎么做。这种提醒就是一种融入日常生活中的监督，更及时也更容易被接受。

（2）止滑力。

止滑力就是公司的抗风险能力。有着优秀企业文化的公司，员工不会在公司处于困境时拍拍屁股走人，他们会因为热爱这个公司而与公司同舟共济、共渡难关。

【锦囊妙计】从距离中寻求接近的管理理念，拉近了文化和商业的距离，对于任何公司的发展都具有重要意义。

4. 企业愿景是企业的导航灯

斯巴达克斯领导一群奴隶起义，战败被俘虏。对方说："你们曾经是奴隶，将来还是奴隶。只要你们把斯巴达克斯交给我，就不会死。"在一段长时间的沉默之后，斯巴达克斯站起来说："我是斯巴达克斯。"之后他旁边的人站起来说："不，我是。"1分钟之内，被俘虏军队的几千人都站了起来。每一个站起来的人都选择受死。这个部队所忠于的并非斯巴达克斯，而是由他所激发的"共同愿景"，即有朝一日可以成为自由之身。这个愿景如此让人难以抗拒，以至于没有人愿意放弃它。

德鲁克认为公司要思考三个问题：第一，我们的公司是什么？第二，我们的公司将是什么？第三，我们的公司应该是什么？这正是公司战略与企业文化建立必须遵循的三个原点，而这三个问题集中起来正体现了一个公司的愿景。

（1）愿景产生于管理者思维的前瞻性。

如果管理者希望其他人能加入到自己的旅途中，他必须知道要往何处去。有前瞻性并不意味着要先知先觉，而是要脚踏实地地确定一个公司的前进目标，激励大家一步步迈向未来。

（2）愿景能够帮助公司得到员工真正的忠诚。

一个人做某事的动机分为外在和内在两种，外在的动机不可能让人把工作本身当做一种使命和事业，只有内在动机产生的动力才能成就超常的结果，而一个组织的内在动力就是来自于组织的共同愿景。

【锦囊妙计】共同的愿景是员工的奋斗信仰，是公司的指路明灯，使整个公司具有极强的行动力，对公司的发展产生重大影响和推进作用。

5. 以价值观统一企业文化

企业文化是一种信仰，是一种价值观。通过企业文化建设，价值观得到团队成员的广泛认同，在这种价值观指导下的公司实践取得成功，使公司的主要成员产生使命感，使员工对公司及公司的领导人、公司象征产生强烈的认同感。这是企业文化成为公司发展内在动力的基础。

（1）塑造统一的公司价值观。

宝洁创立于1837年。这家公司长寿的秘诀有很多，但注重企业文化建设，通过企业文化建设来塑造公司魂魄是最为重要的一条。宝洁自成立到现在的大部分时间里，一直运用灌输信仰、严密契合和精英主义等方法努力保存公司的核心理念。宝洁前董事长艾德·哈尼斯的解释是："虽然我们最大的资产是我们的员工，但指引我们方向的却是原则及理念的一致性。"这个原则及理念就是著名的"宝洁之道"。

"宝洁之道"由三方面组成，其中最为重要的是强调内部高度统一的价值观。为了保证价值观的统一，从CEO到一般管理人员，宝洁基本上都是从内部选拔。宝洁有些长期实施的做法。例如，仔细筛选有潜力的新进人员，雇佣年轻人做基层工作，严格塑造他们遵行宝洁的思想和行为方式，清除不适合的人，中层和高层的职位只限于由忠心不二、在公司内部成长的宝洁人担任。

（2）以统一价值观唤醒所有员工的战斗力。

《美国最适合就业的100家大公司》一书写道："加入宝洁的竞争很激烈……新人员进去后，可能会觉得自己加入了一个机构，而不是进入了一家公司……从来没有人带着在其他公司的经验，以中高层的职位进入宝洁——从来没有，这是一家彻底实施循序升级的公司……他们有一套宝洁独有的做事方式，如果你不精通这种方式，或者至少觉得不舒服，你在这里就不会快乐，更别提想成功了。"

宝洁CEO约翰·斯梅尔1986年在一次公司的聚会上也说过同样的话："全世界的宝洁人拥有共同的锁链，虽然有文化和个性的差异，可是我们却说同样的语言。我和宝洁人会面时，不论他们是波士顿的销售人员、象牙谷技术中心的产品开发人员，还是罗马的管理委员会成员，我都觉得是和同一种人说话，是我认识、我信任的宝洁人。"

【锦囊妙计】用企业文化来指导工作，是一门深邃的管理艺术，同时也是团队塑造未来的一种战略方法，成功的企业文化确实具有唤起成员行动的力量。

6. 企业愿景是所有人的愿意

餐馆连锁店运营商IHOP曾因为其烤薄饼而深受消费者青睐。到了20世纪90年代，IHOP的经营似乎已经不受控制，与其说它是个餐馆运营商，不如说它是一家房地产开发公司,因为它开发了很多新的店铺出售,自己只经营其中的10%。当斯图尔特于2001年12月成为该公司的CEO时,她发现公司已经出现了分化,更为严重的是组织非常涣散。曾经强大的IHOP品牌已经失去了自己的意义,特许经销商也将每家餐厅作为独立的公司进行经营,所以各家餐厅的特点、服务、效率和质量也不相同。由于公司获利甚少,最大的股东甚至希望将钱收回,还给投资者。

对于未来,斯图尔特决定不仅要恢复IHOP作为全国性品牌的荣耀,还提出了一个公司共同愿景:将IHOP发展成最棒的家庭式连锁餐厅。

(1)传递公司愿景,推动公司战略。

斯图尔特明白自己的任务是建立一个统一的品牌。公司管理层负责制定标准,并督促其执行。最为重要的是,公司内的每个人都需要获得工具支持,以提供最佳的顾客体验。

斯图尔特如何传递她的愿景呢?

第一年,她将大部分的时间用于倾听员工和特许加盟商的声音,同时进行了更广泛的顾客调查。最为关键的是,她实施了一个培训项目,其焦点集中在IHOP的品牌优势和每位员工在实现该愿景中担当的角色上。她的努力得到了回报。公司不仅实现了自己的服务宗旨,即"来时饥肠辘辘,走时开开心心",且到2003年年末,销售额提升了近5%,这是公司近10年来的最好业绩。

斯图尔特对成功的过程进行了完美的诠释,即通过分享愿景,集中公司的关注焦点,打造发展战略。这是最为关键的要素。

(2)公司愿景要让员工普遍接受和认同。

一个公司的愿景必须是共同的,是员工普遍接受和认同的。如果没有共同的愿景,公司就不可能基业常青。共同愿景就如公司的灵魂,唤起每一个人的希望,令人欢欣鼓舞,使每一个人都能激发出一种力量,为实现愿景而更加努力。

【锦囊妙计】一个没有共同愿景的公司很难强大,即使强大了也难以持久,而一个真正有共同愿景的公司会更容易获得成功。

7. 企业家要做企业文化的楷模

企业文化首先是企业家本人思想的浓缩。企业家先将自己塑造成企业文化的楷模，是企业文化建设中最关键的一点。

（1）管理者要为自己制定一套"行为准则"。

IBM拥有40多万名员工，年营业额超过500亿美元，几乎在全球各国都有分公司，所取得的成就令人惊叹。许多人会问，是什么让这个庞大的公司取得如此大的成就？其答案是，IBM具备一套人性化的企业文化。

老托马斯·沃森在1914年创办IBM公司时设立过"行为准则"。正如每一位有野心的企业家一样，他希望他的公司既要财源滚滚，又要反映出他的个人价值观。因此，他把这些标准和准则写出来，作为公司的基石，任何为他工作的人，都明白公司要求的是什么。

老沃森的信条在他儿子时代更加发扬光大，小托马斯·沃森在1956年任IBM公司的总裁，老沃森所规定的"行为准则"，从总裁至收发室，没有一个人不知晓，如必须尊重个人，必须尽可能给予顾客最好的服务，必须追求优异的工作表现。

这些准则一直牢记在公司每位人员的心中，任何一个行动及政策都直接受到这三条准则的影响。全体员工都知道，不仅是公司的成功，即使是个人的成功，也一样都是取决于员工对以"沃森原则"为基础的企业文化的遵循。而IBM的企业文化不仅让员工忠诚追随，更是吸引着许多非常优秀的人才，而IBM也因此取得越来越伟大的成就。

（2）建设企业文化先从管理者做起。

一些公司管理者总感觉企业文化是为了激励和约束员工，其实恰好相反，恰恰是那些企业文化的塑造者最应该成为被激励和约束的对象，因为你的一言一行都对企业文化的形成起着至关重要的作用。也就是"其身不正，虽令不从"。

一旦建立被员工认可的强大的企业文化，公司在任何一方面都将受益无穷。公司要想吸引优秀的人才，应先从文化建设入手；要想建设一流的文化，公司管理者应先从自身做起。

【锦囊妙计】企业家必须是企业文化的建筑师和第一推动者。不仅是文化建设的推动者，更是文化建设的宣传员。只有自己理解到位、推动到位、宣传到位，文化建设才能落实到位，公司才能处处彰显文化的内涵和力量。

8. 用生命的微光引领未来

任正非在《天道酬勤》中说："艰苦奋斗是华为文化的魂，是华为文化的主旋律，任何时候都不能因为外界的误解或质疑动摇华为的奋斗文化，任何时候都不能因为华为的发展壮大而丢掉华为的根本——艰苦奋斗。"

（1）"奋斗文化"。

华为坚信，只有奋斗才能改变自己的命运。

（2）"床垫文化"。

华为员工经常要工作到深夜，累了就铺一张垫子休息。"床垫文化"属于艰苦奋斗精神的重要组成部分，也是在任何条件下都必须坚持不懈地保持的重要文化。

（3）不战则亡，没有退路。

华为没有国际大公司积累了几十年的市场地位、人脉和品牌，只能比别人更多一点奋斗，只能在别人喝咖啡和休闲的时间努力工作。

（4）奉献精神。

正是用自己生命的微光，在茫茫黑暗中，带领并激励着大家艰难地前行。

（5）舍身忘己。

如今获得的国际化成就，就是源自无数华为人舍身忘己的奉献精神。

【锦囊妙计】良好的企业文化是员工努力奋斗的精神动力，对于公司的发展有着不可泯灭的重大意义。

9. "以和而兴"的管理境界

创造"以和而兴"的管理境界，公司对员工充分信任，员工以合作伙伴的关系共同发展，所以，员工也以同样的信任回报了公司，和公司同甘苦共患难。在利益一致的基础上，公司和员工的利益都在同步提高，从而达到了双赢的目的。

（1）摩托罗拉的有情裁员制度。

将裁员变成一个协商的过程，对员工尽心尽力的照顾，直至找到下一份工作。这样人性化的做法，让摩托罗拉的员工感受了极大的激励，和公司建立起了亲密的关系，也为建立长远的人力资源做储备，实现了管理者和员工之间的完美和谐。

（2）索尼看重员工的价值。

索尼的员工是大家庭中不可分割的一分子，管理者和员工之间好像一家人。不管是管理人员还是普通工人，都在同一个食堂吃饭，穿同样的工作服，都有权利对公司的工作提出自己的看法和建议。

（3）惠普的开放式管理。

惠普公司没有设立专门的人力资源部门，办公室也不安装门。员工不管遇到任何问题，都可以找到管理者进行交换意见。人事政策的主要原则是利益分享，公司里没有时间表，不进行考勤。这一切为的是管理者和员工之间保持高度的亲密接触和频繁的互动联系。

【锦囊妙计】和谐管理能够在员工和管理者之间建立良好的合作伙伴关系，它使公司和员工成为一个利益共同体，从而实现公司和员工双赢的目的。

10. 造物先造人

松下幸之助曾问过业务部的下属："如果客户问你们：松下电器到底是制造什么产品的公司，你们会怎么回答？"业务部的人事课长回答道："松下电器是制造电器产品的。"松下幸之助说："松下电器是制造人才的公司，兼做电器产品！"

培育人才，开发他们的智慧，是松下公司实现伟大理想的基础性工作。那么，松下是如何"造人"的呢？松下幸之助有自己独到的见解：

（1）注重员工的品德培养。如果员工缺乏应有的品德锻炼，就会在商业道义上产生不良的影响。

（2）注重员工的精神教育。培养员工的向心力，让员工了解公司的创业动机、传统、使命和目标。

（3）要培养员工的专业知识和正确的价值判断。员工如果总能依据公司价值观判断事务，做事时就能尽量减少失败。

（4）训练员工的细心。如果员工犯一点差错，就可能招致不可挽回的局面。

（5）培养员工的竞争意识。督促自己向上，有竞争意识才能发挥出潜力。

（6）培养品格为第一。一个具有良好品格的人，能够自我激励，一天天地进步，以积极的态度渡过难关。

【锦囊妙计】员工决定公司的成败，公司管理者要重视对员工的培养，在不断改善员工的薪资、工作环境的同时，也要加大培养力度，以员工的进步推动公司的进步。

11. 企业文化，简约不简单

宝洁之所以做成了百年老店，关键是其有着深厚的文化底蕴。宝洁的企业文化注重以人为本，推崇一切从简，把企业文化与市场开拓完美结合起来，并在跨国经营中实现了不同文化的深层次融合，获得了巨大的成功。宝洁公司的企业文化值得我们借鉴：

（1）人员精简、结构简单的制度文化。

该制度与公司雷厉风行的行政风格相吻合。

（2）"一页备忘录"的工作风格。

任何超过一页的备忘录都要经过简化，变成自己所需要的东西。把复杂的问题变简单，才可以更好地工作。从意见中择出事实的一页报告，正是宝洁公司作决策的基础。

一页备忘录的优点：因有少量的问题有待讨论，复核和使其生效的能力大大加强；使人们的头脑明朗化；条目按序展开，简洁、易懂。

（3）化繁为简，关键是把问题搞清楚，把事情搞透彻。

为了提高效率，公司采用简便的方法把问题搞清楚，把事情搞透彻。一页备忘录是一种行之有效的手段，也是宝洁的一种企业文化风尚。

【锦囊妙计】一页备忘录能把问题搞清楚，把事情搞透彻，将工作化繁为简。

12. 奉行以人为本的理念

美国惠普公司是当今世界上最受尊敬的公司之一。惠普不但以其卓越的业绩引起广泛关注,更以其对人的重视、尊重与信任的公司精神闻名于世。作为大公司,惠普对员工有着极强的凝聚力。到惠普的任何机构,都能使人感觉到惠普员工对他们的工作是何等满足,他们是在一种友善、随和而很少压力的氛围中工作。

(1)赋予全体员工以充分的自由。

惠普公司《目标》的引言里说:"惠普不应采用严密的军事组织方式,而应赋予全体员工以充分的自由,使每个人按其本人认为最有利于完成本职工作的方式,使之为公司的目标做出各自的贡献。"惠普公司的成功,靠的正是"对员工的重视"。惠普创建人比尔?休利特说:"惠普的这些政策和措施都是来自于一种信念,就是相信惠普员工能把工作干好,有所创造。只要给他们提供适当的环境,他们就能做得更好。"这就是惠普之道。

(2)塑造健康的企业文化。

美国管理学家彼得·杜拉克说:"公司管理不仅是一门科学,还是一种文化,它是有自己的价值观、信仰、工具和语言的一种文化。"从企业文化中提炼出来的公司精神决定着公司的成败。世界大多数成功的公司,不仅是物质技术设备优越,更重要的是公司精神的成功——这些公司精神总是知道公司全体员工一直采用最正确的方法行事。公司精神才是第一竞争力,谁拥有正确的、不断创新的理念,谁就具有最强的竞争力。

【锦囊妙计】企业文化指引员工的行为与态度,想让你的公司具有旺盛的生命力,就必须赋予公司以健康的文化,倡导以人为本的经营理念,充分尊重员工的自主意识。

13. 给员工一定的自由空间

诺基亚的成功是其独特的文化理念的成功。成熟有效的企业文化表现在管理上,使其管理不仅具有相关策略,而且人性化,使公司的管理系统能够持续激励员工勇于承担责任和创新。诺基亚的如下管理策略值得所有公司管理者学习和思考：

（1）给予员工自由。

诺基亚本身给予员工很大的自由，领导不会催促员工该怎么做，他只会在员工需要的时候提供帮助。

（2）与员工进行分享式管理。

与全体员工分享公司的一切，让每一名员工都知道公司的方向在哪里，如何共同努力去实现它。在实现这个共同目标的过程中，每个经理都相当于一个教练，他的责任就是帮助员工做得更好。

（3）"是教你做事，而不是叫你做事"。

这是在诺基亚工作的经理牢牢记住的一句话。这样做可以发挥每个人的潜能，而不是仅依靠行政命令使其机械地工作。

（4）思想互通，可以犯错误。

人们的思想互相交流，可以用超越常规的思维方法来思考，可以犯错误。这就是诺基亚能抓住大机遇的秘诀所在。

（5）每个部门享有自由。

这是一个公司上下共享的主题，让其他人来发挥他们的所长，就需要我们去构建一个人员网络。

【锦囊妙计】给员工一定的自由，让员工自由地发挥他们的特长，对于企业文化的构建以及公司的发展有着重要作用。

14. 让员工感受到家的温暖

微软公司的企业文化就是营造家环境，让员工把公司当成自己的家。管理者想尽办法让员工在工作中有家的感觉。

（1）每位员工都有一间单独的办公室，在里面可以听音乐、调整灯光，做自己的工作，可以在墙壁上随意贴自己喜欢的海报，或在桌上摆置自己喜欢的东西，让这间办公室更像自己的一个家。

（2）在微软不需穿制服，员工可以任意穿他们自认为最舒适的服装上班，短裤或汗衫都可以。公司对员工是以其工作表现好坏而非穿着好坏作评估的。

（3）公司提供无限的免费饮料，包括汽水、咖啡、果汁、牛奶和矿泉水，让员工口渴就可以喝，使其能够专心地工作。

（4）公司的材料室公开，公司信任员工去拿他们所需的材料，包括文具、办公用品等，不必填表格或排队等待。

（5）微软没有设定工作时间表，而是让员工自己选择工作时间。结果，大多数人为了完成工作，都比一般按常规上下班的人工作的时间更长。微软要求的是完成工作，而非工作时间长短。

【锦囊妙计】微软的企业文化不仅是心理上的关怀，也是让员工感觉自由自在、被尊重和信任。让员工感受到家的温暖关爱或温馨舒适，会让员工更加专注于工作，提高效率。

15. 文化建设需要时常更新

在全世界的所有公司中，没有任何一个公司的企业文化是永恒不变的。有的老总认为：我有企业文化了，还不错，和先进公司的企业文化很接近，可以高枕无忧了。这是错误的。

如果企业文化永恒不变，会对公司的发展不仅没有积极性，反而成为桎梏。

（1）企业文化要与时俱进。

时代的剧变决定了企业文化应该随着公司的发展而变化，不断地调整其内容。

（2）总经理要怀有企业文化主动变革之心，不要让过时的文化来束缚公司的发展。

这要配合战略变革过程逐步推进，可以分三个阶段来运行。

第一阶段：解冻阶段。组织专门人员对原有价值观的分析，按战略变革的思路，确定需要变革的因素，在审核评估的基础上扬弃既有的价值观体系。

第二阶段：创新阶段。即要员工共同探讨公司以后应该如何生存下去的方式。

第三阶段：深化阶段。要让新的价值观在组织成员中传播并逐渐接受。

【锦囊妙计】企业文化的建设如果能够做到应需而变，则能适应商业环境的变化，并促使公司在新的商业环境中获得成功。相反，如果一成不变，不断变化的商业环境将会显得过时的企业文化变得毫无价值。

小公司 XIAOGONGSI
做大做强24招 ZUODAZUOQIANG24ZHAO

经营篇

小公司 XIAOGONGSI
做大做强24招 ZUODAZUOQIANG24ZHAO

第13招 营销之道：
不懂营销，公司只能越做越小

你的产品再好，如果卖给一个对其没有用的顾客，仍然是失败。

小公司应该注重营销，而不是销售，才能活得更好、更长久。有的老板也许会说，小公司哪里有钱去做营销？其实，做营销没有必要花很多的钱，关键是看怎么去做，

小公司决不能盲目地模仿大公司，用低档的产品与他们抗衡，而是要对市场进行细分，找出自己的市场。最好的办法就是做大公司不感兴趣或者目前不能做的市场。中小公司必须从营销的角度去研究市场的属性，对消费者的动机、行为和消费模式进行研究，然后在专业的市场细分的基础上，开发出就有针对性的产品才可以，这也就是公司越小越需要营销的道理所在。

1. 小公司更要做营销

小公司不做营销是很难生存和发展下去的，其理由如下：

（1）在成本领先优势上不如大公司。

很多行业的市场结构都是金字塔形，也就是产品的档次越低，其市场的规模就越大；档次越高，市场规模就越小。由于大公司的规模比较大，可以大幅度地降低其单位固定成本，也可以在一定程度上降低其变动成本，因此，可以获得成本领先的优势。而中小公司，如果没有特别的社会资源支持，其获取成本的优势是很难的，其不但肩负着沉重的固定成本的压力，而且在变动成本上可能比大公司也高。

（2）在品牌优势上不如大公司。

大公司的品牌价值很高，容易受到目标客户的接受，中小公司没有这种品牌优势，商品越便宜，就越不容易销售出去。因此，中小公司不能用低档的产品与大公司相抗衡，而是要对市场进行细分，找出自己的市场。

（3）可以选择做大公司不感兴趣或者目前不能做的市场。

在激烈的市场竞争中，中小公司要想生存和发展下去，仅仅靠销售是行不通的，只有从营销的角度，对市场进行理性的分析后，找出市场的空白点，才能获得生存和发展。

【锦囊妙计】片面只讲究销售，不管营销方式，这样的发展策略很不理智。

2. 不要把营销等同于推销

如何理解推销和营销的关系呢？

（1）营销不是推销。

营销在产品制成之前就开始。主要研究的内容包括确定哪里有市场，市场规模如何，有哪些细分市场，消费者的偏好和购买习惯如何，设计定价、分销和促销计划，售后服务等。营销贯穿于公司经营活动的全过程。

（2）推销是市场营销的职能之一。

推销是营销过程中的一个步骤，在整个营销活动中并不是最主要的部分。推销是剩余产品过剩初期公司采取的促销方式和销售策略，而营销是满足消费者的最大需求。

（3）推销和营销的目的都是要尽可能多地实现商品的销售。

营销和推销的目的是尽可能多地实现产品的销售，必须踏踏实实地做好营销的每一项工作，才能实现推销目标。

（4）区别营销与推销的着重点在于是"推"还是"拉"的关系。

"推"是把手中现有的产品向消费者推出去；"拉"是拉住消费者的兴趣、爱好和需求，通过公司的努力使其需求欲望得到满足。

【锦囊妙计】推销并非是营销。做好营销的每一项工作，才能实现推销目标，否则推销的目标不可能实现，或者仅仅成为纸上谈兵。

3. 适销对路，才能决胜千里

产品不合消费者胃口，推销员哪怕说得天花乱坠，也没有消费者愿意去尝试购买。因此，在生产过程中应根据市场状况和消费需求适时调整。

因此，在营销之前先要明确产品方向，可以从以下三个方面进行：

（1）生产什么产品。

按公司行业特点，确定符合公司生产经营条件的产品类别。如是生产机械产品还是生产化工产品，是生产轻纺产品还是生产建材产品等。

（2）产品为谁服务。

即满足社会哪方面的需求。如是为国内市场服务还是为出口服务；是为生活消费服务还是为生产建设服务等。

（3）产品如何发展。

即按什么途径来发展扩大公司产品生产经营领域。如是产品密集式发展还是产品多元化发展；是水平一体化发展还是垂直一体化发展等。

【锦囊妙计】营销对路，公司发展才能对路。解决了定位问题，也就找到了营销的最佳组合策略和方法。

4. 二流公司做市，一流公司做势

三流公司做事，二流公司做市，一流公司做势。营销的本质就是"营势"、"谋势"。总经理造势水平的高低将直接决定公司能否脱颖而出，创业成功。公司需要造势以提高知名度，以势为其打开销路，借势给消费者引起冲击心理的强大轰动效应。

脑白金之所以能够成功，很大一部分取决于它的造势，具体体现在以下几个方面：

（1）注重新闻造势。

在宣传初期，脑白金采用新闻炒作的方式，为吸引读者注意，刊登大幅文章。形成良好的宣传氛围，为进一步宣传打下基础。

（2）采用大量系列软文。

软文导入脑白金的奇特功效，题目引人入胜，内容轻松有趣，最终归结到产品功效上，事半功倍。

（3）使用长篇文案。

脑白金的策划者们深谙广告宣传真谛，于是通过大幅文案广告系统全面地向人们阐述其产品功效。这样的宣传效果是重量级的，宣传也达到了高潮。

（4）力主宣传创新。

脑白金宣传大量采用了漫画，开广告宣传之先河。有趣的画面配以精练的对白，以简单直白、生动鲜明的形式传达了广告信息。让人们在轻松的气氛里感受并接受了要表达的意图。

【锦囊妙计】总经理要想成功营销，最聪明的选择就是在市场中顺势而为、审时度势。"谋势者"才能把握市场脉搏，花小钱办大事。

5. 市场细分，各个击破

市场细分就是公司经营者根据消费者的不同需求、社会经济因素和地域因素等把整个市场划分成若干细分市场。海尔十分重视"市场细分化"，即依照消费者的需要与欲望、购买行为与购买习惯等方面的明显差异，把产品的市场整体划分为若干个消费者群；根据不同的目标市场，进行针对性开发。

市场细分的作用很大，其在于：

（1）能够鉴定营销机会，弄清潜在顾客的需求，哪些是潜在的顾客，潜在顾客对产品的满意程度。

（2）选择确定目标市场。

（3）针对目标市场制定相应的市场策略来满足各类消费者的需求。

通过市场细分，公司能发现最好的市场机会，确定目标市场，从而集中使用人力、财力、物力，为目标市场服务，使有限的经济资源产生最大的经济效益。

【锦囊妙计】市场细分和目标市场选择是公司营销活动的第一步，没有合理的市场细分和正确的目标市场选择，所有的营销活动将显得苍白无力。所以，商家一定要重视市场细分中所蕴藏着的巨大商机。

6. 营销就是满足消费者需求

营销的直接对象就是消费者，因此弄清楚消费者的需求是做好营销的首要任务。弄清楚产品的消费需求，需要知道以下三个关键点：

(1) 生产的产品是否为需求产品。

需求产品是指公司从自身的根本市场利益出发，用需求详细规格说明书定义的产品，描述产品应具有的使用价值和服务承诺，以满足特定人群的需求。如果要开发的产品不算是需求产品，那无论如何也不能是成功的产品发展方向。

(2) 是否以消费需求为出发点。

公司要从研究和分析消费者的消费需求出发来决定经营方向，按照消费者的需求制定产品标准。产品质量符合标准，也要符合市场。如果公司主观上制定标准，虽然生产了所谓的合格品，却不能赢得市场，获得利润。

(3) 是否在满足需要的基础上获取利润。

公司在决定生产之前要首先了解这种产品或服务对满足消费者需求的最终效果，然后根据需求的被满足程度来确定公司的盈利。消费者需求被满足的程度越大，公司的盈利就越多。

【锦囊妙计】顾客需求是市场的灵魂。只有准确把握目标顾客的关键需求，创造出顾客所期望得到的利益，才能获得巨大成功。

7. 客户资源多大，营销就能做多大

海尔总裁张瑞敏对公司竞争的观点是："公司的核心竞争力是什么？很

多人说是核心技术和核心产品,但我想没有这么复杂,公司的核心竞争力就是公司拥有客户资源的多少。谁拥有客户资源多,谁的核心竞争力就强。"

那么怎样才能得到客户资源呢?可以借鉴以下海尔经验:

(1)海尔不是简单地将产品推销给用户,而是在销售产品的过程中,把信誉放在第一位,把与用户的情感交流放在第一位,把产品质量和优质服务放在第一位,而把卖产品放在第二位。不同的营销理念,形成了不同的营销策略与营销模式。

(2)海尔把客户资源看成了核心竞争力,用各种策略来维护好客户资源,这是海尔成功的关键因素。

这是一个从物品短缺到客户短缺的时代,在同质产品多的情况下,公司绞尽脑汁搞差异化策略,力争从众多竞争对手中脱颖而出。但随着竞争水平的提高,每一个竞争对手都具有模仿对手的策略、服务甚至整个运作过程的能力。这表明,单一的差异化营销策略不会持续太久,只有客户关系的培植具有不可替代性,才是竞争对手无法轻易仿效或复制成功的。

【锦囊妙计】客户资源是有钱买不到的,有钱可以买到最好的设备,也可以买到很好的技术,但不一定能买到客户资源。

8. 受人青睐还需会吆喝

一个有竞争力的公司,总有自己的拳头产品;一个有拳头产品的公司,都想尽可能地宣传自己的优势,以便扩展其产品的知名度,拓宽市场占有率,从而创造更好的经济效益。由此可见,公司产品的营销工作做得到位与否,与公司创造的销售额、盈利空间乃至公司的健康发展都有着直接的关联。

要想做好公司产品的宣传工作,主要通过以下几种途径:

(1)科学合理地确立产品宣传的指导思想。

公司产品的宣传工作必须要紧紧围绕"为公司生存与发展、不断做大做强做优"这条主线来开展,并在争抢市场占有份额的过程中做到积极、主动,有清醒明确的认识。同时,做好与外界的交流沟通,搭建一个畅通的信息互动平台。

(2)用好几个宣传载体,整合一支宣传力量。

公司产品的宣传方式是多样化的,做好产品的宣传工作需要考虑主观与客观的综合因素,即产品质量如何、产品宣传的途径、宣传产品时它的感受点有多少、影响面有多大,潜在的可持续传播的空间有多宽等。

(3)培育企业文化,奠定宣传根基。

一种产品的成功展销,既要有外部市场的需求做基础,还要有内部的文化底蕴作为前提。

(4)广告是品牌传播的手段和工具,是宣传品牌形象最有效的途径之一。

中小公司的广告宣传要有的放矢,要针对锁定的目标市场,避开大型公司大品牌选择的常规媒体,以免产生正面竞争。哈根达斯独特的广告策略值得我们借鉴:哈根达斯不做电视广告,只在特定的一些媒体上发布大幅面的平面广告,使视觉效果最大化。

【锦囊妙计】引进一个符合公司现实情况的预算,在公司宣传、产品销售力度上下足工夫,一方面抓质量另一方面抓产品市场占有,这才是一个成功公司的制胜法宝。

9.口碑营销,打出好名声

口碑营销就是公司要诚信运营,在消费群体中树立良好的口碑。良好口碑对公司的品牌起到重要推广作用。如果公司能在博客和微博上能得到百分百好评,那么对公司的线上销售起到的推动作用是可想而知的。好口碑可以快速的引发产品销售、公司盈利。如口碑造就了小米,口碑营销才会被传统行业更加重视。

引发口碑效应可以从用户的心理需求入手：

（1）当人们遇到新奇而有趣的事时，总会情不自禁地关注并分享，电商网站策划口碑营销时，可以从新奇的角度出发。

（2）当给用户带去快乐时，想让用户不传播都难。

（3）在口碑营销中，制造有趣和易于传播的故事是个非常好的策略。

（4）用关怀感动消费者。

（5）如果能够有效的帮助用户解决他们的问题，用户自然会用口碑回报我们，最终形成了互惠。

（6）如果能够引发用户的内心共鸣，自然就会形成口碑效应。

【锦囊妙计】要把口碑做到极致、做到完美、做到让用户主动夸你好，重要的是通过一些事情来引发口碑效应，先引发口碑效应才能获取最好的口碑效果。

10. 炒作大事件，赚得大生意

事件营销集新闻效应、广告效应、公共关系、形象传播、客户关系于一体，通过制造具有话题性、新闻性的事件引发公众的注意，使产品可以在同质化泛滥的产品信息中脱颖而出，走入消费者的视线，因而获得被购买的可能。

（1）李宁——借奥运大事件"突袭行销"。

2008年8月9日零时7分，北京奥运会最后一棒火炬手李宁在鸟巢上空，经过3分钟的祥云迈步绕场一周后，到了引燃棒前，略微停顿之后，点燃了巨大的祥云火炬。李宁不仅仅点亮了中国百年奥运梦，还点燃了"李宁"品牌的国际化道路。李宁点火使得李宁品牌不再是一个简单的Logo，而是中国品牌的代表。广告业内人士形容李宁点火为：奥运"突袭行销"历史上的最伟大的经典作之一。

（2）大事件营销是为了刺激到消费者的"好奇心"。

这是赢得销售的第一步。只要产品信息引发了顾客的兴趣，如对产品的广告代言人，或是所推行的新理念、新功能产生兴趣并愿意了解和关注，那么，他就可能成为最后的购买者。

【锦囊妙计】事件营销是近年来国内外十分流行的一种公关传播与市场推广手段。

11. 薄利多销赚大钱

薄利多销的含义很容易理解。薄利，即降价；多销，即增加总收益。从长远来看，是一种增加利润、增强购买力的营销方法。

薄利多销一般用于以下几种情况：

（1）新产品试销期。

（2）同类产品过多，竞争激烈，可薄利多销，降本让利。

（3）产品有生命力，但销售处于低谷阶段。

（4）产品处于更新换代前期。

（5）原料充足，生产工艺简单，技术性低、产量高，公司吞吐量较大的产品。

（6）公司资金紧缺时，薄利多销可起到周转资金的作用，扭转营销势态向好的方向转变。

【锦囊妙计】薄利多销策略要以把握好目标市场，提高产品质量，结合公司的自身经营能力为前提。

12. 将体验营销的快感传遍全世界

星巴克以其独特的营销手段开拓了一个原本没有的市场。目前，星巴克的销售额以每3年翻一番的速度递增。在美国的大街小巷随处都可见星巴克的招牌。据统计，星巴克每天要煮大约2 270万加仑咖啡才能满足顾客的需求，每周光顾他们店的人数在4 000万名以上。

星巴克的成功秘密在于体验式营销，值得我们借鉴：

（1）将消费习惯时尚化、精品化。

星巴克是一种咖啡文化，全世界的潮流随之而动。

（2）星巴克公司口号："我们的事业不仅是为了填饱肚子，更是为了丰富自己的灵魂。我们的营销手段就是独特与不同，不是更好而只是不同。"

（3）产品是可以被创造出来的，它的外观首先要符合时代潮流。

比如星巴克认为绿色很有潜力，于是就创造出了"绿茶卡布其诺冰咖啡"。

（4）有趣味的东西才能吸引人。

当你走进一家店面，你希望看到一些令你兴奋和觉得有趣的东西，这样你才会经常光顾那里。

（5）对于消费者来说，产品的实用性是重要的，但是产品的文化内涵更加重要。

【锦囊妙计】一个好的产品不仅能够给消费者带来外在感官上的满足，也要给消费者以内在精神上的愉悦。能够让消费者由内而外地喜欢你的产品，公司才能有发展，才能有更大的成功。

13. 将免费营销做成大餐

如今，整个社会已经被"免费"所萦绕，免费营销比以往的营销手段更强烈地吸引着消费者，各类免费产品、免费服务以及免费体验蜂拥而至。

总经理如何才能让免费营销真正有效，将免费营销的午餐做成一席皆大欢喜的盛宴呢？

（1）副产品免费带动主产品销售。

比如充话费送手机。

（2）零首付形式的"免费"。

这种方式类似于分期付款，消费者可通过信用担保，以零首付的方式购买商品，然后再分期偿还。不用付费就可以马上拿到心仪的商品，这样可以极大地刺激消费者进行冲动消费，适用于高档手机、笔记本电脑等。

（3）由免费衍生收费。

如游乐园对儿童免门票，吸引来的自然是带着儿童的父母。

（4）免费产生消费。

先免费提供商品，然后通过商品的副产品消费或提供的服务获利。

（5）用免费吸引人气。

百事可乐公司与电玩制作公司合作，推出了一款《百事超人》的游戏，作为附赠品或奖品免费送给顾客。

（6）通过免费获得综合收益。

Google采用了一种为使用者免费提供电话查号的服务，不仅收获了大量点击率带来的广告收益，更重要的是获得了价值上千万美元的数据资料。

（7）互利免费。

公司为消费者提供免费产品或服务，消费者在受益的同时，成为广告的接收者或传递者，最终促进收费产品销售。

（8）免费转嫁。

通用汽车4S店与啤酒厂、汽车装饰店、地产公司进行合作，举行喝啤酒大赛与汽车知识问答比赛，结果达到共享相同的客户资源的目的。

【锦囊妙计】免费是比低价更能吸引消费者的经营策略。总经理科学地运用免费策略，才能使公司的免费营销做到事半功倍。

14. 二八营销，无往不胜

对于公司而言，80%的利润来自20%的客户，因此公司可以根据使用产品的数量或频率将顾客分为少量使用者、中等使用者和大量使用者。大量使用者虽然在所有使用者中所占的比例较小，但其消费量却非常大。与新顾客相比，老顾客会给公司带来更多的利益。

所以，公司在营销过程中应该做到以下几点：

（1）公司在努力创造新顾客的同时，想方设法将顾客的满意度转化为持久的忠诚度。

（2）像对待新顾客一样重视老顾客的利益，把与顾客建立长期关系作为目标。

（3）根据顾客的购买数量和频率制定不同级别的奖励制度来吸引大量使用者购买，如采用数量折扣等促销方式。

（4）针对大量使用的顾客设立大客户部，专门负责对这一消费群体的营销。同时，公司还可以采取一些措施，引导顾客适当增加使用量，让少量使用者逐渐转变成大量使用者，以达到较快增加销售量的目的。

【锦囊妙计】在任何一组东西中，最重要的只占其中一小部分，约20%，其余80%的尽管是多数，却是次要的。

15. 情感营销，无法抗拒

每个人都愿获得别人一定程度的关注，如果公司真心关心客户，那必能得到客户的好感。如果公司真的能够将客户感动，也就能够留住客户，从而帮助公司实现更加宏伟的发展目标。

（1）来自德尔塔航空公司的特殊礼遇。

德尔塔（Delta）航空公司总是为乘客提供最好的礼物和服务：如派出私人代表亲自在舱门口迎接、帮乘客拎行李、领乘客到头等舱的座位上，送礼物，如飞机模型、机长的帽子、电动地球仪等。

（2）来自雀巢公司的爱心关怀。

爱心专线。雀巢公司在法国开设了"雀巢婴儿咨询免费长途专线电话"，为婴幼儿父母们提供咨询服务，并请专家们提供营养建议。

个性化邮件包裹服务。雀巢公司的邮件不像广告邮件那样只附一些样品食品及促销赠奖券，还附有卡通图卡，精美图书以及小儿科医师的建议资料等。

贴心小礼物。当宝宝生日时，会奉送给孩子的巧克力蛋糕，"蓝色泰迪熊"图案的一岁蜡烛，给父母的烘焙巧克力蛋糕的食谱。当母亲节来临的时候，以婴儿的名义寄上一份贴心的小礼物给母亲们，如一束玫瑰花或温馨卡片。

【锦囊妙计】感动你的顾客，才能赢得他的长久支持与信赖，才能为公司赢得长期的消费群。

16. 直复营销，方便快捷

直复营销是一种为了在任何地方、任何时间产生可度量的反映和达成交易而使用的一种或多种广告媒体相互作用的市场营销体系。通过互联网、DM直邮、直营目录、电话等沟通载体工具，跨过中间环节直接面对终端消费者，进行面对面沟通，促成产品到商品到货币的销售完成。这是一种直接面对的目标客户较散或者针对大宗购买的渠道模式。

直复营销的内容主要有以下方面：

（1）直邮。

直邮是指通过邮局向家庭或公司寄送附有寄件人地址的广告，与确定的潜在顾客或已存在的顾客群联系的一种方法。优点是能更有效地选择目标市场，可实现个性化，比较灵活，以及较易检测各种结果。直邮在推销诸如书籍、征订杂志和保险方面较有优势。

（2）电话营销。

电话营销有两种不同的功能：内向接收和外向拨打电话。外向拨打电话作为公司间沟通的一种手段，这种方法更有价值，是销售组合的一个关键要素。内向接收电话是电话营销中增长速率最快的领域。

（3）媒体直复营销。

电视、电台、报刊也可被用于向顾客推销产品，公司在这些媒体上发布直复广告，从中听到或读到有关某种商品信息的人可打免费电话订货。

（4）新媒体营销。

如互联网营销、视频信息系统营销、自动订货机。

【锦囊妙计】直复营销的特点是初期投入高，每次和长久平均费用低，物流配送成本、接单配送等管理成本、建立数据库等时间成本较大。

17. 警惕陷入营销五误区

由于变革的迅速,许多公司并未随着市场环境的变化而革新自己的观念,虽然也亲身历经或耳闻目睹过太多转型期的成功与失败,但往往把成败都归结于狭义的营销运作上。

营销要避免以下几个误区:

(1)"我提供产品,你只管销售"。

在这种不重产品的营销运作中,公司对于营销过程所反馈的产品方面的信息也就不可能加以重视了。一方面体现在许多有着这种思想的公司并没有设定收集产品反馈的机制;另一方面即便有了产品信息的反馈也不会得到公司经营者的重视。更不用说去主动地结合营销运作去征求经销商、客户等对产品的意见与建议了。

(2)重视推广与销售,忽略产品。

产品才是营销的基础。一个没有战略概念的公司是无论如何难以在当今市场环境下获得长远发展的。

(3)中毒"名人广告"。

名人广告使消费者在短时间内了解和认可产品,但单纯依靠卖"名人",却不能用足"名人",结果花钱多,销量却下降。

(4)"概念大战"导致概念混乱。

如保暖内衣市场,"红外线保暖"、"超薄抗寒生态保暖",几乎每一个品牌有自己的保暖概念。在整体市场还没有完全成熟之时就被细化和区分,导致信息传播混乱,消费者无所适从。

(5)价格战自伤品牌。

在竞争激烈的态势下,经销商大搞"价格战",厂家颇不情愿地跟着玩"杀敌一千,自伤八百"的痛苦游戏,加深了消费者对产品的不信任。

【锦囊妙计】不看清楚市场动向,营销是没有任何效果的。营销应建立在市场的基础上,在制定营销策略的时候,要做好充分的市场调查。

第14招 产品之道：好产品自己会说话

客户不在意产品的专业知识，只在意产品给他们带来的效益。

当你把一个精美的产品摆在客户面前的时候，你认为客户会从什么方面来刁难你？怎么证明他需要你的产品？这样的产品在市场上会只有你一家吗？当一大堆挑出来的缺点从客户嘴里一个个蹦出来，你能一一解答吗？你怎样让客户只看到产品的优点，而看不到缺点？你怎样让客户在众多同类产品中对你的产品情有独钟？这些与产品本身相关的问题，可以说是对公司管理者的巨大考验。

好产品，自己会说话。因为客户不买产品的理由不外乎有两个：一是确实对该产品没有兴趣，二是不相信该产品。用产品说话，就是要促使客户相信该产品。

1. 有价值的产品才有市场

产品的价值取向是指产品能给使用者所带来的价值。

不否认客户的购买动机都不同，真正影响客户购买的决定因素就是带给客户的利益的价值取向。因此，销售产品前一定要弄清客户的价值取向，

构成产品使用价值的因素有以下几种。

（1）品牌。

这是确立客户购买决策的重要因素，在众多的产品品牌中，你销售的产品的品牌形象、市场占有率是否处于有利的地位。

（2）性能价格比。

通过产品说明书的性能参数可以确定产品的性能，性价比是客户确定投入的依据。

（3）服务。

不仅是售后服务，而且包括整个销售过程中你给客户带来的信心和方便。

（4）产品名称。

一个好的产品名称能给客户带来一种亲和度。对销售人员来说产品的名称并不能由销售人员来确定，但潜在客户获知产品的名称是通过销售人员来表述的。如何将产品的名称通过你的语气表现出信心和亲和力，是销售人员必须训练的技巧。

（5）产品的优点。

这是产品在功效上（或者其他方面）表现出的特点。如传真机有记忆装置，能自动传递到设定的多个对象。

（6）产品的特殊利益。

特殊利益是指产品能满足客户本身特殊的要求，如：每天和国外总部联系，利用传真机可以加快速度并有利于节约国际电话费。

【锦囊妙计】产品价值的综合取向是客户产生购买行动的动机。只有综合价值的某一方面或多方面能够满足客户的需求，客户才会购买你的产品。

2. 具有完备的产品知识

可口可乐公司曾向客户做过调查，请他们列出优秀公司应该具备的十个最重要的素质。排在第一位的就是具有完备的产品知识。

完备的产品知识应包括以下几个方面：

（1）产品名称。

一个好的产品名称能吸引客户的眼球，给客户赏心悦目的感觉，也能够表现出产品自身的优势和亲和力。

（2）产品的物理特性。

包括质地、规格、材料、颜色和包装、性能、科技含量、销售价格体系和结算体系、产品的系列型号等。

（3）产品形象。

在众多的产品中，产品的形象、市场占有率处于有利的地位。这是促使客户购买的重要因素。也就是常说的打造产品的品牌。

（4）功效比。

产品在功效上（或其他方面）表现出的与众不同之处，这是客户购买的直接原因。如手机配有摄像功能，可以拍摄高清晰画面。

（5）价格性能比。

通过产品说明书的性能参数可以确定产品的性能。价格性能比是客户确定购买的依据。

（6）服务。

服务是整个销售过程中给客户带来的信心和方便，让客户在购买的过程中得到一种享受，而不是单纯的交易行为。当然，售后服务也不能忽视。

【锦囊妙计】了解和精通产品相关知识，是做企业做好产品的第一步。

3. 新产品知识面面观

所谓新产品，是指在原理、结构、性能、技术、材质、用途等某一方面或某几方面具有创新或改进的产品。新产品是一个相对的概念，在不同地区、不同时间、不同环境中，其具体含义和特点会有所不同。但如果只有商标、品牌、包装装潢等方面的改进和提高，没有结构、性能等的创新与提高，就不能构成新产品。

为了便于对新产品进行分析研究，可以从多个角度对它进行分类：

（1）按新产品所在的地域特征分类。

国际新产品，指在世界范围内首次研制成功并生产销售的产品。

国内新产品，指在国外已经试制成功，但国内尚属首次生产和销售的产品。

地区或公司新产品，指在国内其他地区或公司已经生产，但本地区或本公司首次生产和销售的产品。

（2）按新产品创新程度分类。

全新新产品，是指利用新的科技成果，采用新的原理或技术生产出的产品。

换代新产品，是指在原有原理的基础上，采用新技术新材料或新结构制成，其性能指标比原有产品有较大提高。

改进新产品，是指利用改进技术，对原有产品的功能、外观、型号等进行改善后制成的产品。

（3）按新产品的开发方式分类。

独立开发新产品，指从用户所需要的产品功能出发，探索能够满足功能需求的原理和结构，结合新技术、新材料的研究独立开发制造的产品。

技术引进新产品，是指避开自身开发能力较弱的难点，直接引进市场上已有的成熟技术制造的产品。

混合开发的新产品，是指新产品的开发过程中，既有独立开发的部分，又有直接引进的部分，将两者有机结合在一起而制造出的新产品。

【锦囊妙计】一个公司一旦细分了市场，选择了它的目标顾客群，确定了所希望的市场位置，它就准备开发和推出希望能够成功的合适的产品。

4. 成功新产品的八大特征

新产品开发的风险是很大的。总经理可能会不顾市场调研已做出了否定的报告，强力推行他喜爱的产品构思；也可能构思是好的，但是对市场规模估计过高；也可能实际产品并没有达到设计要求；也可能产品在市场上定位错误，没有开展有效的广告活动，或对产品定价过高；有的时候，产品的开发成本高于预计数，或者竞争对手的激烈反击超出事先估计。

一般来讲，成功开发的新产品具有以下特征：

（1）相对优点突出，新产品相对于市场原有的产品来说具有独特的长处，如性能好、质量高、使用方便、携带容易或价格低廉等等。

（2）适应性强，新产品必须适应人们的消费习惯和人们对产品的观念。如试制幼教系统用电子琴，就要使产品适用此系统使用者的使用习惯和产品观念。

（3）利于保护环境，新产品属节能型，或对原材料的消耗很低，或者有利于保护环境，对"三废"、"三害"的消除有效。

（4）时代感强，新产品能体现时代精神，培植和引发新的需求，形成新的市场。

（5）多功能化，使新产品具有多种用途，既方便购买者的使用，又能提高购买者的购买兴趣。

（6）人体工程化，对生活消费品要更多地考虑这一点。

（7）简易化，尽量在结构和使用方法上使使用者方便和容易维修。

（8）微型化、轻便化，在保障质量的前提下使产品的体积变小、重量变轻，便于移动。

【锦囊妙计】公司开发新产品要把握今后产品的发展趋向，以生产有生命力、竞争力的产品。

5. 这样开发产品最有效

对于公司来说，新产品开发成功的最根本保证主要有两个方面：

（1）必须进行细致的市场调查。

一项调查表明，相对于竞争者有更高优势的产品成功率为98%，较占优势者有58%的成功率，稍占优势者为18%成功率。可见，一项新产品的开发必须首先仔细地界定和估计目标市场、产品要求和利益，这就需要进行深入细致的市场调查。

（2）要有可靠有效的组织保证。

公司在处理新产品开发中有以下几种方法：

一种是把新产品开发工作交给它们的产品经理们。这种制度有缺陷。因为产品经理们很少有时间考虑新产品；同时，他们也缺乏开发新产品所需的专有技能和知识。

一种是在公司内部设有属产品经理领导的新产品经理职位。一方面，这个职位使得开发新产品的功能专业化；另一方面，新产品经理的工作局限于他们的产品市场范围的产品改进和产品线的扩展。

一种是组建一个高层管理委员会负责审核新产品。

一种是常设一个新产品部，该部的主管拥有实权并与高层管理当局密切联系。其主要职责包括产生和筛选新构思，指挥和协调研究开发工作，进行实地试销和商品化。

3M公司等则把新产品开发的主要工作指派给新产品试验组。新产品试验组由各业务部门的人员组成,负责把一种特定产品或服务投入市场。他们暂时解除其他职务,制定预算、时间期限与"战斗任务"。

【锦囊妙计】为加快新产品的开发,可采用小组导向的方法,各部分同时并进开发产品,以保证产品开发要求与开发、工程、制造、采购和营销等各部门的人一开始就密切配合。

6. 产品开发要走哪些流程

一般来说,公司新产品开发的过程,有以下几个过程:

(1)提出目标,搜集"构想"。

新产品的"构想"是在公司战略基础上开发的,也有人称为"创意"或"设想"。新产品"构想"从哪里来,主要来源有购买者(包括消费者和工业用户)、专家、批发商、零售商、竞争者、公司的营销人员及各级决策人员。

公司对以上人员的工作有:

①寻找"构想",设法从环境中发掘好的关于产品的"构想",如从消费者对现有产品的意见中发现,从专家的新的科技成果中寻找,也可以从竞争对手公司的产品上思索。

②激励"构想",设法鼓励公司内部工作人员产生和发展新"构想",在这项工作中,不可忽视营销人员的作用,因其经常与顾客打交道,了解顾客对产品的喜恶,往往能产生出新的"构想"。

③增修构想,将收集到的、汇集好的"构想"送到公司内部有关部门,征求修正和补充意见,以完善最初"构想"。

(2)发掘"构想",为改进产品提供依据。

在搜集"构想"过程中,怎样才能最有效地发掘出"构想"需要一定的方法。可用的方法有：

一是特点罗列法，把某一产品的特点列出，然后逐一推敲，以便找寻出另一组特点的组合来对本产品进行改进；

二是硬性结合法，将不同产品项目排列出来，通过自由联想，考虑不同的产品的关系，进而组合成新的产品的"构想"；

三是多因素分析法，将存在的几个重要因素提出来，考虑每一个变化的可能性，在这几种因素的基础上，试验其改进的可能性；四是头脑风暴法，可采用几人一组的方法（6~10人最宜），将问题告诉大家，任他们对所遇问题发表看法，这样一个想法会激起另一个新的"构想"的产生。

【锦囊妙计】产品开发前要做好对市场的充分调研，同时征集所有相关人员共同商讨，以确保产品市场的精确定位，以及产品的性能可靠性和销售的时效性。

7. 做好产品的构思工作

产品构思是指公司准备推向市场的可能产品，这种作为公司希望提供给消费者的可能产品的构思必须要经过反复的筛选，优选出好的构思进一步开发，及时剔除那些不能达到预期经营目标或虽能达到目标而公司力所不及的、不经济的产品构思。

要科学地进行构思的筛选，就应该根据公司内部和外部的具体条件进行全面的衡量。美国公司界普遍采用一种评估新产品构思的方法，该方法首先将决定新产品成功的因素细分成七个方面，对这七个方面的重要性给予不同的权数，然后针对每种构思对其在这七个方面的表现进行评分，加权之后得到每种构思的总得分，从而得到对构思的量的评价。这七个方面分别为：

（1）公司策略与目标。

（2）营销技术与经验。

（3）财务状况。

（4）分销渠道。

（5）生产能力。

（6）科研与开发能力。

（7）供应能力。

经过筛选后的新产品构思还必须经过具体化，形成比较完整的产品概念。产品的概念应该能够明确、清晰地表达产品策划的意图。所谓的产品概念是指用有意义的消费术语表达的精心阐述的构思。消费者不会去购买产品构思，他们要买的是产品概念。一个产品构思可以通过不同的具体化转化成几种产品概念。营销者选用何种产品概念，就必须对有不同偏好的细分市场的规模进行研究。

【锦囊妙计】产品构思的筛选一是要防止误舍，即对好的构思没有认真分析，轻率放弃；二是要防止误用，对不好的构思错误地估计该产品的发展前景，轻率采纳。

8. 先试验，再投产

新产品在进行正式生产前，一般有一个试制生产的过程。试制生产要做好以下几个环节的工作：

（1）财务分析。

这主要是测算、估计新产品的销售量，成本与利润，以及投资收益率等，判断它是否符合公司的目标。这对公司决策十分重要。

有的公司在这阶段就初步拟定了营销组合策略的方案，如产品的结构，目标市场，消费者购买行为及新产品的市场定位；产品的定价，销售渠道策略，短期的销售量的预计及销售费用的预算；预计长期销售量和各个阶段的利润目标及销售策略。这种分析即财务可行性分析。由于营销环境的不确定性，在财务分析当中，最复杂也是最重要的一部分是风险分析。

（2）试制生产。

这是指新产品在正式投产前的试验性生产。进行试制生产，可以避免因设计和工艺的缺陷未经发现就正式投产所造成的人力、物力和财力上的浪费。试制生产又分为样品试制和小批试制。样品试制是通过一件或几件样品来验证产品的结构、性能、主要工艺以及设计图纸和设计质量的可靠性和合理性，使产品设计基本定型；小批试制是在样品试制完成后，根据成批大量生产的要求，考核产品的工艺、验证图纸的工艺性、工艺文件和工艺装备，然后在生产线上试制出一小批产品来试验和调整所设计的工艺规程和工艺装备，为成批大量生产做好必要的技术准备。

试制的新产品必须通过鉴定，从技术、经济和生产准备等方面，对新产品做出全面评价，以确定可否进行下一阶段试制或成批大量生产。鉴定的内容一般包括：检查工艺产品的结构、性能、工艺性及对产品进行技术经济分析等。

（3）市场试销。

这一阶段并非必需的，但对于高风险产品或具有新奇特点的产品，市场试销是必须的。市场试销的目的是了解消费者和经销商对处理、使用和再购买该实际产品有何反应，以及该市场容量有多大。通过市场试销能够获得有价值的信息，如购买者、经销商、营销方案的有效性、市场潜量和其他事项等。

【锦囊妙计】试制生产对于新产品的最后生产至关重要。公司应该对试制生产过程中出现的各种结果进行分析，做出乐观、悲观和最可能三种估计，采用何种估计则视公司战略而定。

9. 小公司开发产品以策略取胜

成功的产品开发牵涉方方面面的因素，其中最关键的是要对市场有透彻的了解，以此来决定产品的开发策略。

（1）领先策略。

这种策略就是在激烈的产品竞争中采用新的原理、新技术、新结构优先开发出全新产品，从而捷足先登，领略市场上的无限风光。这类产品的开发多属于发明创造范围，采用这种策略，投资数额大，科学研究工作量大，新产品实验时间长。故而采用此种策略的公司往往须有一支人员素质高、实力雄厚的科研队伍，这支队伍可为公司提供外界不具备的科学技术成果，具有更快、更强的开发新技术和运用新技术开发新产品的能力。

日本索尼公司素有"先驱者"之美称，总是率先推出新产品以领导电器发展的新潮流，如随身听等产品改变了多少人的业余生活，它之所以能够做到这一点，不仅仅由于其拥有一支高水平、高素质的科学研究队伍和一流的实验设备，也源于公司的价值观：索尼是开拓者，永远向着那未知的世界探索，朝气蓬勃，充满青春气息。

要做到领先，就应能够领导市场，而不是跟随市场，公司应该注意研究消费者的心理，注意分析、预测市场趋势，才能抢先一步研制生产新产品，激起消费者的消费欲望，引导市场走向。

（2）跟随策略。

采用这类策略的厂商往往针对市场已有的产品，进行仿制或进行局部的改进和创新，但基本原理和结构是仿制的。这种厂商紧跟既定技术的先驱者，以求用较少的投资得到成熟的定型技术，然后利用其特有的市场或价格方面的优势，在竞争中对早期开发者的商业地位进行侵蚀。

松下电器公司就是一家专门模仿他人产品的公司，松下电器公司拥有二十多个技术先进的研究室，这些研究室不仅设备精良，而且研究人员不乏电器行业的精英，但是松下电器公司的老板却很少让他们做领头羊，开发研制新产品。而是命令他们专门分析同行业竞争对手的产品，从中发现不足或缺点，寻找改进的办法，努力使自己产品的质量和功能在竞争对手已有产品的基础上更加完善。

（3）补缺策略。

任何一个公司都不可能满足市场的所有需求，因此在市场上总存在着未被满足的需求,这就为厂商留下了一定的发展空间。这就要求公司对市场上现有产品及消费者的需求进行详细的分析,从中发现尚未被占领的市场。这种策略可以用日本电脑公司创始人佐木明的一句话来概括:用并不比别人高明的技术去开发别人还没有注意到的社会需要。

日本泡泡糖市场原来大部分为"劳特"所占领,但江崎通过周密细致的调查发现,成年人泡泡糖的潜在市场很大,而且消费需求呈多样化趋势。而劳特一直将重点放在儿童泡泡糖市场上,其花色品种及其目标顾客群都比较单一。江崎根据这一特点,研制出了功能性泡泡糖,并根据市场细分原理对产品开发创新,先后研制生产了具有不同功能、适应于不同目标顾客群的新产品,投放市场后,一举获得了成功。

【锦囊妙计】小公司要在风云突变的商场上立于不败之地,光靠实力与竞争对手竞争,往往会被动挨打,故还得靠智谋策略,巧妙运用产品开发策略,方能在商场上立于不败之地。

10. 好的产品要内外兼优

公司要善于在内在品质与外在包装之间找到最为完美的结合点,不仅使优秀的产品品质在包装上展现出来,也让优秀的包装下有着过硬的品质在支撑。

公司在产品包装设计时要避免两种极端:一是"烂稻草裹珍珠",二是"绣花枕头一包草",把握好质量和包装的辩证关系。

(1)只有坚持注重产品的内外兼修,产品才能被市场长久认可和欢迎。

韩非子为人熟知的"买椟还珠"的寓言,就是讽刺了买主只重外表而不顾实质,做出了舍本求末的不当取舍。

(2)"过分包装"十分可笑。

好的包装不仅能保护产品,美化产品,而且还能为产品价格加分,提高身价，激起消费者的购买欲望。

（3）不能用包装来掩盖产品质量的低劣。

比如包装精美的茶叶，茶叶本身的价格不贵，但包装盒很贵，甚至超过茶叶的成本。

【锦囊妙计】好的产品一定是内外兼修的产品，在注重产品品质的基础上，突出包装个性，给顾客以美的视觉感受，从而引起顾客消费欲望，最终达到销量增加的目的。

11. 产品组合组合什么

产品组合指的是公司制造或经营的全部商品的有机构成方式，是公司生产和经销的全部商品的结构。当代社会的发展，一方面公司要以大批量生产获得较大的经济效益，另一方面又由于市场、消费需求的变化，要发展多品种的产品以适应消费需求的多样化。如何在生产和经销中进行产品的搭配和组合就成为公司在经营决策中必须要面对的重要问题。

分析产品组合的特征可以从几个方面进行：

（1）产品线。

产品线指一组密切相关的产品，这些产品功能相同，售给同类顾客群，通过同一类的渠道销售出去，售价在一定幅度内变动。有了产品线的定义作为基础，我们就可以定义产品组合的宽度，产品组合的宽度是指公司所拥有的产品线的数目。例如：宝洁公司的宽度为7，分别为清洁剂、牙膏、条状肥皂、纸尿布、纸巾、漱口剂和卫生纸等产品线。

（2）产品线长度。

每一条产品线内的产品品目数称为该产品线的长度，当然如果一个公司具有多条产品线，我们可以将所有产品线的长度加起来，得到公司产品组合的总长度除以宽度则可以得到公司平均产品线长度。

(3)产品组合深度。

每一产品品目内的品种数称为产品组合的深度,如两面针牙膏具有多种口味与香型,这些就构成了两面针牙膏的深度。

(4)产品相关度。

不同的产品线在最终用途、生产条件、分销渠道或者其他方面可能有某种程度的关联,这种关联性我们将其称为相关度。

产品组合的四个方面为公司确定产品战略提供了依据。公司可以采用四种方法发展其经营业务。

【锦囊妙计】公司可以增加新的产品线,以扩大产品组合的宽度。也可以伸长它现有的产品线,成为有更完全产品线的公司,可以更多地增加每一产品的品种,以增加产品组合的深度。还可以使产品线具有或多或少的相关度,开拓新的领域或收缩领域。

12. 产品组合分析不可忽视

分析产品组合,一般考虑以下几方面因素:

(1)对产品处境的分析。

要对公司的每一项产品逐一分析,可利用杜拉克的"六层次"产品处境分析法。这六个层次分别是:一是公司未来的主要产品,即新产品,这种产品也可能是由目前的主要产品改进的;二是公司目前的主要产品;三是在竞争条件下,可能为公司主要盈利的产品;四是过去的公司主要产品,产销量大但销路日渐萎缩的产品;五是仍可继续经营,尚未完全失去销路的产品;六是完全失去销路或未打开销路的产品。

公司将产品组合中全部产品项目的"处境"进行判定后,再决定每一个项目的剔除、保留和发展。对产品的分析,要结合对产品的经济生命周期的研究。

（2）产品定位分析。

分析本公司产品定位的优劣，提出产品再定位的设想。

（3）产品品目关系及对公司的贡献分析。

主要考察产品的总体组合方式，每项产品对公司经营的影响，以明确经营产品项目中的主次关系，做到有主有次，主次扶持，以充分发挥公司的优势和潜力。

（4）对公司产品组合的改进。

主要的改进方法是调整，通过调整扩展公司的产品组合或缩减产品组合。公司要从实际情况出发，根据自身的营销目标、营销范围、营销能力（人、财、物的优势与劣势）等因素来确定。扩展公司的产品组合即进行更多品目或品种的生产或经营，可以充分利用公司的人力、物力和财力，减少经营的风险，但同时提高了经营的复杂程度，缩减公司的产品组合即进行更少品目、更专业化的经营，有利于公司采用先进的生产技术和营销方法，提高效率，降低成本和费用，提高产品质量和服务水平，但是，要承担较大的经营失败的风险。

【锦囊妙计】 管理者要善于把产品的多品目与专业化结合起来，使公司的产品组合独具特色，并通过不断调整保持最佳状态。

13. 全方位拓展产品线的长度

小公司可以采用以下四种方式来有系统地增加其产品线的长度：

（1）向下扩展。

许多小公司刚开始生产高端产品，随后将产品线向下扩展。做法通常是在其产品线的低端增加一些新品种。例如西尔斯公司生产了仅售240美元的室内空调器，通用汽车公司生产了一种售价仅仅为7000美元的新型的"雪佛莱"汽车。公司采用向下扩展产品线的决策有多方面的原因，如，高档产品市场增长缓慢,或利用低档产品作为避免竞争或反击竞争的工具。

采取向下扩展的策略,公司会碰到一些风险。新的低档产品可能会改变公司原来所确立的形象。派克公司原先已经确立了高档产品生产商的形象,后来其领导层决定生产大众化的钢笔,这一向下扩展的决策导致消费者对派克公司形象的怀疑,从而影响了其原来的高档产品销售。

(2)向上扩展。

这指的是原先生产低档产品的公司转而生产高档产品。向上扩展的原因不外乎制造商为了长期的发展想要拥有完整的产品线,或被高档产品的较高的增长率和利润率所吸引。

向上扩展同样存在风险。首先会招致高档产品厂商的反击,而且由于原先的低档形象,消费者可能会怀疑它的生产能力,影响到其市场的开拓。

(3)双向扩展。

生产中端产品的厂商向上、向下两个方向扩展。这种策略对于公司的实力要求更高,但这种扩展所带来的好处是明显的。成功的双向扩展可以使中端产品厂商确立其市场的领导地位。

(4)填补策略。

这种产品线的扩展并没有明显的向上或向下的特征,而仅仅是增加一些产品品目。采用这种策略的原因主要是为了充分利用剩余的生产力或者为了填补市场空隙,防止竞争者的侵入。

产品线的削减也是产品线决策的一个重要方面。不同的产品品目对公司利润的贡献是不一样的,有的产品品目甚至是使利润减少的原因,这样的产品品目就应该进行削减。另外,如果公司缺乏生产能力或需求较为紧张时,公司也应该削减一些产品线。

【锦囊妙计】小公司无论是增加还是削减,都必须通过销售额或成本的分析来判断有利的或疲软的产品品目。

14. 如何确定产品线的最佳长度

产品线决策面临的主要问题之一，是产品线的最佳长度。如果能够通过增加产品品目来增加利润的话，那就说明现有的产品线太短；如果能够通过削减产品品目来增加利润的话，那就说明现有的产品线太长。

（1）产品线长度的安排受到公司目标的影响。

正在试图寻求较高的市场份额的公司就会希望具有完善的产品线；同时，市场成长也会要求公司具有较长的产品线。如果一些品目无法提供利润，它们就会被忽视。追求高额利润的公司宁可拥有"经慎重挑选的"品目组成的产品线。

（2）产品线长度的安排要考虑相关的费用。

一般来说，公司的产品线具有不断延长的趋势。生产能力过剩会促使公司倾向于开发新的产品品目。推销队伍和分销商也希望产品线更为全面，以满足顾客的需求。为了追求更高的销售量和利润，公司也会希望增加产品线上的产品品目。

但是必须注意的是，当产品品目增加后，有几类费用也相应上升。这些费用有：设计费和工程费，仓储费，订货处理费，运输费，以及新产品品目的促销费。其结果，有人会要求遏制住产品线如此迅速发展的势头。由于出现资金的短缺和生产能力的不足，公司的高层管理当局可能会冻结一些事物。主管人员可能就产品线的盈利能力提出一些问题，并要求就这些问题作一番研究。研究以后，可能会发现大量亏损的产品品目，为了提高产品线的盈利能力，应作一次重大努力将这些产品品目从产品线中删除掉。先是产品线随意增长，随后是大量的产品削减，这种模式将会重复多次。

【锦囊妙计】公司产品线的增加与否要视未来收益与可能发生的成本的配比结果。

15. 产品生命的五大周期

产品生命周期是指一种产品从投放市场开始经历成长、成熟和衰退阶段，直至被市场淘汰的整个过程。如果再加以细分，产品生命周期开发期、介绍期、增长期、成熟期和衰退期五个阶段。

（1）开发期。

即产品引入市场时销售缓慢成长的时期。在这一阶段，因为产品引入市场所支付的巨额费用所致，利润几乎不存在。

（2）介绍期。

即产品刚刚投放市场，没有什么知名度，销售增长缓慢。由于高额的开发研究费用和推销费用，并且生产批量较小，几乎没有利润，甚至可能亏损。

（3）增长期。

即产品被市场迅速接受和利润大量增加的时期。

（4）成熟期。

即因为产品已被大多数的潜在购买者所接受而造成的销售成长减慢的时期。为了对抗竞争，维持产品的地位，营销费用日益增加，利润稳定或下降。

（5）衰退期。

即销售下降的趋势增强和利润不断下降的时期。

【锦囊妙计】研究产品的生命周期每一阶段的特征，可以为产品的开发和改进提供有效的策略依据，以延长产品的生命周期。

16. 让产品在市场上长久活下去

经典市场营销理论认为，一个产品的市场的演进要经过四个阶段：出现、成长、成熟和衰退。在市场的成熟阶段，每个市场的进入者都极力争取某个位置，直到全部的细分市场都被竞争者占领并提供服务。事实上，他们继续发展和互相侵入对方的细分市场，在此过程中减少了彼此的利润，市场发展缓慢并分裂为越来越多的细分市场。

一个公司要想使产品生命周期最大限度地延长，可以采用以下方式：

（1）赋予产品新的用途与生命力。

中国当前的洗发水市场，宝洁与联合利华的几大品牌已经将市场几乎瓜分殆尽，而且从功能上看，护发、乌发、去头屑、防脱发一应俱全，使其他各大厂商都感到无计可施，创新空间十分狭小，即使有一些新概念（比如果酸护发）也因与现有功能差异不大而无功而返。因此按传统观点来看，洗发水市场已进入成熟阶段，市场份额变化不大，利润额处于稳定水平。但是宝洁公司不囿于常规，积极拓展产品的生命周期，赋予产品新的用途与生命力，公司宣布1999年10月在中国大连首推其全新产品"飘柔定型洗发露"，这一新产品突破原有的洗发概念，将洗发和定型融为一体，产品还未上市就使得消费者希望不已。

（2）以满足顾客的内在需要为着眼点。

为什么在其他公司已经觉得市场进入成熟期，无文章可做时，宝洁公司却能无视似乎铁律的产品生命周期理论，而创出一片新的天地呢？事实上，对产品周期的考虑不应仅从产品的物理特性或产品的技术特征出发，而应从产品的根本目的出发。

一件产品归根结底是要满足顾客的内在需要，产品只是满足需要的一种工具，因此对产品的周期的考虑不能局限于产品的技术周期，而应从需求的高度来考虑产品的周期，拿洗发水来说，公司不应局限于创造"洗发水"，而应视为对"使头发更加健康美丽"这一需求的满足。宝洁公司正是这样看待产品，从而克服了其他厂商的营销近视和市场盲区。

【锦囊妙计】公司要想延长产品生命周期，既应尊重产品发展的客观规律，又应超越它的限制，充分发挥自身的想象力，于不可能处发现可能，在产品市场重新发现机会。

第15招 定价之道：
市场向左，价值向右

价格高低，不在价格本身，而在客户从产品上获得利益的大小。

假如你的产品是钻石，你按照钻石的价格卖了它，那么你保值了；假如你按照水晶的价格去卖它，那么你亏大了。假如你的产品是水晶，你用水晶的价格卖了它，那么你既无亏损也无盈利；倘若你把水晶按照钻石的价格卖掉了，那么你完成了使产品增值的功能。

1. 价格制定的影响因素

新产品的定价是公司新产品开发的重要部分。定价策略适当与否关系到新产品能否进入市场、打开销路以至于取得较好的经济效益。制定价格需要对影响价格的各方面因素进行分析比较。

公司产品价格的影响因素主要有以下几个方面：

（1）*市场需求状况。*

一般情况下，商品的成本影响商品的价格，而商品的价格影响商品的需求。经济学原理告诉我们，如果其因素保持不变，消费者对某一商品需求量的变化与这一商品价格变化的方向相反，如果商品的价格下跌，需求量就上升，而商品的价格上涨时，需求量就相应下降，这就是所谓的需求规律。需求规律反映了商品需求量变化与商品价格变化之间的一般关系，是公司决定自己的市场行为特别是制定价格时所必须考虑的一个重要因素。所谓公司的"薄利多销"就实践了这一道理。又如某一时期市场上某商品的需求量增加时，适当地提价可以获得较多的利润；反之，适宜采取降价措施。公司在制定商品价格时，市场需求状况常常是主要参考因素。

（2）*市场竞争状况。*

市场竞争格局和政府的干预程度，影响了公司定价的自由程度。

在竞争市场中，赋予了公司一定的定价权，公司可以根据消费者的需求函数，制定利润最大化的价格，获取垄断利润。如果差异确实有价值的话，消费者也愿意接受高价格。

政府对市场的作用在一些国家是非常大的，这也会影响到公司的定价行为。世界各国政府对价格的直接干预和控制是普遍存在的，只是干预和控制的程度不同而已。

（3）*商品的特性。*

商品的属性或特征也是公司定价时应考虑的因素之一。在消费者心目中，不同的商品具有不同的满足需要的特性，如可以是日用必需品、地位特征品或功能性商品，不同的种类对价格有不同的影响。如购功能性商品，消费者着重考虑的主要是商品的实用价值和功能是否与价格相符，而对地位特征品，消费者则一般较少考虑价格与效用的适应，而注重其地位和威望的显示。另外商品的易腐性、易毁性和季节性，还有商品的时尚性，所处的产品生命周期等等特性都会对商品的价格有一定的影响。

（4）公司的实力。

公司的生产经营能力和公司经营管理水平对制定价格也会产生一定的影响。规模与实力比较强的公司价格方面就具有优势，由于公司的规模经济，一般劳动生产率较高，单位成本较低，这样就使得公司在定价方面更有余地。销售渠道如果畅通，控制程度高，那么公司的价格决定能力就比较大，信息沟通顺畅，与消费者保持良好的关系也可比较容易地调整价格。

【锦囊妙计】定价前对影响价格的制定因素进行综合分析，是制定最为合理、最有竞争力的价格的前提。

2. 公司定价三原则

公司定价是公司经营中一项至关重要的工作，定价的成功与否对公司经营成败有着决定性的影响。在市场上公司拓宽市场营销成功与否，在很大程度上要看价格定得是否合理。如果合理，就能够促进销售，反之则只能导致经营的失败，这方面一些公司有着惨痛的教训。为了进行适当的定价，在定价过程中掌握原则与实行科学的定价程序是非常必要的。

公司在定价时应当遵从以下三大原则：

（1）目标原则。

在制定价格时，公司必须了解上述的影响因素，如市场状况等，但是这些属于背景因素，在实际定价时，公司必须确定制定价格的目的，亦即制定价格所要达到的目标,这样才能做到有的放矢。公司确定价格后面的目标一般有五个:一是生存,这是公司最基本的目标,但在一些场合却可能是公司的最迫切的需要,如生产力过剩、竞争激烈或产品处于衰退期;二是寻求最大当前利润,这是经济学上最主要的一个假设,在现实当中,比较少的公司会去考虑这种目标;三是追求最高当期收入,有的公司可能把销售收入的最大化当成其最高的目标,认为最高销售收入将会导致利润的最大化和市场份额的成长;四是最高销售成长,公司追求销售额的最高成长,这种公司往往追求长期的利润,因此往往采用渗透定价的策略,将价格定得较低,希望赢得很高的市场份额;五是产品质量领先,公司为了树立其在市场上产品质量领先地位,此时价格也应配合其目标,如有的公司采取高质量／高价格策略,获得了成功。

(2) 顾客原则。

价格归根结底要能够让顾客接受。价格的提高或降低将会引起顾客的反应。顾客的反应基于其对价格变更的理解,不同的顾客对公司的价格行为的解释可能是不同的。如对于公司的降价,顾客可能会认为这种产品将被更新的产品所替代,或公司可以遇到麻烦了,或这种产品的质量可能发生了下降;对于公司的提价,顾客也会有多种理解:这种产品比较热门,这种产品质量提高了,公司主非常贪婪,准备获取超额利润。

公司在定价时,掌握顾客原则是相当重要的,因为一厢情愿的定价是不能得到顾客的理解的,顾客可能对公司的定价行为做出相反的理解,从而影响了公司定价的效果。

(3) 竞争原则。

公司定价时必须考虑竞争者的反应,处于完全垄断地位的厂商毕竟是少数,大多数公司在市场中总会碰到各种各样的竞争,即便是处于垄断地位的厂商,其垄断地位也往往是暂时的,如微软碰到的麻烦也说明了垄断是不能长久的,市场毕竟还是崇尚竞争,这就要求公司在定价时也要掌握竞争原则。掌握竞争原则要求公司能预期到它的竞争者们对自身定价的反应。这就要求公司要调查竞争者的财务状况、最近的销售量与生产能力、忠诚的顾客和公司目标。而且竞争者与顾客一样对于公司的定价可能也会做出不同的解释，因此公司的定价对竞争者的影响也是相当复杂的，这就需要公司进行一定的决策分析。

【锦囊妙计】产品定价对于公司的经营成败有着决定性的影响，定价时遵守相关的原则，可以确保定价不偏向，为顾客所接受，并为公司带来最大限度的利润。

3. 六步做好公司定价

公司商品价格的制定需全面考虑，一般可以分为六个步骤，即确定公司定价目标、测定市场需求、估算商品成本、分析竞争状况、选择定价方法、确定最后价格。

（1）确定定价目标。

公司价格的制定是一种有计划有步骤的活动，是实现公司营销目标和总体战略的具体工作。因此，必须首先明确公司的定价目标。公司的定价目标可有多种。

一是投资收益率目标。公司定价要以达到其预期的收益率为目标。二是市场占有率目标。把保持和提高公司的市场占有率（或市场份额）作为一定时期的定价目标。三是价格稳定目标，避免价格战的发生。四是防止竞争目标，具有优越条件的公司制定价格阻止竞争者的进入。五是利润最大化目标，以追求公司长期的总利润最大化为目标。六是度过困难目标，或称维持生存目标。七是社会形象目标，以塑造一定的市场形象为目标。

（2）估计需求。

商品价格与市场需求一般情况下是成反比关系的。价格会影响需求，在正常情况下，市场需求会按照和价格相反的方向变动。价格提高，市场需求就会减少。公司商品的价格会影响需求，需求的变化影响公司的产品销售以至公司营销目标的实现。因此，估计市场需求状况是制定价格的重要工作。

（3）估算成本。

公司在制定商品价格时，要进行成本估算，这对任何公司都不例外。公司商品价格的上限取决于市场需求及有关限制因素，而最低价格不能低于商品的经营成本费用，这是公司价格的下限（这里不包括短期的、由于某种原因个别品种的价格低于成本费用的例外情况），低于这个限度，公司无法维持再生产和继续经营。因此，制定价格要在公司目标已定、市场需求已摸清的情况下作产品的成本估算。

（4）分析竞争状况。

公司价格的制定除取决于需求状况、成本状况之外，还受着市场竞争状况的强烈影响。对竞争状况的分析，包括公司竞争地位分析、公司的定价方向分析、竞争公司的反应分析三个方面的内容。

（5）选择定价方法。

公司定价方法的选定是前四个步骤工作的具体体现，合适的定价方法不仅可以降低公司的成本，也能够让广大消费者认可接受，从而为公司带来更多的利润。

（6）确定最后价格。

确定最后价格是公司制定价格的最后一个步骤。在最后确定价格时，必须考虑是否遵循这样四项原则：一是商品价格的制定与公司预期的定价目标的一致性，有利于公司总的战略目标的实现；二是商品价格的制定符合国家政策法令的有关规定；三是商品价格的制定符合消费者整体及长远利益；四是商品价格的制定与公司市场营销组合中的非价格因素是协调一致、互相配合，为达到公司营销目标服务的。

【锦囊妙计】公司要考虑财务、技术、管理等方面的优势和劣势，非价格因素的长处与缺点，以及现行的营销策略以及对竞争的反应的历史资料，使公司的有关决策人员知己知彼，以制定相应的定价策略和采用适当的定价方法。

4. 高价漂取策略的运用

高价漂取策略又称为撇脂价格策略。这是厂商对其效能高、质量优的新产品所采取的一种策略。

人们的消费结构、需求量等，是由其收入水平决定的。收入高的阶层往往对高质量、高效能的新产品感兴趣。有的公司就把这一部分消费者作为它的目标顾客群，利用高收入阶层愿意比别人支付更高价格，购买对其有很大现实价值的产品这一情况，制定一个比较高的价格，以获得高额利润，待满足了高收入阶层的需求之后，再逐步降低销价。

并不是所有商品都可以实行高价策略，它需要具备的基本条件是：

（1）商品独特，性能优越。

（2）具有较高档次和豪华外观，能够满足高收入消费者的心理需求。

（3）产品的可模仿性弱，既可以是因为产品在技术和工艺上属于自行研制，已申请了专利，并严格控制生产技术和工艺的对外转让，也可以是所生产的商品需大量投资，建设周期长，或者在资源环境、人员的需求方面有严格的限制。

（4）不存在替代品。

（5）需求价格弹性很小。

实行高价漂取策略的优点是：

（1）在产品进入市场的初始阶段制定较高价格，可以在短期内收回开发、研制成本和高额的促销费用，获得高额利润，并且能为以后各阶段实行降价措施准备一笔损失基金，以降低公司的损失程度。

（2）由于高价策略主要是针对高收入阶层，需求价格弹性低，高价格并不会对销售量产生抑制作用，加上消费模仿效应的影响，也会吸引一部分中等收入消费者加入消费行列，有利于扩大市场占有率。

（3）如果产品质量、服务与价格相符，就能树立起产品高价高质的品牌形象，为产品今后的发展奠定基础。

采取高价漂取定价策略也有一些不利的方面：

（1）如果高价与高质量、高服务不相符合的话，就会给公司造成不良影响，损害公司形象。

（2）高定价高利润，会引起竞争者的加入，从而缩短生命周期。特别是假冒产品出现，将对公司产品销售产生直接的冲击。

（3）市场容量可能并不大，因为该策略排除了中低收入的消费者。

【锦囊妙计】高价漂取策略是一种经典的定价策略，所投入的成本费用相对较高，小公司要根据自身的实力和承受能力来斟酌确定使用。

5. 低价渗透策略的运用

低价渗透策略，也就是把商品价格定在相对较低的水平上，以便新产品迅速进入市场，取得在市场上的主动权，以获取长期利润最大化。

适用于这种策略的商品一般要具备的条件是：

（1）商品的需求价格弹性较大，相关的替代品较多，调低价格能促进销售量的增长。

（2）公司的商品生产能力较大，批量生产后，成本能有较大的降低。

厂商正是利用上述两个特点，通过薄利多销，打开市场销路，阻止竞争者进入市场，最大限度地控制市场。但是采取这一策略，由于价格利润薄，公司投资费用的回收需要较长的时间，这又要求公司有雄厚的资金做后盾；而且不利于公司树立品牌形象，特别是对于那些质量不易鉴别的商品，消费者往往由于价格低而怀疑其质量，影响销量。尽管如此，实行低价策略更易为广大的消费者所接受。

因此，公司采取这一策略时要注意两个方面的问题：

（1）实行低价策略，并不意味着实行低质策略，公司同样要有质量保证和服务保证,真正使消费者感到安全,使商品成为"物美价廉"的大众商品。

(2)实行低价政策从整体看必须要保证利润总额最大化。

现实中不少公司为了应付竞争而不顾公司经营状况、成本费用状况及商品特点,人为地压低价格,虽一时销售额有所扩大,但造成了公司资金周转不灵,经营亏损。实事求是的态度是通过市场调研来确定消费者所能接受的价格水平,以此作为制定价格的上限,再结合公司的实际生产能力和管理水平,确定最低成本,测算价格与成本之间的差额,只要这个差额接近社会平均水平,就可以生产经营,并以此价格为标准制定出能够扩大销售量的价格水平,以销售量的有效扩大来实现公司利润最大化。

【锦囊妙计】低价策略中单位商品利润可能低于社会平均水平,但销售量的增加必须要保证利润总额等于或大于社会平均水平。

6. 中间路线定价策略的运用

中间路线定价策略又称满意价格策略,是指公司将产品价格定在高价和低价之间,兼顾生产者和消费者利益,使两者都能得到满意的价格策略。实行这一策略的宗旨是在长期稳定的增长中,获取平均利润。因此这一策略为广大公司所重视。

虽然中价策略能避免高价策略带来的风险,又能防止采取低价策略给生产经营者带来的麻烦,集中了两者的优点,但实行起来困难较多,这主要是因为:

(1)随着生产技术的不断成熟,生产规模不断扩大,在生产规模达到经济规模之前,单位产品成本随时间的推移不断降低,价格也在不断变化,中价水平不易确定。

(2)新产品,特别是全新产品,市场上第一次出现,价格无参照物可比较。

可见，在初始期为新产品制定一个不高不低的适中的价格有一定困难。通常的做法是：

如果新产品与老产品差别不大时，可参考老产品的价格制定适中的新产品价格，或者是参照替代品价格来制定，或者是通过对不同收入层次的划分，以中等收入水平为标准来制定，或者是选择适当价格先进行试销，而后进行调整，以确定价位。

【锦囊妙计】中间路线策略以中产阶级为主导销售目标，确立走中价路线为主的价格定位，以从市场的薄弱环节中取得突破性的发展。

7. 商品阶段定价策略的运用

商品阶段定价策略指在对"商品生命周期"分析的基础上，依据周期不同阶段的特点而制定和调整价格。

各类商品在其经济生命周期的某个阶段一般具有共同的特征，但由于各类商品的性质、特点及其在国计民生中的重要程度、市场供求状况的不同，需求不同的商品采取的定价策略也要实事求是，灵活调整。

（1）引入期定价策略。

一般可参考新产品的定价策略，对上市的新产品（或者是经过改进的老产品）采取较高或较低的定价。

（2）增长期定价策略。

消费者接受产品，销售量增加，一般不贸然降价。但如果产品进入市场时价格较高，市场上又出现了强有力的竞争对手，公司为较快地争取市场占有率的提高，也可以适当降价。

（3）成熟期定价策略。

消费者人数、销售量都达到最高水平并开始出现回落趋势，市场竞争比较激烈，一般宜采取降价销售策略。但如果竞争者少也可维持原价。

（4）衰退期定价策略。

消费者兴趣转移，销售量急剧下降，一般宜采取果断的降价销售策略，有时销售价格低于成本。但如果同行业的竞争者都已退出市场，或者是经营的商品有保存价值，也可以维持原价，甚至提高价格。

【锦囊妙计】市场总是在动态变化中的，不同商品阶段的市场也是不断变化的，管理者要及时做好对市场的考察，了解市场的动态，根据市场的变化情况及时调整、修订定价。

8. 折扣定价策略的运用

折扣定价策略也叫"折扣让价策略"，是公司为调动各方面积极性或鼓励顾客作出有利公司的购买行为的常用策略，常用于生产厂家与批发公司之间，批发与批发之间以及批发与零售或批零公司与消费者之间。常见的有四种：

（1）数量折扣。

数量折扣也称批量折扣，即根据购买者购买数量的大小给予不同的折扣。其中"一次性折扣"是公司为鼓励购买者多购货，根据一次购买数量的大小给予不同的折扣；"累进折扣"是公司为了建立稳定的购销关系而将同一位购买者在一段时间从本公司购买的数量加总，根据累计购货量的不同给予不同的折扣。

（2）季节折扣。

季节折扣也称季节差价，一般在有明显的淡旺季的行业中实行。主要是鼓励购买者淡季购货，以减少供应公司的压力和负担，降低经营成本。

（3）现金折扣。

现金折扣也称付款期折扣，其目的在于鼓励购买者尽早付款加速公司资金周转。零售公司使用这种方法的很普遍。购买者如以现金付款或提前付款，可以在原商品价格的基础上享受一定的折扣。

（4）业务折扣。

业务折扣也称同业折扣，是生产厂家给予批发公司和零售公司的折扣。折扣的大小因中间商公司在商品流通中的不同功用而各异。各国的情况也不相同，我国的业务折扣体现在各主管部门对不同行业、不同品种商品的进销差价上。

【锦囊妙计】折扣定价要杜绝随意性，要把握合理的尺度，折扣过高和过低都会为公司带来负面影响，不利于产品的销售。

9. 心理定价策略的运用

心理定价策略是针对不同消费者的不同消费心理，制定相应的商品价格，以满足不同类型消费者的需求的策略。

心理定价策略主要有以下几种：

（1）尾数定价策略。

尾数定价策略是指公司有意将商品制定一个与整数有一定差额的价格，使顾客产生心理错觉从而促进购买的一种价格策略。

尾数定价一般要注意两点：一是只能适用于价值比较低的商品，这样消费者在购买时，才会觉得商家的确是严格定价，货真价实。二是对于高档商品，尾数定价就无法显示出它的高贵身份，消费者反而不容易接受。

总之，这种策略针对的是顾客的求廉心理，往往用于多次性购买的基本生活商品或日用品，或积压等待清仓的商品。

（2）整数定价策略。

与尾数定价正相反，整数定价就是将商品价格有意地定为整数，以显示商品的高档，而此时，如果商品定价带有尾数的话，反而使消费者觉得"掉价"，有失身份。这是针对求名或自尊心理的顾客所采用的定价策略。

（3）声望定价策略。

这是整数定价策略的进一步发展。消费者一般都有求名心理，根据这种心理行为，公司将有声望的商品，制定比市场中同类商品高的价格，即为声望性定价策略，它能有效地消除购买心理障碍，使顾客对商品或零售商形成信任感和安全感，顾客也从中得到荣誉感。

（4）习惯性定价策略。

对于某些商品，其价值不高，但是消费者必须经常、重复地购买，因此，这类商品的价格也就"习惯成自然"地为消费者所接受。公司对这类商品的定价，应充分考虑消费者的这种习惯性倾向，不可随意变动价格，应比照市场同类商品价格定价。否则，一旦破坏消费者长期形成的消费习惯，就会使之产生不满情绪，导致购买的转移。若确实需要调整价格，则应预先做好宣传，让顾客充分了解调价原因，先让价格为消费者心理所接受，再进行调价。

（5）最小单位定价策略。

它是指公司把同种商品按不同的数量包装，以最小包装单位量制定基数价格，销售时，参考最小包装单位的基数价格与所购数量收取款项。通常，包装愈小，实际的单位数量商品的价格愈高；包装愈大，实际的单位数量商品的价格越低。

【锦囊妙计】不同类型消费者的消费心理是不一样的，公司定价要根据不同消费者的心理，采取灵活的定价策略，以满足消费者在不同场合下的需要。

10. 不定价的定价

定价还有一种无形定价的策略。这种定价方式指的是公司对产品事先并不给出一个明确的价格，而由消费者与厂商共同决定。

这种定价方式可以细分成两种：一种是讨价还价形式，一种是自由付款形式。

（1）讨价还价方式。

这种方式给予了消费者参与的积极性，提高了消费者对本公司商品的兴趣。我国有些国有零售公司陡然兴起一股"面议"之风。面议的对象主要是一些工薪族。消费者从讨价还价中，既可以得到价格上的实惠，又能得到一种心理上的满足。这些国有零售公司实行这种定价方式后，吸引了大量的消费者入店采购。

（2）自由付款形式。

即由消费者自选定价，自由付款。奥瑞特科贸公司是南京出现的首家自行定价商店。店家把商品的进价、运费及市场参考价一一标出，而商品零售价则由顾客做主。消费者记录下商品所标的进价和运费之后，一般在此基础上自行决定再加10元、50元或是100元不等，便可将商品买走。

【锦囊妙计】市场的日新月异的变化，竞争的日趋激烈，使得消费者对价格越来越敏感，常规的定价策略有时难以对消费者产生诱惑，如果在价格策略上不断翻新，就可以起到意想不到的促进销售的作用。

11. 定价要围绕消费者转

一般来说，消费者在购买商品时，对商品的质量、性能、用途及价格会有自己一定的认识和基本的价值判断，会自己估算以一定价格购买某商品是否值得。因此，我们在定价时，当商品价格与消费者对其价值的理解和认识水平相同时，就会被消费者所接受；反之，则消费者难以接受或不接受。由此，以价值为基础的定价方法应运而生。

（1）需求导向定价法。

营销者以消费者对商品的理解和认识程度为依据制定商品价格，就是以价值为基础的定价，也称需求导向定价法。

（2）这一策略一般用于互补产品（需要配套使用的产品）。

公司有意地廉价出售互补产品中处于不好销售的一种，再提高与其配套的另一种互补产品的价格，以此取得各种产品销量的全面增长。因此，公司可利用价格对互补产品消费需求的调节功能来全面扩展销量。

【锦囊妙计】需求导向定价法的思路是：公司定价的关键不在于卖方的生产成本，而在于买方对商品价格的理解水平。

12. 做价值型公司，不做价格型公司

格兰仕在开拓市场的过程中，一度将价格作为其杀手锏，由此被称为"价格屠夫"。

然而，格兰仕管理者俞尧昌认为，"价格屠夫"只是媒体给的一个称号而已，事实上格兰仕长期以来打的是"价值战"，并且要做一个价值型公司。

其经营模式可以从三方面为格兰仕的价值战奠定基础：

（1）固定资产投资方面。

格兰仕经营模式大大降低了固定资产的投资成本，快速形成了总成本领先的制造优势。

（2）产品竞争力方面。

格兰仕与国际公司的接轨，整合了国外的先进技术、装备，以及管理技术，树立了高品质、高价值的形象，提升了产品的市场竞争力。

（3）价值市场的占有率。

与跨国公司的合作使格兰仕获得了大量有价值的产品市场占有率，占领了国际主流市场，不但为格兰仕长期的"价值战"提供了得天独厚的优势，

也为其打开了国际市场的大门。

【锦囊妙计】公司在定价的时候,一定要特别注意把握消费者的心理,既要让消费者感觉到实惠,还要顾及他们的面子,通过各种方式出售既低价又有档次的商品。

13. 打价值战,不打价格战

海尔对产品的定位是做到优质优价,不打价格战。不以价格作为卖点,而是以产品的高科技含量、多功能一体化、使用简单、完善的售后服务等为人们带来高品质高享受的生活。

(1)价格优势不等于低价格,以新产品建立起消费者认可的价格优势。

现在公司竞争已经不再是单纯的价格竞争,而是综合实力的竞争——质量、个性化设计、品牌、服务的竞争。

(2)价格并非是吸引消费者的唯一因素,也不是最有效的因素。

一件商品,只要你告诉消费者它贵在哪里,如果是物有所值,就会得到消费者的认可。

【锦囊妙计】所谓价值战最终的服务是满足消费者的个性化需求,使产品物有所值。在价格上,如果消费者接受,就是有意义的价格;如果消费者不接受,即是打价格战。

14. 跟进市场主流,依市调价

对于熟悉中国房地产行业的人来说,"万科"这个名字无疑是如雷贯耳的，无论是"强势总部"的提法，还是"矩阵式组织结构"的管理模式，都显示着其旺盛的创新力和在行业当中的领导地位。现如今在房企危机的大环境下，很多房地产公司招架不住，万科却成功地渡过运作中的危机，其经验值得借鉴：

（1）依市降价，现金为王。

当全国房地产市场纷纷出现房价暴跌、成交量迅速萎缩的现象，公司要想在冬天活下来，只有降价销售，快速进行资金回笼。万科以前瞻性和战略性的眼光率先打破房地产市场的僵局，提出了"现金为王"的新主题，率先进行降价浪潮，获得先机。

（2）随行就市，抚平市场价格的波动。

为了保证现金流，万科与别人合作拿地，因为这是省钱的最好办法。

【锦囊妙计】在"冬天"也要四处出击，把握好可能萌发的市场机会为公司的春天播种，以便用最经济的成本获得最大的公司收益。

第16招　通路之道：
纵横架桥，渠道为王

我们很多资源是很巧合地组织在一起的，就像金庸的小说，一个人的武功练到一定程度，是有很多机会集合在一起的。

渠道策略是整个营销系统的重要组成部分，对降低公司成本和提高公司竞争力具有重要意义，是公司成功开拓市场、实现销售目标的重要手段。营销渠道的选择直接影响其他的营销决策，如产品的定价。渠道策略的根本目的是为消费对象提供尽可能多的方便。如连锁超市、大型连锁卖场和网络营销，是对渠道策略的贯彻。解决为消费者创造便利的消费通道问题，有助于提升市场占有率。

小公司由于产品或品牌缺乏一定的知名度，要想在激烈的消费品市场上争得一席之地，确实有一定的难度，但也不是没有可能。在公司暂时没有强大的媒体推广能力下，不如先从渠道的规划做起，集中全部的精力，扎扎实实地从网点到城市，再由城市到区域，由区域到全国，逐步开拓出广阔的市场空间。

1. 设计可控的渠道结构

渠道结构通常指渠道的宽广度、深浅度和长短度。

（1）渠道的宽广度。

即公司在选择渠道成员的单一性和复合度，如公司在一个省内设立多个独立经销商，分别经营不同的小区域。另外，宽广度还意味着渠道的多样性。目前多渠道运作的公司很多，如IBM电脑，就是采用了代理商、经销商、公司直营以及直接销售等。多渠道结构需要公司有强大的渠道管理能力，小公司由于缺乏一定的管理能力，是不适合采用多渠道结构的，同时，由于多渠道结构容易引起经销商反感，所以小公司很难控制。

（2）渠道的深浅度。

即零售终端的多样性，如化妆品经销商，既可以将产品进入商场超市的专柜销售，也可以进入美容专业线，同时还可以进入医药连锁系统。终端的多样性，可以使产品更有效地渗透进整个市场，达到销售的规模效应。

（3）渠道的长短度。

即由一级经销商到销售终端，中间需要经过几个层级。如有的产品需要经过省一级经销商，然后由省经销商批发给二级经销商，而二级经销商再将产品分销给终端或者批发给三级经销商。

【锦囊妙计】小公司由于在资金、管理能力方面比较弱，所以采取深渠道结构比较合适，等待资金回笼、管理能力增强后，逐步削短渠道层级，进一步拓宽，并将渠道的管理重心下移。

2. 选择合适的渠道模式

渠道模式的选择是公司建立销售渠道必然步骤，如果品牌知名度和公司的经济实力以及市场管理能力都比较弱，市场初期的渠道模式可以从以下方面建立：

（1）省级总经销模式。

当产品销售力不够，销售区域过于狭小，经销商会不满足，从而引起区域窜货的发生。所以，以每省一个经销商，然后由省级经销商自主向下游招商，组建本省区域的销售网络，可以协助经销商招商开拓区域市场。

（2）跨区域销售应酌情考虑。

假如经销商欲跨入的区域没有合适的经销商，而经销商又有现成的网点，不如等以后条件成熟再重新划分区域。

【锦囊妙计】公司在建立渠道初期，不必拘泥于过分规范的销售政策，但需要事先为今后的发展做好系统的规划。

3. 策划有吸引力的产品招商

公司招商是建立销售渠道的第一步，招商的成功，喻示着好的开头。

（1）招商之前要解决三大问题。

一是产品卖点的提炼，二是推广方案的设计，三是相配套的销售政策，在此基础上，公司才制定切实可行的招商方案。

（2）招商策划书的拟定。

一定要阐明以下几个要点：一是科学的市场潜力和消费需求预测；二是

详细分析经销本产品的盈利点，经销商自身需要投入多少费用；三是要给经销商讲清楚解如何操作本产品市场，难题在哪，如何解决。

（3）摸清经销商的关注点。

通常情况下，经销商比较注重以下五点：一是公司的实力；二是公司营销管理人员的素质；三是推广方案的可操作性；四是产品市场需求和潜力；五是经营该产品的盈利情况。

（4）招商成功离不开具有轰动效应的招商广告。

招商广告应避免过分夸大和空洞吹嘘，不如诚恳地说出自己的弱点，阐明自己的决心，以赢得经销商的重视。

【锦囊妙计】公司要注意树立自己的品牌意识，招商人员要经过严格的专业培训，热情而不失分寸地接待经销商，使用规范的接待用语。

4. 渠道管理怎么管

渠道需要管理，但究竟怎么管理？管什么？谁去管？是很多中小公司面临的一个难题。

（1）渠道管理的内容。

这包括经销商的库存情况、资金信用情况、每个产品的销售情况、经销商经营的竞品情况、区域市场整体销售统计、协助经销商或者终端进行促销、公司宣传品的摆放以及经销商对公司产品的具体反映等。

（2）对经销商的管理。

重要的是让经销商时刻与公司的市场战略保持一致，同时融合公司的文化，这就需要管理人员除了日常的市场管理以外，要适时地对经销商加以管理，使经销商对公司有所依赖，并产生好感。

（3）对经销机构的员工进行产品和市场营销专业知识和技能的培训。

【锦囊妙计】渠道管理人员通常由区域经理、销售业务员以及公司总部领导的定期走访等来完成，有的公司设立专门的渠道管理专员和渠道总监，分别对不同的渠道成员进行专门的管理。

5. 经销商选择的学问

经销商是公司产品在市场上赖以生存并发展的唯一支柱，选择合适的经销商并与之合作，就显得尤其重要。大而强的经销商，必然要求也高，一般的小公司往往很难控制。

（1）适宜选择刚起步做市场的，经济实力和市场运作能力较一般的经销商。

正由于这些因素，这类经销商非常需要公司的支持，同时对合作的公司忠诚度比较高。如果公司的销售政策完善，多向他们描绘一下公司的发展远景，基本上能吸引他们。

（2）让经销商按照公司的发展战略去运作整个市场，促使整个渠道网络的稳固发展。

（3）由于这类经销商的资金实力和运作市场的能力均有限，需要公司保持高度的警惕和具备强劲的市场管理团队，以指导、帮助经销商与公司一同成长。

【锦囊妙计】要知道好的未必一定合适，而渠道伙伴的合适，才是最重要的。

6. 理清厂商和渠道的关系

在渠道策略方面强调关系营销，强调厂商应当与顾客建立长期、稳定且密切的关系，降低顾客流失率，建立顾客数据库，开展数据库营销，从而降低营销费用。

（1）厂商对客户需求和细分市场的把握。

厂商对销售模式的管理，及其对分销伙伴的覆盖、数量、能力的选择，首先应基于对客户需求的充分研究和细分市场的设计。

（2）厂商和渠道共同致力于服务客户。

大凡成功的厂商，都通过导致收益递增的网络效应创造了非线性的或指数型的规模效益。其创新的商业活动方法，往往在于设计鼓励第三方对其产品进行支持而大量获利的共同利益原则，以求增加中长期利润和本公司对消费者的价值。因此，厂商在充分专注于特定消费者群体代表的细分市场基础上，应该关注形成销售价值链的关键部分。

（3）厂商建立整合分销体系。

由信息驱动的协同和合作是供应链效率的基础。

【锦囊妙计】渠道的目的就是为了厂商与客户建立联系，从而实现商品的流通。

7. 找对渠道，没有卖不出去的东西

渠道就是产品的通路，这个通路意味着销售的成倍扩张。找对了渠道就好比是搭对了船，上了正确的船，就能准确无误的到达目的地。比如超市、经销商、外销等都是很好的渠道。找对渠道突破它，一旦突破，后面的事情就变得很简单。

可口可乐的总裁连街头卖茶叶蛋的摊点，都觉得是未来可以卖可口可乐的地方。可见，只有拓宽销售通路，就没有卖不出去的东西。

（1）加大跟客户的接触点，尽量让更多的人知道公司的产品。接触点越多，卖出去的东西越多。这个接触点可能是广告的接触点，也可能是渠道

终端的接触点。

（2）行业博览会、中国博览会、国际博览会，都是很好的通路。参展、重视展览会，因为它们是重要的宣传和交易的渠道。

（3）行业协会、集成商或网站也可以成为公司散播产品信息和销售产品的渠道。

（4）专业店占的比重会越来越大。将来市场上任何一个行当都会有自己的专业店。

（5）连锁专业店是一个增长的行当。

【锦囊妙计】一旦寻找和创建营销渠道，并层层铺张开来，就会迅速放大，公司就能让众多的客户找到你。

8. 消费者去哪儿买，产品就在哪儿卖

一定要针对营销需求设计营销渠道，离开消费者需求设计的渠道只会失去市场。这就要求渠道管理者密切注意市场动向，主要可以从以下几个方面收集市场信息：

（1）售后拜访倾听客户意见。

这是保持以市场为主导的方式。在客户购买你的东西后，找出你的营销过程和产品交付有什么不一致的地方，找出售前与售后客户感受到的差别，这有助于你优化自己的营销策略。

（2）询问关键客户群的意向。

直接询问客户，他们最大的困难是什么，他们对未来怎么看，尤其要仔细倾听最忠诚的客户和最不忠诚的客户在观点上有什么区别。虽然他们都在购买你的产品，但他们的动机、信念、态度可能大相径庭。

（3）经常询问客户有什么新情况。

养成一种习惯，经常问你的客户和公司同事"有什么新情况"，你就可

能比竞争对手掌握更多的情况。

（4）更多地了解和讨论你的竞争对手。

提出明确的问题，将你的产品与竞争对手的产品进行对比。客户在购买你的产品时也几乎毫无疑问地会这么做。很多情况下，你心目中的市场竞争对手不同于客户所想的竞争者。

（5）更多地学习以了解你的客户和所在行业。

今天的电子信息系统非常发达，有耐心的学习者便能够有机会了解大量信息。你学习了解得越多，最早发现机遇的可能性就越大。

【锦囊妙计】渠道开发之后并不是一成不变的，需要针对消费需求的不同而随时调整。

9. 小公司要傍大渠道

扩展渠道的优点在于可以省去很多麻烦，减少销售人员、管理人员的数量，只要把厂家和经销商双方衔接起来，公司就可以控制渠道。

渠道和大客户一样，是公司必须去攻破的。那么如何突破呢？

（1）渠道比品牌更重要，在还没有站稳脚跟的时候，先把东西卖出去，进入渠道是最重要的。

（2）高利润定价，低利润销货，给渠道和经销商足够的利润。这样他才会愿意帮你的忙。

（3）公司要做好人力促销。如果对方让你派人去促销一定要去做，通常这笔账是划算的。可以深入了解合作伙伴的优劣，渠道的整体状况，为公司决策提供最直接的信息。

（4）产品必须优质、有特色、是消费者需要的。

（5）足够了解竞争对手的情况，知己知彼才能百战百胜。要了解竞争对手的门店分布数量、定价方针、促销方式、扣款状况、采购和结算方式、采购员的权限、物流系统等等。这样你才能超越对手。

（6）在电子商务平台上建立商铺。

【锦囊妙计】不要满足于一个客户、一个渠道，而是一个渠道做好了，再去找别的渠道。

10. 大客户才是真正的"摇钱树"

实际上，渠道在一定程度上就是你的大客户，找到你的大客户，一下子销售就打开了。客户对品牌后续服务的满意度在很大程度上影响了客户对品牌的忠诚度，因此，销售人员要定期对大客户进行拜访。

销售过程中，拜访大客户，面对面地同大客户交流，是销售人员必须掌握好的。在拜访中，销售人员可以达到以下几个主要目的：

（1）介绍公司的性质与产品。

（2）向客户提供选择该产品的理由。

（3）向客户表达提供良好服务的意念。

（4）让客户能在未来的一段时间中，不会忘掉这次拜访。

（5）当客户有需求时，首先想到的是与你合作。

在拜访大客户时，有些细节是必须引起注意的，通常在面对面交流过程中，我们可以通过观察对方的举止来判断其反应。例如，对方面部表情和细微身体动作的变化都可以表达生气或高兴、不耐烦或饶有兴趣等。声调同样可以传递信息，这在电话交流中最为有用，虽然看不到对方表情，但声调可以表明对方的态度。

【锦囊妙计】在对大客户渠道进行有效拜访的时候，要切实弄明白"反馈"在交流中的重要性，因为我们对大客户的每一次拜访，都希望能得到客户的反馈，从而提高产品或服务质量。

11. 规范渠道，才能真正控制价格

规范渠道最重要的就是要改善系统管理，可以采取以下做法：

（1）必须按争夺市场的要求展开协同，必须按有效出货、减少存货以及控制费用的要求展开协同。

（2）提高产品的竞争力。对于老产品，要加强产品系列的整合，明确一个时期的主打品种，一波一波，有节奏地冲击市场，同时在质量、外观包装以及定价上，要强过对手；对于新产品的开发，要突破原有的思维定式，努力创新，同时加强新品推出市场的系统策划，以及有计划地展开市场推广。

（3）加强市场信息的反馈。加强一线进销存数据的采集、整理、传递与统计分析。依靠数据制订生产与供货计划，有效地衔接产销量，减少产销矛盾，减少商品供应上的过多与不足的矛盾。

（4）强化高层专业职能部门的功能。确保计划、营销、财务、配送与人力资源等子系统运行顺畅，尤其要强化总体策略制定的功能，确保有限的经营资源配置在产生成果的方向上，与对手展开竞争。

（5）促销时，必须通过程序与管理规范，进行有效控制，提高整体运行的效率，提高公司价值链的盈利能力。

【锦囊妙计】厂家要想切实控制价格，必须从管理渠道开始，只有让渠道规范，才能真正地控制价格。

12. 制订完善的渠道激励机制

对经销渠道成员的激励是公司渠道管理中非常重要的环节。公司渠道政

策的不健全，缺乏有效的激励机制，会影响公司的核心竞争力。

（1）渠道激励一定要与整体的销售政策相配套。

（2）设计激励考核体系要适度。

（3）制定合理的激励指标和奖励目标。

比如，可以先设定保底销售指标，再设立销售激励目标，两者的距离可以是20%~50%。如假设最低销售指标是100万元，那么销售目标可以是120万元到150万元之间。奖励政策就可以按实际完成数来进行，假如正好完成100万元，那就按完成指标的奖励兑现，如果超额完成，除了该得的指标完成奖以外，还要给予超额的奖励。

（4）基础指标。

可以结合经销商的历史记录以及市场销售情况，进行充分评估以后来确定，并经过双方共同认定。

【锦囊妙计】制定渠道激励机制要根据公司的实际情况来进行。太容易达标，公司得不偿失；目标过高，又缺乏实际意义，吸引不了经销商。

13. 激发渠道活力，达到共赢

经销商为什么愿意经销公司的产品，因为有利可图。公司与经销商打交道首先要明确这个最基本的出发点，然后因势利导并合理利用好双方的资源，帮助经销商赚钱，帮助他们成功，公司才能获得成功。

厂家在对销售终端进行激励时，不妨试一下"超级目标法"，通过帮助终端树立超级目标来达到激励和帮助终端成功的目的。当渠道面临对手竞争时，树立超级目标是团结渠道各成员的根本，能够激发出渠道活力，共同赢得竞争的胜利。

帮助终端取得成功，公司应做好以下几步工作：

（1）要结合实际为经销商做前景分析，让经销商全身心地投入到市场开发工作中。

(2) 要了解经销商的经营品类，并一起分析各品类在销售中所占的地位和资源耗费。

进行品类分析后，要结合产品进行市场分析，结合实际对市场容量进行大致的调研，找出同行的卖点和市场份额，然后根据产品的优势确定竞争策略和目标市场计划。

(3) 和经销商一起制订市场开发计划和资源投入规划。

在资源投入方面，切忌让经销商单方面投入，公司一定要协助经销商。

【锦囊妙计】作为公司，赢得市场也就赢得了忠诚的经销商，赢得了经销商的忠诚也就赢得了市场的稳固发展。这是渠道管理者们最需要下工夫去做的。

14. 有计划地收缩，有步骤地扁平

小公司在逐步做大做强过程中，可以采取逐步收缩、逐步扁平的渠道策略。由于总经销模式对公司控制渠道的能力有限，对顾客和市场信息的收集都带来很大的影响，所以，公司要想健康发展，就要根据实际情况转换渠道战略。

(1) 逐步将渠道重心下移。

增派管理人员到二级乃至终端进行渠道的日常维护，将总经销商的下游网络紧紧地控制在公司手中。

(2) 进一步扩大市场渗透指标。

当经销商现有力量很难达到时，公司可以劝经销商放弃地市批发，将总经销商的势力范围控制在省会城市之内而不影响收益，而地市级经销商逐步上升为一级经销商。公司还可以以新产品招商为由，进行补充型区域招商，这样可以完成公司扁平化渠道。

（3）掌握好分寸，讲究谋略。

在发展已有经销商区域的新经销商时，不要引起经销商的反感，这就要求公司要做好周密的部署，完善的事后处置机制，以免影响大局。

【锦囊妙计】从点滴做起，精心编织起一张营销大网，即便是无名小公司，也能在竞争激烈的市场中占有一席之地，由弱者成为强者。

15. 营销联姻互联网

与传统营销渠道一样，以互联网作为支撑的网络营销渠道也应具备传统营销渠道的功能。网上销售渠道有如下三大功能：

（1）订货系统。

为消费者提供产品信息，同时方便厂家获取消费者的需求信息，以求达到供求平衡。一个完善的订货系统，可以最大限度降低库存，减少销售费用。

（2）结算系统。

消费者在购买产品后，可以有多种方式方便地进行付款，因此厂家应有多种结算方式。当前流行的几种方式有信用卡、电子货币、网上划款、邮局汇款、货到付款、信用卡等。

（3）配送系统。

一般来说，产品分为有形产品和无形产品，对于无形产品如服务、软件、音乐等产品可以直接通过网上进行配送，对于有形产品的配送，要涉及运输和仓储问题。

【锦囊妙计】营销渠道是指与提供产品或服务以供使用或消费这一过程有关的一整套相互依存的机构，它涉及信息沟通、资金转移和事物转移等。

16. 外销渠道，让产品走向世界

国际市场是一个大市场，外销每年增长的速度大约是30%~40%。当公司具备一定的规模，发展到比较成熟的阶段时，可以尝试一些外销渠道，将产品引入国际市场。

外销渠道主要有以下几种优势：

（1）渠道集中。国外任何一个行当的渠道很集中，不用分散精力跟太多的人去周旋。

（2）只要把产品做好，价格定好，走外销也很容易。

（3）做外销不会有回款上的烦恼。可以用信用证方式，比较安全。

（4）可以让你集中精力做产品，而不用花精力在营销上。

外销渠道的不足主要有以下几点：

（1）国外客户较挑剔。

（2）对时间的要求严格。

（3）压价低。

【锦囊妙计】企业家们可以多参加一些国际展览会，经常浏览一些著名的国外网站，有助于建立外销渠道。

第17招 电商之道：线上线下的财富穿越

未来的零售公司，不只在线下，也不只在线上，一定是线上、线下的完美融合，没有线上就没有线下，有了线下才能有更好的线上。

网络信息技术发展迅猛，电子商务给公司带来了巨大的商机。然而，一些公司限于陈旧的营销模式束缚，打不开网络销售的门路，只能望而却步，或在困境中苦苦挣扎。面对"电子商务"这一新兴的线上营销方式，小公司该如何打破传统的思维模式？电子商务有哪些营销技巧？怎样发挥电子商务的最大效能？

实际上，电子商务的运作十分简单，重要的是要有持之以恒的决心和正确的方法。仅仅做好一个公司网站，只是完成电子商务的入门阶段，有些公司甚至不需要有自己的网站，电子商务仍然可以做得很成功。

1. 正确认识电子商务

做电子商务并非仅仅建好一个功能强大的网站，电子商务的根本宗旨是销售，将产品推销给人。

（1）电子商务的概念。

即以信息网络技术为手段，以商品交换为中心的商务活动。片面的网上在线交易不是电商。广义上说，通过互联网进行商品宣传及交易为目的的行为都可称为是电子商务。模式可分为B2C商城、B2B营销以及O2O交易等，具体的实施方式可以是建网站、SEO、做广告、邮件、第三方媒体及自媒体营销等。

（2）建立网站，传播信息。

面对数量庞大的网民、粉丝、潜在的客户群体，要通过网络传播的方式让人们知道公司的网址，如果没有人登录你的网站，即使产品再好，也是藏在深闺无人知。

（3）没有网站也能做好电子商务。

有些公司没有自己的网站，或者只是开了一个小的网店，但是电子商务却很成功，因为潜在顾客知道了他们的存在，知道什么样的产品可以在这里买到。

（4）利用网络，获取信息。

现在的商业是一个信息化和高科技化的商业，如果你要为公司寻找信息，随便一搜索，就可以在网上寻找到成千上万条相关资讯，非常方便。

【锦囊妙计】对于电商而言，未来竞争在于顾客体验之争，谁赢得最佳顾客体验口碑，谁将为王。

2. 电子商务：大数据时代营销新模式

电子商务是一种新的营销模式，如今已被越来越多的公司所重视和采用。电子商务具有以下优势特征：

（1）利用电子商务，公司可以产生大量订单，带来新的销售增长点，实现所有区域全覆盖，达到品牌的建设和推广的作用。

（2）具有广阔的市场发展前景。

（3）通过电子商务积累大量终端销售者的用户数据库。

（4）线上营销不受时间限制，24小时均可下单、接单。

（5）便于与消费者进行互动和沟通，了解市场需求。

（6）电子商务具有低成本优点，即便较少的资金投入也能做。

（7）电子商务营销资源丰富，宣传方式可以整合文字、图片、音乐、视频等传播形式，具有直观性、灵活性等特点。

（8）免费营销、博客营销、微博微信营销、口碑营销等模式应用自如，符合当今消费者的消费习惯和口味需求。

【锦囊妙计】小公司通过电子商务实现销售的同时，积累大量的会员数据，与消费者进行直接的互动，积累客户的反馈信息，建立忠诚的用户群。

3. 电子商务运营的两大关键

在做电子商务过程中，尤其要注重两方面内容：

（1）注重客户的体验。

提高客户的良好体验包括：客户在网上选购商品时，能快速便捷、轻松愉快地浏览及挑选产品。线下消费，客户可以通过逛商城产生乐趣。实际上，在线上，客户也一样能获得这种乐趣，关键看营销人员如何引导顾客；商品交易过程能轻松便捷实现；交易之后产品能快速送达。总之，要让客户在服务的整个过程中都感到满意。

（2）注重产品的选择和包装。

电子商务是一个网络销售渠道，网络连锁店铺，公司最终要销售的是商品，因此，选商品是非常关键的。哪些商品是适合网上销售的，适合自己所定位的人群的，都是公司要详细斟酌的。

【锦囊妙计】 小公司做电子商务除了要找准方法，最重要的一点是，要真正把顾客当成上帝，了解客户需求，提升客户体验，感恩消费者，诚信经营。有了这种意识，就能真正得到消费者的认可和支持。

4. 打好电子商务的前哨战

越来越多的公司进入电子商务，不惜花重金聘请专业人士，但在实际运营中却出现种种问题。有些公司不精于网络营销之道，只是片面地投入大量的广告，花费巨资却收效不大。因此，公司不能盲目冲进电商领域，做足相关的准备工作，才能确保运营工作顺利进行。

（1）重视网络营销，加强电子商务的培训和学习。

一般要经过包括网店的运营、网络营销、店铺装修以及数据分析、数据库的营销，以及仓储物流、客服、网络渠道等培训。

（2）备货充足，网销效果好。

电商平台运营商建议，已步入电商领域的各行公司，充足的货源是保证高销量的前提条件。备货不足，经常断货，势必会影响公司效益和消费者的忠诚度。如果公司对电子商务的力量认识不足，在货源不足时手忙脚乱地补充货源，容易导致大量的订单积压，不能及时发货。

（3）重视电子商务的宣传与推广活动。

电商的推广宣传活动能够使公司订单的量翻番增长。公司要听从服务商和品牌商的意见和建议，引进专业服务商，使公司有更多的精力和时间去提升销售力。

【锦囊妙计】电商不能做成小卖部，产品最好有明星主打品，有卖点、亮点，做到专业化以及特色服务。

5. 做电商要注意的四点问题

要做好电商，需要注意些什么呢？

（1）线上、线下产品定位要错开。

要迈进电商这道门，首要考虑的是品牌线上的定位，不能照搬线下模式。公司应充分通过线下客户群体来考察市场的需求，以市场推动作为公司做好线上品牌定位的依据。更重要的是错开线上、线下定位，减少冲突，达到相辅相成的目的。品牌公司上网，一定要明白自己网货的定位人群。根据客户群体需求打造产品。

（2）产品组织。

好的产品是做好电商的前提，线上与线下产品的定位是不同的。线上产品做深度，指将主打产品量化；线下产品做宽度，即产品系列要全。

（3）要有独立的电商仓储。

电商一定要有独立的电商仓储，由于电商是把一盘货全部做好后囤积在仓库中，然后再按照销售计划、活动、分销等形式陆续卖出去。生产流程和备货理念也不一样，线上一定要保证有效准确的电商库存量。

（4）服务、物流、产品是衡量线上品牌的标准。

做电商就是做数据。因为在网上消费者是摸不到产品的，影响消费者购买的是图片的精美、文字的叙述、及数据传达的信息。因此，品牌的单店运营十分重要。如宝贝的详情页,产品首页要漂亮大气、图片要给力、产品的详情页要细致,重点提高服务、物流、产品评分值,当然还有老顾客的回流。

【锦囊妙计】 一个品牌要在网络当中被别人认知,首要的就是为自己贴好标签。给消费者一个"好产品"的信号,吸引更多的人点击品牌网页,增大流量。

6. 构建电子商务营销团队

电子商务作为一个综合性的线上营销渠道,是需要公司慢慢摸索和实践的。如果没有一批综合能力强、素质高、层次合理的营销管理专业人才作保障,那么,电子商务最终也只能是纸上谈兵。所以公司急需培养、引进一批优秀的营销人才。

那么,线上的营销人员需具备哪些能力呢?

(1)运营和营销方面的知识和能力是必不可少的。

(2)营销人员应具备互联网的操作能力,懂得线上交易规则。

如果没有互联网的思维,就很难真正的开展起电子商务业务。要敢于改变传统的思维和规则。

(3)了解物流、客服、产品等方面的流程。

(4)及时迅速的反应能力。

不要等10年规划都做完之后再开始起步,到那时早已经被抛在后面了。

(5)具有创新能力。信息时代,敢于创新的人就能创富。

【锦囊妙计】 有实力的品牌最好组建自己的电商团队。中小公司在各方面条件不成熟的情况下,可以寻求合作伙伴。一些细活以及促销活动策划包括流量推广引进、电商产品的包装等,可以交给专业团队去运作,并与线下工作互补结合,则事半功倍。

7. 电商营销要吸引消费者的眼球

做电商，只有处理好与消费者的关系，才有可能让消费者成为公司的忠实用户。

（1）不放过任何消费者的意见。

虽然有时大部分网络营销消费者提出来的问题让你厌烦、不想应付，但请记得愿意提意见的消费者是对你抱有希望的消费者。

（2）对用户的消费行为进行追踪。

建立用户回访数据后台，这样就能对网站推广的整体情况有所把握。不要被大量的数据所迷惑，抓住最重要的数据，进行分析。

（3）收集消费者的个人资料。

消费者的信息是重要"资产"，但不能滥用或过度骚扰，发短信或EMAIL要适可而止，太多的狂轰滥炸只会带来负面印象。

【锦囊妙计】做电商的不少公司，从产品到界面，从服务到营销，都大同小异。因此，在确保产品的前提下，如何吸引消费者的眼球成为电商的关键。

8. 电商运营核心在于产品

电子商务最根本的运营技巧就是做好产品。尤其是小品牌，利用好产品重点打造口碑，提升关注度。

（1）打造爆款产品。

挑选价格实惠、页面精美、好评率高，又具有核心竞争力的产品作为网络推广的爆款商品，并以适度的特惠和主题营销进行宣传。利用爆款产品带动其他产品，利用活动资源，提升曝光率。

（2）完善服务机制。

当前消费者对于物流的要求很高，对客服的服务十分看重，顺应消费者的需求，是做品牌的一大关键。

（3）需要有实力掌控全局、正确把握整个行业信息的领头人。

通过把握局势，更好地判断市场，把握市场的转向，按整个市场需求的步骤和消费习惯的变化去不断调整，合理调整经营策略。

（4）引进流量。

淘宝与京东体系运营和其他平台差异很大。一般平台基本靠活动引进流量。

（5）如何把握产品上下架时间，如何进行产品标题的优化、提炼卖点，如何提高产品本身好评率等，也考验公司的一个内功。

【锦囊妙计】产品及用户定位要精准明确，品质是唯一能衡量较高的复购率和口碑传播的核心。

9. 电商营销四步曲

电子商务营销的包括以下几个步骤：

（1）自营与外包结合的运作模式。

自营与外包结合是电子商务的一种比较有效的运作模式。如旗舰店和官方商城公司由自己来运营，专卖店和专营店则多是请专业的电子商务服务商通过专业的模式来运营。公司可以把不擅长的部分如物流、客服进行外包。

（2）做好线上、线下营销的一体规划。

如通过线上搜索、网络推广等线上营销手段，引导客户在线下店铺的消费，同时线上通过线下媒体的营销推广，提高品牌的影响力，增加网上店铺的浏览、点击率，从而增加网上消费。

（3）线上营销遵循立体化、全程化、精准化三原则。

公司在做线上营销推广时要遵循三个原则：

一是立体化原则，即多方位覆盖，多营销方式组合；二是全程化原则，即营销前精心策划和准备，营销中有效监控，营销后细致分析；三是精准化原则，即尽力做到符合公司线上消费者的活动规律和习惯，避免引进大量无效的流量。

（4）充分重视网站的建设和互联网工具的使用。

电子商务理应符合互联网的模式，网站要及时更新，博客留言要及时回复，处理好客户的投诉、抱怨等。

【锦囊妙计】组建电商需整合多方面的资源，如果一个小公司生产能力弱，缺乏产品创新、运作资金少，反而给自己定了一个很大的目标，是不现实的。

10. 电商营销三大"潜规则"

做电商首先得有一个明确的定位，在顾客心目中有一个清晰的、差异化的形象，不断地去维护、强化这个形象，促销、网站运营和配送服务都应围绕和有利于强化这个形象。

（1）做专不做多。

互联网营销形式多种多样，公司在选择的时候，忌讳全部都做。每一种模式如果想做得非常精通的话，是需要很长时间的摸索和实施的，选择一种合适的营销模式做深做精即可。比如一些制药公司选择行业B2B网站作为主阵营进行网络营销，起到了很好的效果。

（2）做深不做泛。

别人做不到，你却做得好；每一种模式如果想做得很精通、做出很好的效果，一定要做深。蜻蜓点水式营销只是浪费精力和财力。

（3）做营销还是做销售要因实际而定。

选择在线推广产品，还是让产品销售到终端，是在线交易还是线下交易，要根据公司及行业的具体情况而定。

【锦囊妙计】任何电商平台都应该围绕两大主题展开：一是"我是什么"；二是"我代表什么"。

11. 线上营销的两大方式

线上营销主要有以下两大方式：

（1）线上营销方式。

经常用到的营销手段有搜索引擎、网络广告、信息发布、邮件营销、个性化营销、会员制营销、交换链接，以及数据库营销，博客和微博营销，微信营销，事件营销、口碑营销、联盟营销等。每种营销手段都有它的独到之处，对公司来说都会产生直接的效果。

（2）电商促销方式。

包括附加值促销、口碑式促销、故事性促销、承诺式销售、品牌型促销、指定对象促销、指定产品促销、捆绑式促销、搭配促销、连贯式促销、明星促销、时事促销、依附式促销、抽奖式促销、互动式促销、优惠券促销、礼品促销、惠赠式促销等。

【锦囊妙计】不同的营销方式，可以从不同层面产生效果。每种营销手段，公司都要尝试使用，重要的是要领会其中的精髓。

12. 线上线下营销的差异化

网络营销很重要的一条就是差异化，主要包括思维模式、品牌地位、目标消费群、营销推广、产品开发和渠道管控。

（1）目标群的差异。

线上和线下的消费者对价格的敏感度都不是很强，线上的消费者追求的是一种网络冲浪的乐趣，线下的消费者是体会一种现场购物的体验。

（2）业务模式的差异。

线上的业务模式具有脉冲式的特征，今天可能是100单，明天可能就是10000单。线下的策略要时时为线上准备好货品、人员、资源等，为线上业务提供支持。

（3）产品管理的差异。

第一个区别是，线上的产品缺货，给公司造成的损失是大于存货带来的风险，而线下缺货带来的损失是远远小于存货的风险。第二个区别是，线上产品的集中度大于丰富度，线下则相反。

【锦囊妙计】电商时代不存在位置和产品丰富性的问题，客户容易比较和发现最低价格，而转换零售平台。所以，靠价格和产品丰富不足以维持长久优势。

13. 如何进行电商管理

电商正处于初步发展阶段，还没有形成一个成功的模式。大多数公司都处于尝试、研究和探索阶段。在电商运营过程中，公司还要对其做好管理工作。

（1）要有处理客户抱怨的机制。

比如客户提出问题，要去沟通和解决，告诉违规开店的客户，不当的销售会影响品牌发展。

（2）制定管理制度加以约束。

第一次用沟通、口头警告，第二次再犯就要按制度处罚。有沟通协调，又有制度约束，才会有成效。

【锦囊妙计】公司管理团队和客户群体谁强谁弱很关键。如果代理商强势，公司管理团队弱势，那么代理商随时都可以"辞掉"品牌。

14. 如何做好电子商务推广

电商大多数是零售，而零售更多的希望引进冲动消费，在推广上考虑的点就比较多了，那些精准或者不精准的客户都有可能成为你的客户。而如何从物料和推广渠道上去下工夫就成为了重点。

（1）目标客户定位。

可以根据属性去定位客户，如年龄、层次、消费水平、地域等。

（2）推广渠道的选择。

目前，网络推广渠道主要有搜索引擎、网址导航、网络硬广、BD、联盟CPS、线下活动、EDM、团购八大网络渠道。

（3）核定推广预算。

推广费用可以计算到点上。如从支出到收录，每个环节的转化率、从流量到购物车的转化率、从流量到订单的转化率、多种媒介的转化率，需要的流量是多少，每个推广渠道占用的推广费用、推广渠道带来的流量比等。

（4）效果监控。

数据监测和分析是网络推广中的一个重要工作，如果技术能跟进，最好是每个推广渠道都应该挂代码，要把每个渠道的推广数据分析到各个节点。

（5）推广优化。

无论免费推广还是付费推广，每项工作都应该有记录和分析。在付费的渠道上更加注重渠道优化。另外，要进行数据优化，即对于引进的数据如会员、访客要有详细的分析渠道。

【锦囊妙计】网络推广不是网站运营的独立部分，要跟产品、市场、运营、设计等各个部门进行良好沟通。以整体的形象对外推广才能推动销售。

15. 寻找合适的电商推广社交平台

现在网上社交平台主要有论坛、微博、微信、QQ空间等。各个平台在电商推广方面有着不同的优势特点，具体表现在：

（1）微信平台。

微信大多作为互动沟通平台，主要做互动沟通分享。微信用户活跃度排名最高，是社交电商平台首选。

（2）微博平台。

适合做事件营销，使用人群比较广泛，以上班族为主；微博在转发的时候要去表达自己的观点。

（3）QQ空间平台。

适合做事件营销。以学生人群为主，用户基数大。在平台的传播特点上，空间里点赞的人群最多，而在认同时不会说太多的观点。

（4）论坛平台。

论坛主要是用于老用户，很多老用户的关系都依靠论坛来维持。

【锦囊妙计】根据产品的用户需求特征决定社交平台的选用，没必要把所有平台全都上线。

16. 借助电商视频推广产品

在电子商务时代，视频营销成为一大亮点。将视频与互联网结合，形成了一种新时代创新营销形式。视频营销既具有电视短片的种种特征，例如感染力强、形式多样、内容丰富、独具创意等，又具有互联网营销的优势。如淘宝和天猫开放了主图视频功能，预示着以视频为载体的全新电商视觉营销时代的到来。

电商视频主要目的是用视频的形式来帮助电商客户进行产品媒介传递，包括视频策划、视频制作整个过程，以及网络视频、宣传片、微电影等多种方式。

电商视频具有以下特色：

（1）增强客户的信任感。

产品视频化可以有效还原产品的真实性，大大提升了客户对网购的信任感。

（2）增强客户体验。

电商视频从视觉、听觉上增强了客户对产品的体验，客户可以看得到或听得到产品在使用中获得的效果。

（3）增加页面停留度和客户的购买欲望。

视频解决了客户在观察和查找产品文字信息和图片上花费时间较长等问题，通过直观、快捷、生动的播放功能，让客户了解产品详情，体验产品的动态展示效果，大大增加了店铺的关注度，激发购买欲望。

【锦囊妙计】电商视频把产品或品牌信息植入到视频中，直接体现产品的特性，做到品牌宣传。

17. 挖掘手机里的金矿

据2014年7月21日奥地利《标准报》报道，中国互联网信息中心在北京发布消息，中国移动电话和智能手机已经超过个人电脑成为中国人访问互联网的最常用设备。截至2014年6月底中国的网民人数达到6.32亿人，其中5.27亿人使用手机上网，占上网人数的83%。

智能手机首次成为继台式电脑之后的又一大上网终端。智能手机的普及聚集了数量庞大的消费者，同时也带动了各行各业的商家对移动终端的重视和追捧，越来越多的商家开始把移动终端的应用作为一种重要的营销渠道。

运用智能手机进行电商营销，有以下几方面的优势：

（1）智能手机是一部"可移动、可视频的电话"。

智能手机可以通过WiFi免费享受上网服务（WiFi是一种可以将个人电脑、手持设备，如Pad、手机等终端以无线方式互相连接的技术，事实上它是一个高频无线电信号）。而有了上网功能，智能手机就可以通过下载相关应用软件，比如微信，进行语音或是视频聊天。这样不仅实现了面对面通话，而且通信费用被大大降低。

智能手机的这一功能对于网络营销最重要的意义在于，打破了传统互联网营销文字沟通的呆板和机械，使得买卖双方语音交易得到实现，更利于交易的达成。

（2）智能手机是一部"掌上电脑"。

随着科技的不断发展，智能手机越来越像一部"掌上电脑"了。现在除了可以用手机看书、玩游戏、看视频、浏览图片、听音乐，还可以用手机上网搜索信息、浏览网页，甚至可以用手机在网上下订单，网上支付等，可以说一切可以在台式电脑或笔记本上实现的功能，在智能手机上都可以得到实现。

（3）智能手机是一部播放机、阅读器。

随着智能手机越来越普及，手机的功能可以被大大地扩充，特别是播放和阅读功能。这使得很多的智能手机用户习惯于用手机下载各种文字资料、电子书，或是各种视频、微电影、电视剧、电影等等，如此一来，之前只能在电视或台式电脑上推送广告的商家，就能通过手机播放和阅读功能来推送广告，从而让客户随时随地可以看到公司的宣传或促销活动，随时促成买卖的达成。

（4）智能手机是一张"智能名片"。

现在社会人脉关系越来越广泛，人与人交往都需要互换名片，而有了智能手机之后，通过下载一些即时聊天软件，每个人都可以在注册账号时输入自己想要别人知道的自己的信息，或是上传自认为不错的照片作为自己的头像。同时也能够通过查看对方资料来了解对方的相关信息。有时通过朋友圈互相分享一下圈内朋友信息，一个人的资料就能发送给圈里的所有人。如此一来，智能手机就成了一张"智能名片"，只要联网就能与更多的人交流相识，做生意。

【锦囊妙计】智能手机由于携带方便（可移动），打破了传统网上交易对时间和地理位置的限制，使交易可以随时随地进行，智能手机营销已成为一种可能和可行的赚钱方式。小公司应充分利用这一新型消费工具，建立庞大的客户资源，用最低的成本获得最大的利润。

18. 在微博帝国里开拓财富沃土

随着微博的异军突起，这种信息交流方式不仅改变了人际互动方式，还形成一股强劲之力，催生了新的商业模式，改变了品牌与消费者的沟通结构，并正在重塑行业行销环境。微博的火热，催生了与之相关的电商方式，就是微博营销。每一个人或公司都可以在腾讯、新浪、网易等微博服务商处注册一个微博，可以每天更新微博，跟大家交流想要推广的信息，然后利用自己的微博进行营销推广，这样就可以达到营销的目的。

运用微博进行电商推广具有以下四大显著优势：

（1）即时性强：让信息高速飞驰。

一条关注度较高的微博发出后，短时间内就能被转发至世界的每一个角落，这种高速传播恐怕任何传统媒体都难以做到。从前，如果你有一件惊天大事要宣布，那召开新闻发布会似乎是不二之选。但在互联网如此发达的今天，你只要把这个消息放在微博上发布，立刻就能引来大量关注，记者也会闻风而动，主动来采访报道。

（2）传播力强：信息呈网状扩散。

微博简单方便的操作流程让用户随时随地都能发布信息，基本不受周围环境的影响。而微博的传播方式犹如原子核裂变一般，由一个人传给一圈人，由一圈人传给一群人，如滚雪球般瞬间裹挟大量人群，其传播威力可想而知。微博营销的交流方式看似随意，其实用户渗透率更高，传播影响力也更大，这样产生的潜移默化的影响效果要比直白的广告攻势更加明显。

（3）精准度高：直击市场最前线。

公司可以关注有潜在消费力的微博用户，观察他们感兴趣的活动和话题。同时，公司在微博上保持活跃，也能引来对产品感兴趣的用户的关注。这两部分人都是公司最直接的目标客户，与他们在线沟通就是直接接触到了市场第一线。所以，无论公司是通过微博搜集市场反馈，还是品牌传播，面对的都是更加精准的消费群体。

（4）亲和度高：微博是你的笑脸。

微博上的交流最好是温情、有趣、生活化的。通过片段式、随机性的发言，不仅可以进行各种公司宣传，也可以对社会热点发表看法，提供售后服务等，尽可能为用户提供帮助，给用户良好的感觉。微博营销某种程度上淡化了公司的商业形象，让公司以倾听者的姿态亲近消费者，从而为彼此搭建了一种沟通的桥梁。

【锦囊妙计】小公司由于在规模、财力、物力、人力等各方面的劣势，无法承受电视广告、纸媒营销等大规模高成本的大众营销活动，应当将微博营销作为公司未来营销的重点发展方向，在微博帝国里开拓出一片属于自己的财富沃土。

19. 瞄准微信电商新商机

微信电商对公司来说是一个新机会和新体验，随着微信的日益普及，其用户数量不断飙升，庞大的用户群为商家们提供了新的商机。微购物店铺、微信商城陆续兴起，使微信营销异常火爆，越来越多的公司正在准备搭建自己的微购物平台。微信营销已经成为一种趋势。

微信购物平台的优势如下：

（1）快速、便捷、有效、低成本、广流通。

作为众多营销手段中的一种，微信营销具有操作便捷、快速、有效等优势，与用户的互动感更加显著。微店成本低，只需利用碎片时间和个人社交圈就可进行营销推广，十分便捷。

（2）微信用户群数量庞大。

截至2013年12月，全国移动互联网网民将近7亿人，通过微信客户端，可以实现品牌的数字化，便于品牌与消费者的沟通。

（3）便捷的手上的移动商城。

移动电商给消费者带来了更多的便捷。现在购买商品，消费者随时随地都能通过手机来进行，扫描二维码，关注微信，就可以了解产品、促销活动，给商家的营销带来很大的方便。

（4）随时与消费者进行互动和获取资讯。

无论你在哪里，只要带着手机，就能够很轻松地同你未来的客户进行很好的互动，并能及时获取商业资讯。

（5）精准。

微信最大的特点就是精准。每个关注公司的微信用户都有可能成为潜在客户。

（6）支付便捷。

只需在微信中绑定一张银行卡，并完成身份认证，在购买支付时只需在自己的手机上输入密码，无需任何刷卡步骤即可完成支付，安全、快捷、高效。

【锦囊妙计】公司可通过收集微信后台数据，判断出目标用户群的消费行为以及核心聚集点。依此数据为顾客提供最想购买的产品，为公司的生产提供方向。

20. 电商之战，得粉丝者得天下

在电子商务竞争时代，没有粉丝对于公司来说是一件非常危险的事情。因为和客户不同，客户会买了一件商品后离开，但粉丝却是与公司和个人商户的产品理念有共鸣的一群人，他们会持续关注一个公司，同时也是公司持久的潜在消费者，所以对公司而言，粉丝很重要。

下面以小米公司为例，说明粉丝营销的作用及其运营的策略。

（1）从粉丝中来，到粉丝中去。

小米创始人雷军早就认识到：只有极度贴近用户，用心与他们沟通和交流，建立一定的情感维系，一个优秀的产品才能得到长远而稳定的发展。在他看来，营销并非做一两次新奇广告，而是长久的互动。在互动的基础上催生的营销策略就是粉丝营销。

在小米之前，只有影视、文学、娱乐等多个行业在粉丝的推动下前进着，当小米将粉丝经济运用到极致，甚至依靠网络打造了一条产值丰厚的粉丝产业链时，人们忍不住惊呼：原来还可以这样做手机营销！

关于小米如何利用互联网的力量，雷军曾表示，就是从米粉中来，到米粉中去。这是超级泛化的众包模式逻辑，即一种以自由自愿的形式外包给大众网络的做法，粉丝各尽所能去成就他们认同的对象。事实证明，雷军的想法是经得起事实验证的。

（2）塑造独特的粉丝文化。

雷军曾说过："小米与大部分公司的不同之处是在构建公司时，以米粉为核心，从使用者的角度细心思考了许多事情。"小米最成功的一点便是塑造了自己独特的粉丝文化，让粉丝成为小米的代言人去主动宣传小米的优点，并维护小米的品牌荣誉。

小米在网络论坛成功之后，又向微博、微信等社交新媒体发力。通过摸索，微博慢慢成为实验营销的主场，为小米赢得更多的新用户。

小米几乎完全放弃了传统的广告宣传形式，"论坛+微博+微信+QQ空间"成为小米新营销战略的组合武器，为小米获取了很好的知名度和口碑。

（3）特别的小米，特别的米粉。

小米的营销模式和别的传统手机商不同，甚至和苹果也不同。雷军当然是最重视营销的，他认为小米卖的就是一个营销，而绝非小米手机。

小米的粉丝运动其实预示着科技领域的市场营销工作正在面临变化，越来越重视公共关系领域的运营。在小米的新营销战略取得巨大成功之后，市场讨论的话题也从一开始的"小米模式能否成功"演变为"小米成功能否复制"。如今，华为、OPPO等厂商也开始重视自身的核心用户群体——对于产品、技术、市场有一定理解，对周围人的选择有一定影响力的用户，在产品营销、推广中的重要作用。

【锦囊妙计】未来的电商竞争将日益激烈，小公司要想在电商竞争中赢得一席之地，就不能忽视粉丝策略，要关注消费者的一举一动，及时整理、分析反馈信息，改进营销方略，将用户变成粉丝，将粉丝变成铁粉，以争取最大的市场份额。

21. 电商文案的策划方法

电商文案的关键，是如何在最短时间内吸引买家眼球，让他们点击，产生购买。

（1）电商文案的类型。

其类型主要有主图文案，如活动主题、促销主题等；详情页文案，如商品描述、店铺公告等；品牌故事。

（2）电商文案的特点。

彰显定位，增强消费信心。如全网第一、最畅销；通过巧妙对比，突显专业。如细节处强调优质，做专业知识介绍；低价产品，强调品质。主图、详情页均适用；高价产品，强调价值；从源头刺激购买；有的放矢，减少买家困惑，尽量图文结合分解产品细节；强化品牌，增强信任。此外，文案风格要统一。

（3）电商文案用语举例。

如"30天打造流利英语""满XX元，送帆布包""还你婴儿瓷肌""没空去韩国?就来韩都衣舍""价值3999元的情侣摄影套餐，现限量999元""史玉柱营销心得，6个不为人知的秘密""《何以笙箫默》同款衬衣"等。

【锦囊妙计】任何脱离市场或脱离产品的文案都无法打动消费者。文案内容尽量具体化，有真情实感，含有数据的文案更吸引人。

第18招　品牌之道：
品牌就是印钞机

要打品牌战略就要给自己的品牌赋予精神，首先肯定选择打广告、找代言人。但品牌的知名度并不是越高越好，品牌的形象是正面还是反面非常重要。

品牌的力量是惊人的。当提到迪士尼，人们会想到欢乐、刺激；提到海尔，消费者心目中的形象是人性化、具有亲和力；提到兰蔻，人们会感觉到奢华、高贵。

品牌与品牌之间有强有弱。竞争力强，处于强势地位，就是强势名牌。反之，品牌就处于弱势或劣势，时间长了，品牌影响力就会日益淡化甚至消失。对于一个公司来说，拥有了强势品牌，就等于拥有了特别经营权和品牌忠诚度，它在市场上也就有独领风骚的魅力。

打造品牌的过程也正是公司发展壮大的过程，当品牌逐渐被市场认可，被消费者接受，被大众所传播的时候，也意味着公司正在提升，从弱小走向成熟。如今市场竞争激烈，小公司要想在竞争中生存并发展下去，就要有自己的看家品牌，所以塑造品牌成为公司发展的关键。

1. 要走出对品牌的认识误区

打造品牌的过程也正是公司发展壮大的过程,当品牌逐渐被市场认可,被消费者接受,被大众所传播的时候,也意味着公司正在提升,从弱小走向成熟。

如今市场竞争激烈,无论大小公司都竞相拿出各自的招牌来比拼,所以塑造品牌成为公司发展中的关键。追求品牌效应并无过错,但公司在创立品牌时,要改变以下几种对品牌的错误认识:

(1)只有大公司才能形成大品牌。事实上,中小公司做成强势品牌的例子也很多。

(2)品牌只是一个符号,没有实际的营销作用。事实上,品牌效益的影响不可估量。

(3)做大品牌有大风险。如果把握好度,中小公司也能做成成功品牌。

(4)做品牌就是打广告、扩大知名度,只要使劲砸钱就行。这是错误的,盲目运作会耗资巨大。

(5)品牌的就是高档的。其实,品牌的并非高档,一些物美价廉的产品也不失为名牌产品。

(6)品牌的都对产品夸大其词。只有质量和宣传做到一致,才能维护自己的大牌形象。

(7)品牌都是炒作成名的。没有经过长时间的品牌创建,而只是通过广告、媒体的宣传和短期的造势,这样的品牌不可能是长久的。

【锦囊妙计】打造货真价实的好品牌,并非是一朝一夕就能完成的,需要不断地积累、实践和打磨,经过市场的检验才能长久稳定。

2. 小公司做品牌的三大硬件

品牌的支撑和维系会让品牌的影响力越来越强，这是小公司做强做大的关键之一。

做品牌不只从产品单方面入手，还应结合公司的营销、人力资源等多方面的综合力量。具体应具备以下三大重要条件：

（1）产品过硬。

质量过硬的产品是打造品牌的基石。再加上良好的服务、先进的经营理念，更是支撑品牌长久屹立的灵魂。

（2）良好的营销网络系统。

塑造起了好的品牌，还要具备良好的网络运营渠道，才能迅速扩大品牌的知名度，引导产品铺向消费者的购买领域，满足需求。

（3）强大的团队。

品牌的打造最终依靠人力来完成，需要一个好的团队来合作，公司的人力资源是品牌建设的根本保证。

【锦囊妙计】好的品牌的打造需要来自公司整体的支持和各环节的配合，缺失其中的任何一环，都会导致品牌优势日益消退。

3. 没有内涵做不成品牌

品牌的核心内涵的作用就在于它在高质量的基础之上赋予了品牌灵魂，将品牌与文化和思想联系在一起，使消费者形成高度的认同感。品牌不仅仅是一个名称，一个商标，也是含有丰富的内容和含义的象征。当一个品牌的核心理念被人们接受和认同的时候,品牌就真正深入人心了。

(1)品牌内涵增加商品的含金量。

可口可乐的经理曾说过:"如果公司在天灾中损失了所有的产品和资产,公司将易如反掌地筹集到足够的资金来重建工厂。相反,如果所有的消费者突然丧失记忆,忘记和可口可乐有关的一切东西,那么公司就要停业。"

(2)品牌内涵是品牌形象之源,也是保持品牌活力的原动力。

无论什么样的品牌,以及什么样的品牌内涵,只有获得消费者的认可才具有市场价值。

(3)品牌与消费者之间是一个互动过程。

公司通过宣传手段,使消费者了解品牌内涵;消费者通过自己的理解,从而建立对品牌的形象感知。

【锦囊妙计】优秀的品牌都具有独特的核心内涵和文化,使品牌形成良好的个性,并能被大众接受与认同。

4. 精准定位,打造强势品牌

品牌比产品本身更重要。目前,市场上各类品牌竞争激烈,怎样使自己的品牌在竞争之中脱颖而出?怎样打造强势品牌呢?

(1)要打造强势品牌,就要进行品牌宣传推广,扩大品牌的知名度,提升品牌的形象。

品牌的知名度对产品的销售业绩有很大的影响。经济学者郎咸平说:"要打品牌战略就要给自己的品牌赋予精神,首先肯定选择打广告、找代言人。但品牌的知名度并不是越高越好,品牌的形象是正面还是反面非常重要。有些广告打得很响亮,短期内即迅速提高了品牌知名度,但这样很可能会使消费者形成对品牌的反面印象。"

（2）具有精准市场定位的品牌才会有较强的竞争力，才会获得良好的生存空间。

罐装饮料王老吉"怕上火，喝王老吉"的广告语早已深入人心。王老吉能够迅速飙红，引爆凉茶市场，就在于它精准的品牌定位。

【锦囊妙计】精准的品牌定位之后，有效的品牌推广则是使品牌深入人心的重要手段。

5. 品牌名称要响当当

产品有个好名字，本身就起到了金字招牌的作用。很多时候，消费者喜欢某个产品，往往先从喜欢其品牌名称开始。如果公司能制造出好的产品，再冠以响亮的名字，一定会赢得市场。所以，公司的营销成败很大程度上与产品是否有个好的品牌名称密切相关。

如何给产品起个既响亮又传播力强的好名字呢？具体有以下几种方法：

（1）品牌名称要表现产品的情感因素。

例如娃哈哈品牌，将对儿童的希望、祝愿等情感效应融入其中，加上能够直接地指出产品的消费对象是儿童，最终成就了品牌。

（2）品牌名称可直接说明目标消费群。

例如太太口服液品牌，"太太"就明确指明产品的消费者群体。以目标消费群体来命名，就赋予了产品品牌的形象价值。

（3）品牌名称可表达消费感受。

例如可口可乐品牌，传达的是消费者通过产品能够获得可口、快乐的感受，达到身心愉悦的目的。

（4）品牌名称能够引领消费观。

品牌的作用之一就是能够引领消费者的消费观念，赋予特殊的、一定的文化内涵或象征。例如孔府家酒，借用孔府其历史和人文观念给产品命名。

（5）品牌名称表现出丰富的形式。

例如白加黑，将感冒药片分成黑和白两色，分别表示不同的功用和疗效，在服用方法上也做到了与众不同。

【锦囊妙计】一个响亮而独特的品牌名字本身就是一种优势。不仅是公司的象征和产品的标志，更重要的是传达公司的形象特色和产品本身的优点和特点，好品牌要有好名字，才能吸引消费者。

6. 以做百年老店的心态做品牌

有人问松下幸之助："打造一个品牌最重要的是什么？"松下说了两个字："耐心。"在一项对世界100个最著名的品牌所进行的研究中，研究者发现其中有84个是花了超过50年的时间打造成功的。仅有16个品牌花了不到50年时间就成为世界品牌，而这些品牌中一种是由于产生了全新的技术变革，另外一种是连锁经营模式的发展造就了世界品牌。所以，做品牌是需要耐心的。

（1）从建立品牌、发展品牌、推广品牌到巩固品牌，是一项长期而艰巨的工作。

建立卓越的品牌并非一朝一夕之功，也不是仅凭大笔金钱投入和短期广告轰炸就能实现的，需要恰当的定位、长远的规划和耐心的坚持，需要专注和执著，更需要贴心的设计和优质的服务。

（2）打造金字招牌不能急于求成。

全球很多知名品牌，都是在长期发展、进化的过程中形成的。中国公司在打造全球品牌的时候，要有雄心壮志，但是不能太急，太急的话，打造出来的可能是一个很快就会被淘汰的品牌。最重要的就是要有耐心。

【锦囊妙计】抱着做百年老店的心态，一步一步地打造属于自己的公司品牌，才有机会成为世界品牌。

7. 塑造品牌六要素

事实证明，重金打造的广告效应能在短期内迅速提升品牌的知名度，但却不能给公司注入长久的生命力。如果公司没有核心竞争力的支撑，广告宣传只能带来昙花一现的虚假繁荣。

品牌建立在执行过程中，要从以下几个方面加以努力：

（1）保持品质策略的一致性。

保持品质策略的一致性，必须在公司经营理念、组织系统、品牌定位和传播等方面进行全方位整合。

（2）勇于品质竞争。

没有品质竞争就没有挑战，就不会有品牌参与竞争。在竞争中完善自我，在挑战中寻找机遇。

（3）把握时机，实现品牌扩张。

公司要善于把握市场和紧跟市场，善于在市场上捕捉机会，果断决策。

（4）建立跨部门的品牌职能机构。

建立跨职能部门的品牌资产管理小组，对内传播公司理念、公司价值观、沟通部门信息等，对外则负责执行各项沟通活动，如广告、公关、促销等。

（5）要善于学习先进的大品牌公司和品牌创建经验。

不仅要向同行学习，更要向国际一些同类大品牌学习，这样可以使公司在品牌打造时少走许多弯路。

（6）注意品牌核心能力的提升而非仅靠媒体广告传播工具的力量。

品牌的构建不应该仅靠媒体广告轰出品牌的假象，而是去努力寻找出公司与产品的核心竞争力，踏踏实实地去做产品品质。

【锦囊妙计】注重品牌内涵，宣传不能过分空白，否则这样的宣传无法长久，即使耗费巨资，也无法达到最长久的宣传。

8. 打造品牌中的品牌

强势品牌是品牌中的品牌。强势品牌的突出特征是准确而有力的品牌定位，以及由定位而塑造的鲜明的品牌个性。

如何打造强势品牌？

（1）明确而有力的品牌定位，是打造强势品牌的基础。

品牌定位是品牌传达给消费者"产品为什么好"以及"产品与竞争对手的不同点"的主要购买理由。这种理由必须直观，易为消费群所理解和接受。"怕上火，喝王老吉"的广告语使凉茶饮品王老吉迅速飙红，就在于它精准的品牌定位。

（2）进行品牌的整合传播。

品牌与消费者有着亲密的关系，这种亲密关系很多时候并不是建立在"高技术"之上，而是建立在品牌的整合传播上。很多时候广告让消费者形成首次购买，然后品牌的质量让消费者产生继续购买，并形成长期的对品牌文化的认同。因此，总经理一定要在如何打造强势品牌上下够工夫。

【锦囊妙计】强势品牌的特征不是公司主观臆造的，而是消费者在生活中积累的结果。强势品牌就是在消费者心目中留下了清晰、良好印象的品牌。

9. 借口碑的力量树立品牌

口碑是打开市场的利剑，如何塑造良好的口碑，成为营销成败的关键。而树立成功的品牌，不妨实施口碑营销的战略思路，通过建立口碑效应，赢得市场。

作为刀郎音乐的唱片发行公司，大圣文化在营销过程中，由旧有的传统模式转换为口碑传播，也就是借别人的嘴树立自己的品牌。因为喜欢刀郎音乐的人群很广泛，各个年龄层次的都有，这就为其好的口碑传播提供了巨大的传播人群。通过传唱，将口碑传播的效果发挥到最大，最终成就了刀郎音乐的销售神话。

进行口碑宣传要注意以下两点：

（1）口碑宣传是一种传统的宣传模式，也是一种非常有效的手段。

（2）质量是顾客认可品牌的前提和基础。没有质量一切都是空话，甚至会起到一定的负面作用。

【锦囊妙计】要想做好口碑宣传，首先要把好质量关，然后深入消费者，让消费者真正了解和认可产品后，才能做到借别人的嘴树立自己的品牌。

10. 强健信号为品牌插上翅膀

品牌专家艾伦·亚当森将品牌的建立过程分为了五个阶段，而最重要的阶段便是传播品牌的过程中，找到最适合公司的强健的品牌传播信号。

（1）何为品牌传播信号？

品牌传播信号即品牌传播的载体，可以是包装、广告、网页、产品设计或功能性介绍、交通工具、零售环境，甚至冰箱贴等。找到最适合公司的传播信号，才能顺畅地达到品牌传播的目标。

（2）一个强健的信号可以有效地传达出品牌形象。

黑莓手机成为商务精英们首选的通信工具，这一成就的获得源自于它在人们心目中树立品牌形象时所采用的方法。"我在用它，你也在用。我们肯定是志同道合的。"或者，"你没有在用，你肯定不是我们圈子里的人。"黑莓正是依靠自己最初的品牌传播信号，领先的技术，精美的设计以及优异的功能取得发展的。

【锦囊妙计】管理者要创建一个真正成功的品牌传播信号，就必须完全清楚自己的商业战略，清晰地了解利用顾客体验的哪些方面才可有力地影响消费者对品牌的感知，由此让品牌深入人心。

11. 舍得花钱才能做好

龙永图说，中国的公司不太舍得花钱进行品牌的推广。中国的公司愿意把钱花在看得见、摸得着的地方，比如设备、人手，但对于市场营销和品牌的推广不愿意投入。实际上，品牌推广看起来是无形的东西，却十分重要，公司要舍得花钱于"无形"。

对于公司而言，品牌就是竞争力。如何在消费者心中刻下烙印？如何让消费者对品牌产生认知呢？

（1）不仅要有品牌意识，还要重视市场营销。

企业家要改变只重短期效应而不重长期效应的短视行为。技术和品牌是新发展时期最重要的关键之处。不仅要有品牌意识，并且要在市场营销方面下更大的功夫。

（2）品牌推广，不单单是钱的问题，更需要投入大量的精力、时间、创意。

企业家要学会在品牌推广上下工夫，要舍得花钱打造无形资产。品牌推广的目标是激发消费者的购买欲望，维持消费者对品牌的忠诚。这为公司带来的利益将是长期的，并且难以估计。

【锦囊妙计】品牌推广需要足够的资金做后盾，公司要舍得花钱于"无形"，才能收获"有形"。

12. 品牌要靠文化作支撑

星巴克这个很多消费者耳熟能详的咖啡品牌创建于1971年，并始终吸引着人们慕名而来，它成功地改变了无数人的饮品习惯，重塑了消费者的消费观念。

星巴克的核心价值观表现在以下几个方面：

（1）可信赖的产品品质。坚持选用最好的咖啡豆。

（2）高度的环保意识。采用环保型设备和包装材料，倡导能源的节约利用。

（3）对员工和咖啡种植者的人文关怀。向经济欠发达国家的咖啡种植者支付优厚的采购价格并提供种植者扶植基金；为员工提供最优越的健康福利计划，并大面积推行员工持股。

（4）为顾客营造温馨、自由的消费环境。鼓励店面工作人员和顾客交流，让顾客无论是独处还是小聚都能怡然自得、融入其中。

星巴克之所以能风靡全球，是因为背后有强大的品牌文化在支撑。参与一些温情、励志的电影和图书的推广和发行，为星巴克的品牌赋予了更多的文化内涵。成功的品牌无疑是深厚文化底蕴和文化优势的体现。要想打造出真正被世界认同的品牌，必须有自己的品牌文化。

【锦囊妙计】品牌竞争永远都是一个必经之路，而通过塑造品牌文化提升品牌价值和竞争力，是引领公司走向胜利彼岸的灯塔。

13. 与外资合作提升品牌影响力

家电公司是中国最具成熟产业性质的公司。但是在国际化进程中，仍然会犯些冒进主义的错误。而美的，却在低调中凭借谨慎的外资合作和海外策略迅速崛起。

（1）与外资合作，借力提升自己。

美的与开利合作，除了获得订单，主要还是希望提升自身水平。借助新合资公司，致力于成为双方稳定与长期的资本、产品、技术甚至品牌合作联盟，美的将充分利用这一契机对接国际品牌制造、技术与管理。

（2）与外资合作，可以争取更大的发展机会。

通过合作，慢慢积累实力，提高管理水平，提高国际化的能力、产品国际化的程度。这是一个公司无法跨越的阶段。

【锦囊妙计】需要注意的是，任何公司想把自己的品牌移植到国外的土壤上去，都需要冒水土不服的危险。但采取与国外公司合作的方式，可以增加自身的适应能力，有利于品牌的顺利推广。

14. 同名品牌扩张策略

同名品牌的扩张能够丰富品牌价值，使产品的种类更加丰富多样化。许多世界级公司都将同名品牌的扩张作为重要的发展战略。

同名品牌扩张策略的具体方法如下：

（1）一牌多品。

如海尔集团，在海尔品牌的引领下，其产品种类有冰箱、洗衣机、电视机、空调、电脑等多个门类不同规格的品种，形成了规模庞大的家电群。

（2）品牌延伸。

品牌延伸要遵循的原则如下：

以品牌优势为基础；延伸产品要与原产品在技术、销售和产品类别上具有相关性；延伸产品要在市场上占有一定的规模和发展前景。

【锦囊妙计】同名品牌的扩张战略，说明了品牌的价值是可以充分利用的。不但实现了产品种类的延伸,满足了消费者的多种需求,也成为公司做大做强最普遍采用的捷径。

15. 异名品牌扩张策略

异名品牌扩张简单来说即一类产品多种品牌。它与同名品牌扩张策略不同,同名品牌扩张实现了产品种类的延伸,而异名品牌扩张则是对产品种类进行细分。

异名品牌扩张策略的具体方法如下:

(1) 一品多牌。

最成功的品牌案例要数通用汽车公司。通用成功创下了有凯迪拉克、别克、奥斯摩比尔、雪佛兰、庞蒂克等多个品牌,家喻户晓。

(2) 利用多牌尽可能多地占用货架面积。

这样可以增加产品的购买几率,为品牌的忠诚消费者提供更多选择。

(3) 多牌可以有效避免消费者发生品牌转移。

为了防止消费者发生品牌转移,有效的方法就是提供多个品牌。

(4) 多牌可降低公司风险。

如果公司将成败的赌注全部压在单一品牌上,会存在较大的风险。而采用一品多牌,可以降低风险。

(5) 满足不同消费者的不同需求,是异名品牌扩张策略的根本目的。

发展为一品多牌,最直接的目的就是通过不同品牌的个性和利益满足消费者的需求。

【锦囊妙计】同一公司同类产品却不同品牌,这种战略的实质是用不同的品牌占有不同的细分市场,体现多牌之间的差异是营销的关键。

16. 多品牌架构，让公司更强大

一些全球大公司在充分发展的基础上，采用多品牌架构的战略使其更加壮大。著名的宝洁公司其品牌多达80多种，但这些品牌产品之间具有各自独立的特征。

多品牌架构的优势具体表现在：

（1）根据产品的功能性优势来进行品牌架构。

例如，飘柔的功能优势是柔顺，海飞丝的功能优势是去屑，潘婷的功能优势是滋养护发，沙宣的功能优势是美发塑型。各自品牌都会控制相应的市场，适应了不同需求的目标消费群。

（2）品牌架构可以避免消费者对品牌认知的不协调。

（3）多品牌架构可以赢得更广阔的市场空间，避免了竞争冲突。

（4）品牌架构可以突出产品的某个关键优势，并以此形成对新产品的联想。如丰田推出的新品牌"凌志"，优势特点为豪华车。

【锦囊妙计】多品牌架构一般适用于具备一定规模和实力的大中型公司，由于新品开发花费昂贵，以及多品牌管理上的困难，所以小公司可以将品牌架构策略作为公司提升的手段。

17. 品牌维护，生生不息

公司千辛万苦创出名牌之后，仍不能松懈，还要对名牌进行精心的呵护；否则，名牌会很快衰落，消失在汹涌澎湃的商潮之中。究其原因不外乎两个方面：一是公司自己倒牌子。公司创出名牌之后，不思进取、缺乏创新,导致自己的品牌逐渐失宠于市场。二是公司不注意对自己的名牌进行保护,让别人钻空子,如抢注名牌商标、仿冒名牌商标、生产假冒名牌产品等,其结果是破坏了名牌的声誉。因此,公司必须高度重视名牌的维护:

(1)根据对导致名牌衰落原因的分析,确定公司的名牌维护战略,即强化经营管理,不断创新,为名牌提供坚实的基础,并运用法律武器和其他手段保护名牌不受侵害。

(2)找准公司的核心价值,围绕着公司的核心价值进行产品的开发、品牌的宣传,这样才能增加品牌价值,打造市场认可的强势品牌。

(3)根据消费者的需求进行品牌再定位。

【锦囊妙计】品牌维护战略适合于品牌资产原本已相当高的产品。采用必要的宣传手段对产品进行维护,这样的品牌才能长久。

第19招 推销之道：成交始于攻心

推销员最重要的工作就是，在最短的时间内找出客户心中的小樱桃树。

推销是一个技术活。比如别墅、名车等高档次的商品，是地位与身份的象征，你应该在"地位与身份"上大做文章；音响、相机、旅行、空调设备，是人们追求舒适和欢乐所需要的，要不遗余力地向客户强调产品的使用效果及卖点所在；微波炉、复印机、洗衣机、电脑等商品，应该在功能和经济性上给对方以利诱；化妆品、珠宝等"奢侈品"，可以抓住客户的虚荣感而进行渲染。有侧重地采取推销"攻心计"，便会恰到好处地吸引住你的客户。

不知道客户的购买心理，不清楚客户的消费需求，任何方式的推销都是毫无意义的。只有做到有的放矢，对症下药，产品才能成功地推销出去。

1. 推销就是要搞定人心

只要是产品的目标消费群体，只要找到真正需求产品的人，价格问题永远不是大问题。

总经理应该从消费者心理看到一个潜在的规律：消费者对价格的反应与自己的消费能力有关。消费能力强的人，对高价格的承受能力就强；消费能力弱的人，总是期望所有的产品都是白菜价。所以，对于公司的产品而言，没有卖不动的产品，只有不匹配的消费群。

（1）没有不适合的产品，只有不匹配的需求。

遇到适合产品的消费群，他会重复购买；如若消费者的需求特点与产品价值不符合，哪怕是再好的产品他也会觉得不好，再低的价格也会觉得高。

（2）根据市场需求进行产品开发。

总经理在设计产品之前，一定要锁定市场需求，根据市场需求进行产品开发；在产品投入市场之后，一定要找到产品的消费群体，在产品和消费群之间实现无缝对接。

【锦囊妙计】*产品价格的高或低，是不同顾客的消费感受。消费者的心理是：高于自己心理价位的，就是高；低于自己心理价位的，就是低。*

2. 激发客户的购买欲

在推销方法上可以灵活多变，运用以点带面的方法，激发客户的购买欲，让客户买到更多的产品。

（1）逐步促进客户购买。

从客户的一个需求点引导出多个需求点，使客户对产品产生特别的关注。在满足了客户的需求之后，及时地把注意力转向其他产品，再次进入推销。

（2）实施优化组合。

将传统买一送几的套餐、抽奖、返券、积分等传统促销工具进行优化组合创新，让传统工具焕发新意，以新颖形式实现有效诱导购买，如将买一送一(低附加值赠品)换为买一加1元送××（高附加值赠品），实惠而乐意。

（3）自造节日促销。

根据产品特性来自行造节，通过节日规模气势来形成强势品牌传播与促销，加深产品、品牌记忆点。

（4）拓展异业结盟。

将产品属性具有相关性、品牌形象具有匹配性的异业产品捆绑进行产品推介、促销，有助于提高品牌权威性、打击对手。

（5）选择特色赠品。

特色赠品将成为消费者追逐的热点。赠品有两个要求：一是要求奇、特，二是要求相关、实用。

【锦囊妙计】抓住顾客的关键需求，是成功的差异化战略的核心理念。

3. 真心为顾客着想，才能俘获对方的心

没有人愿意拒绝他人的真诚。为客户着想是做企业的最高境界，因为只有让客户自己发现你是在为他着想时，他才会愿意与你合作。所以，管理者一定要站在客户的立场考虑为题，切实做到为客户利益着想，这样，你得到的将是无数长期合作的"粉丝"客户。

（1）客户至上。

王永庆说："要想让人知道我的米店，就必须在品质与服务方面做得比

别人好,如果我的米和服务比别人好的话,客户说不定在试用之后,就会回头来我的米店买了。"基于"处处为客户着想即客户至上"的想法,让王永庆的米店生意越做越大,为塑胶事业成功奠定了的基石。

(2)始终为客户着想。

成功的公司一定是将客户的问题当做自己的问题来解决,这样才能赢得客户的信赖。为客户着想是一个对客户投资的过程,会使公司与消费者之间的关系更加稳定牢固,使合作更加长久。

【锦囊妙计】公司提升业绩的诀窍并不是"以盈利为唯一目的",而是"为客户着想,以共赢为目的"。

4. 利用互惠心理,让顾客回报你

中国人有一句古话:"来而不往非礼也。"当人们得到了他人的某些好处,他就会想用另一种好处来报答,或者做出某些退让,这样才会皆大欢喜,感到心安。在这样的心理压力作用下,很少人能够无动于衷,这就是互惠原则的巨大影响。

为什么很多超市总喜欢提供"免费试用"、"免费品尝"活动?其中是大有学问的:

(1)利用互惠心理作用,巧妙给顾客施压。

抓住客户互惠的小心思,先付出一点,让客户产生不好意思不买的负罪感。

超市"免费试用"、"免费试吃"活动的真正目的在于:让品尝过的消费者产生因有亏欠感而不好意思不买的心理。

(2)让客户产生必须回报你的负债感。

想要获得什么样的回报,往往不在于别人想要给你什么,而是你曾经给了别人什么。当你实实在在地为别人做了一些事情,给别人带去了一些好处,别人就会想方设法地来报答你。

受人恩惠就要回报是互惠原理的心理依据,此原理最大的威力就是:先施予对方一点小小的恩惠再提出自己的要求,会大大减小对方拒绝这个要求的可能。

【锦囊妙计】营销是一场认知之战,而不是产品之战,CEO必须要掌握营销,牢记互惠原理,让客户产生必须回报你的负债感。

5. 满足顾客"跟风"好奇心

每个人会或多或少地受到周围人倾向或态度的影响,这在心理学上解释为"从众心理"。"从众心理"是一个非常有力的技巧,它可以帮助公司建立信用度,激发消费者的兴趣。

(1)利用"从众心理"来推销。

顾客在消费过程中,如果对自身的购买决策没有把握时,会习惯性地参照周围人的意见。通过了解他人的某种定向趋势来做出购买决策。公司可以通过广告不断地向消费者传递诸如"明星也用我们的产品"、"今年的流行是我们引领的",或者是"送礼只送×"之类的信息,让消费者觉得所有人都在用我们的产品。

(2)用"羊群效应"激起客户的好奇心。

如果客户听说你的产品或服务在市场上产生了极大的影响,怎么会不想了解详情呢?聪明的总经理要做的是与你的客户分享其他客户成功的经验,从而消除客户的逆反心理,自然产品就不愁没有销路了。

【锦囊妙计】客户都有一定的从众心理,巧妙利用羊群效应,能为公司赢得更多消费者。

6. 客户希望得到的是尊重

与客户沟通时，谈论到一些话题常常会发生意见分歧，尤其是针对产品本身的性能、外观等。遇到这样的情况我们该如何应对呢？是凭借我们的专业知识驳倒客户，还是一味地迁就顺从他们？恐怕都不是最佳解决办法。

（1）尊重客户的意见。

这并不是要抹杀我们的观点与个性，而是指对方陈述其意见时切勿急于打击、驳倒。尽量控制自己对别人的指责，尊重别人的意见，就可以使公司减少损失，而公司所获得的良好的关系是金钱所不能衡量的。

（2）礼貌的尊重胜过激烈的雄辩。

我们谁都不敢说自己的观点就是百分之百的正确，也不敢说自己的眼光最好。因此，我们有什么理由不接纳他人的不同意见呢？而且有时因为我们的激烈辩驳，常引发客户强烈的逆反心理与厌恶心理，眼看着能成功的合作也会因此而搁浅。多一份包容心，多一点尊重，最终获益的总是我们自己。

【锦囊妙计】尊重客户的意见，不仅能为我们赢得客户的尊重，同时也是好修养的体现。

7. 满足客户需要胜于产品低价

为赢得客户的青睐，很多总经理迷信于低价策略。但是实践证明，用低价吸引消费者的方法，容易使公司陷入降价的恶性循环之中，甚至导致亏损。因为，单纯的低价只能与消费者维持短暂的合作关系，任何消费者都是希望公司能够有更低的价格出现，所以，竞争对手的价格一旦更低，消费者就会立即弃你而去。低价不是万能胶，不能长久粘住消费者的选择。

那么，什么是公司粘住消费者选择的万能胶呢？显然，是满足消费者的需求。

（1）解决客户的需求。

用更好地满足客户的需求的策略占据客户的心，才能让客户把自己的公司放在优先选择的位置，对竞争产品进行有效拦截。

（2）引导顾客产生需求。

不要试图去改造顾客，而是要顺着客户的思路去引导、去适应、去满足顾客。

（3）将潜在需求变成实际需求。

只有成功地将潜在需求转变成实际需求以后，才会出现顾客和市场。

顾客决定了公司的性质和公司生产什么，公司的战略制定也应该来自顾客的需求。只有以顾客的需要为导向，以占领市场为导向，以不断地创新不断地发现顾客为导向，公司才能更好地生存和发展。

【锦囊妙计】聪明的总经理应该明白，满足客户的需求是比低价更好、更为重要的策略。

8. 抓住20%的大客户

重点客户的意义是重大的，总经理一定要抓住20%的大客户，保证他们为公司带来最大经济价值。

（1）以销售业绩和利润水平为衡量基础，确定分类标准，对全国客户进行划分等级。

（2）针对不同的价值客户提供差异化的客户策略。

核心客户的重要性不言而喻，它决定了公司的资源应当如何分配，以获得最大的效率，简单地说就是把钱花给谁。公司不能奢望让所有客户满意，这是由公司盈利的本质所决定的。公司资源有限，必须要把有限的资源进行合理分配，达到最佳投入产出比。

（3）永远将焦点放在重点客户上，要求扮演好两个关键角色。

既要成为客户的顾问，也要成为公司的战略家。从客户角度说，要了解重点客户的优势和劣势，帮助客户分析市场竞争态势，为客户制订问题的解决方案，最大限度地挖掘出公司客户的潜力，使自己成为客户在公司的支持者。

【锦囊妙计】对于公司来说，重点客户经理要收集、分析客户的需求和行业的现状，结合公司的实际，制订客户开发和管理的计划，确保客户的满意。

9. 刺激客户购买的7个心理战术

推销的心理战术运用得是否恰当，是交易能否成功的关键。对商品的特性应有详细的了解，才能让客户满意地接受下面列举的这些方法：

（1）先谈谈自己的事。

在与客户交谈时，销售员不妨先谈谈自己，让客户首先了解你的背景和生活情况，以减轻防卫心理，使彼此的交谈气氛更为融洽。

（2）让客户自愿地谈论个人私事。

可以问及客户的职业、家人及宠物，如果销售员的态度表现出"我们随便聊聊吧"那么交易一定失败。当客户身边还有其他人时，千万不能忽略他们的存在，否则可能会破坏整个交易计划。

（3）寻找共同话题。

与客户初次会面时，应该找出一些共同的话题，如有关孩子、运动、个人爱好等，先闲聊一会，再进入正题，这样便能完全瓦解客户的戒备心理。

（4）适度掌握。

客户若为夫妇,说明商品时必须注意尺度。与夫妇两人洽谈时,话语要简明扼要,尤其对女性要多下工夫。

(5)不要给客户"考虑考虑"的机会。

不能留有让客户发言的余地,否则就功败垂成,要让对方感受到你的坚定态度。

(6)让客户对商品说明产生兴趣。

与客户交谈时,一定要使其对所介绍的商品产生兴趣,否则会导致客户产生厌烦的心理。

(7)对客户的情感善加利用。

情感常常是客户行动的助力,不论是购物的判断,还是决定应对的态度,皆由情感出发。

【锦囊妙计】面对客户时,必须先控制好自己的情感,再应用心理战术,判断出客户的类型、个性和喜好等个人因素,选择最适当的推销战术。

10. 大客户推销五步曲

大客户推销可以按以下五个步骤进行:

(1)分析大客户。

通过对大客户划分标准与类型的系统了解,可以在营销中做到有的放矢,达到事半功倍的效果。

(2)找准你的大客户。

分析和了解客户是未来做好销售工作的基石。先分析哪些是大客户或潜在大客户,然后针对潜在大客户进行有计划和目的去培养。

(3)寻找大客户的突破点。

寻找大客户突破点的步骤如下:构建客户信息渠道;挖掘客户需求;确定你的进攻方向;客户的采购流程和管理;找出你的关键人投其所好;与

大客户进行亲密接触。

（4）牢牢守住你的客户。

巩固自己在客户公司心目中的地位、回避客户的进攻和竞争对手的影响成为本阶段的关键，目的是强化客户对本公司的信任和认同度。守住客户，使客户不轻易流失。

（5）打好最后攻坚战。

"防"是大客户忠诚度维系的一个重要阶段，以保证公司大客户的数量、质量和经济效益。

【锦囊妙计】大客户的推销流程：分析客户——找准客户——进攻阶段——固守阶段——防御阶段。

11. 谈判中的攻守与让步原则

谈判是双方不断地让步最终达到价值交换的一个过程，也许一个小小的让步会涉及整个战略布局。让步既需要把握时机又需要掌握一些基本的技巧，草率让步和寸土不让都是不可取的。

以下是让步遵循的几点原则：

（1）谨慎让步，要让对方意识到你的每一次让步都是艰难的，使对方充满期待，每次让步的幅度不能过大。

（2）尽量迫使对方在关键问题上先行让步，而本方则在对手的强烈要求下，在次要方面或者较小的问题上让步。

（3）不做无谓的让步，每次让步都需要对方用一定的条件交换。

（4）了解对手的真实状况，在对方急需的条件上坚守阵地。

事前做好让步的计划，所有的让步应该是有序的，将具有实际价值和没有实际价值的条件区别开来，在不同的阶段和条件下使用。

【锦囊妙计】在每一阶段的让步都要与所让步的价值相对应,在一项让步中,双方需求不同、角度不同,所体现出的价值存在很大的差异性。在你做出让步后得到对方回报的过程中,双方所得到的价值是否对等,是让步的关键。

12. 运用艺术的提问方法

提出问题请对方回答,是销售工作中了解对方心理,发现对方需要,获取有用信息的重要手段。

一般说来,艺术的提问方法有以下几种:

(1)开门见山提问法。

即在交易会谈中有不明白的问题或想了解某一问题时,直截了当地向对方提问。如:"你对这种产品有兴趣吗?"

(2)委婉含蓄提问法。

当对方对某些问题有所讳忌,不宜回答时,可以先询问客户一些与商品无关的问题,借此与客户熟悉,打开客户的心扉。

(3)诱问导入提问法。

指有目的地诱问、引导,使对方不知不觉地落入自己所预设的"圈套"。

(4)限制选择提问法。

又可称为"两者择一法",将对方的选择范围限制在两个选择之间的提问方式。如:"您看我们是明天晚上见,还是后天晚上见?"

(5)协商讨论提问法。

指用商讨的语气向对方发出的提问。如:"你看咱们就这样定了好不好?"

【锦囊妙计】开放性的提问技巧不能简单以"是"或者"不是"来回答。这类提问的目的是为了鼓励客户做出较深入、较详尽的回答。

13. 倾听打开客户心

倾听是销售的好方法之一，销售员通过倾听能够获得客户更多的认同。你可以从以下三个方面锻炼你的倾听技巧。

（1）培养积极的倾听技巧。

站在客户的立场专注倾听客户的需求、目标，适时地向客户确认你了解的是不是就是他想表达的，这种诚挚专注的态度能激起客户讲出他更多内心的想法。

（2）让客户把话说完，并记下重点。

让你的客户充分表达他的状况以后，你才能正确地满足他的需求。

（3）掌握客户真正的想法。

客户也许不会把真正的想法告诉你，他也许会用借口或不实的理由搪塞，或为了达到其他的目的而声东击西，或别有隐情不便言明。因此你必须尽可能地听出客户真正的想法。在听客户谈话时，自问下列的问题：客户说的是什么？它代表什么意思？他说的是一个事实，还是一个意见？他为什么要这样说？他这样说的目的是什么？从他的谈话中，我能知道他的需求是什么吗？从他的谈话中，我能知道他希望的购买条件吗？

【锦囊妙计】全神贯注地听客户讲话时，对方一定会有一种被尊重和被重视的感觉，双方之间的距离必然会拉近。

14. 让顾客自己说服自己

没有人愿意被别人说服。但是，如果让客户自己说服自己，他一定不会

排斥。让客户自己说服自己,这并不难做到。具体来说,可以采用以下两种方式:

(1)让客户在了解所有信息的基础上自己做决定。

先让客户知道有关产品的所有讯息,包括产品性能、工作原理、使用方法等。这样做的好处是:一是取得了客户的信任,二是让客户有了参与感。客户之所以决定成交,就是因为他们相信在销售过程中,重要的决定是自己的主张并全力维护,这就等于客户自我说服。

(2)让客户陷入自我矛盾中。

每个人都有虚荣心和自尊感。假如你能让客户陷于自我矛盾当中,客户就会维护自己的观点,即使这个观点是错误的,他也不好意思更改。

【锦囊妙计】创造一种语言模式,让客户认为你是站在他的角度来说的,这样他就不会对你的建议表示反感了。这种说服方式能够给客户一种轻松感,使客户不知不觉被说服。

第20招 创新之道：始于效仿，成于创造

创新是企业家的主要特征，企业家不是只知道赚钱和存钱的守财奴，应该是一个大胆创新、敢于冒险、善于开拓的创造型人才。

伴随着知识经济时代的不断发展，知识创新、技术创新、管理创新、市场创新等已成为公司发展的动力，没有创新的公司就无法在竞争中取得优势，也无法保持公司永继发展的能力。创新是创造新价值的关键所在，也是决定公司成功与否的至关重要的因素。

创新是节约资源、节约能源、节约人力、节约经济成本的一种方式，小公司必须了解自己和竞争对手的现状，并不断致力于提供自身产品的附加值。此外，小公司可以依靠创新手段实现自身的转型升级，未来具备小规模定制、个性化生产、低消耗、高附加值等特点的公司将成为主流。

1. 不创新，就灭亡

任正非一直坚持"依靠科技进步和创新力量"，从华为成立之日起，任正非看重的就是创新。在他看来，机会、人才、技术和产品是公司成长的主要牵引力。在这四种牵引力中，人才所掌握的知识处于最核心的地位，而资本则被搁置在牵引力之外。从这个理念出发，华为确立了"人力资本不断增值优于财务价值增值"的发展原则。它主要表现在以下两个方面：

（1）靠知识创造核心技术和知识产权。

华为绝对不是靠资金积累而成的。在知识和经营力上无形的投入，使华为形成了核心技术和知识产权，并由此走上了致富之路。

（2）资金投入大。

华为每年坚持按10%的销售收入拨付研究经费，这意味着华为每年起码有50%的利润被用于研究。这种投入方式的实质是把财务的增值转化为人力资本的投资，再以人力资本增值推动财务资本的增值。人力资本与财务资本联动，形成了有形资产与无形资本的良性循环。

【锦囊妙计】有创新就有风险，但绝不能因为有风险，就不敢创新。若不冒险，跟在别人后面，长期处于二三流水平，将无法与跨国公司竞争，也无法获得活下去的权利。

2. 创新是小公司的唯一出路

比尔·盖茨曾宣称："我宁肯做荒坡上的橡树，也不愿做绿野中的小草。"微软就是IT界的橡树，它喜欢做全世界没有做过的事情，喜欢为未来而奋斗，喜欢走在同行的前面，成为行业的坐标。微软的神话不是短期塑成的，而是依靠持续的创新文化推动的。想要继续滋润地生活下去，就必须学会创新。

向微软学创新：

（1）把创新当做企业的原动力和核心文化，让每一个人走入自己可以创新的领域之内，发挥自己最大的才干。

（2）在条件允许的情况下提速，走到别人的前面去。

（3）技术创新永远是生存必不可少的手段。追逐潮流的结果就是促动公司不断设计、生产出市场需求的各种新产品。

（4）突破自我。持续创新是公司必须拥有的能力，也是最实用的能力，这种能力会帮助公司突破瓶颈。

【锦囊妙计】创新成就了微软的成就，也只有创新才能够演绎越来越多的微软神话。

3. 自我更新，才能避免淘汰

公司管理者要大力提倡自我淘汰的精神，它是企业家创新意识的充分体现和必然要求。只有拥有自我更新的"蜕皮"的魄力和行动，才能确保公司长治久安。

（1）将过时的观念、知识进行定期的淘汰。

不要让过多陈旧的东西充斥你的大脑，要有计划地学习创新所需要了解的全新的知识、技术，要敢于产生颠覆性的思想，要勇于改变现有的并被认为是极为成功的思想观念、模式及组织架构。

（2）自我否定、自我淘汰是极其痛苦的，但也是必要的。

联想集团柳传志曾这样评价英特尔对行业的巨大贡献："假如没有英特尔超凡的业绩，那么近20年来全球性的电脑产业日新月异的蓬勃发展将会大打折扣。"这些都应归功于格鲁夫、摩尔的战略眼光和自我否定的大无畏勇气。

（3）不沉醉于过去成功模式而错过大好机会。

资历、经验固然重要，但这只能代表过去，过去的战略、战术、经验可能只适用于公司过去特殊的情形，解决特定的问题。公司外部环境与内部资源都在时刻变化，必须用新的战略、战术来解决新的问题，一味地套用老的模式和思路只能招致失败。

【锦囊妙计】总经理想要公司成为市场中的强者，就需要具有非凡含金量的自主创新。对于公司，创新意味着一种使命。不创新、不进步，就面临着下滑和被市场淘汰的危机。

4. 敢为天下先，不走寻常路

固守原来的发展模式，没有创新的眼光，缺乏创新意识，是公司落后的第一步。谁想在竞争中站稳脚跟，求得发展，就必须不断创新。"人无我有，人有我优，人优我转"的经营战略，是创新精神在日益强化的竞争环境中的突出表现。

（1）敢为天下先，不走寻常路。

创新很难，因无前辙可循，所以自己就是这一行业的前辈。小公司要不断更新眼界，求新求变，才能够生存发展。

（2）经营就是一种创造性的活动。

一个领导要在瞬息万变的市场竞争中稳操胜券，立于不败之地，唯有锐意进取，不断创新，如果因循守旧，抱残守缺，纵然是有一定优势的知名公司，也会逐渐衰败；反之，独具慧眼，另辟蹊径，刻意求新，即使是资金缺乏、技术力量薄弱、设备陈旧、工艺落后的中小公司，也会在不利的条件和逆境中争得生存和发展的活力，跻身于成功者的行列。

（3）借鉴别人成功创新的经验。

这些经验毕竟是成功者的记录，我们可以从中得到有益的启迪，开阔我们的创造思路。

（4）创新不是盲目的，目的在于打开市场。

创新是中小公司打开市场的一个有效的方法。创新要以市场为导向，占领市场，即以市场引领创新，以创新带动市场。

（5）智慧的头脑是创新的成功法宝。

这个时代不再需要盲目苦干的"士兵"，而需要头脑灵活、随机应变的"统帅"。知识丰富、思维敏捷、直觉敏锐、感情丰富——这些都将成为创新路上的"黄金智囊"。

【锦囊妙计】守旧会给公司带来极大阻碍，创新才是公司发展的动力和更新的资本。

5. 用创新突破公司困境

公司的发展一旦遭遇困境，最有效的解决办法就是创新。思路决定出路，创新是打开新市场、拓宽新局面的必胜策略。

（1）创新经营思路，适应市场。

当市场环境发生变化，会使公司感到经营吃力、利润减少、效益降低、价格浮动等，及时调整和转换经营思路，才能突破市场困境。

（2）创新营销战略，公司才能做大。

为了避免利润流失，能源和材料的损耗，需要转变营销战略。

（3）创新产品品质，公司才能做强。

专注产品品质，在一定程度上会缩小公司规模，进行品质创新，才可能在竞争中占据优势。

（4）创新盈利模式，才能经受考验。

借鉴一下成功公司的盈利模式，找到获得丰厚利润的原因和方法，在此基础上创新自己的盈利模式，有助于利润率的提高。

【锦囊妙计】市场上的很多不确定因素都会给公司带来风险和巨大的考验，唯有不断地创新，才能抵抗住商业潮流中的风浪。

6. 尝试一切不可能的事

索尼公司的企业文化中最关键的一条是："永远尝试一切不可能的事。"敢于尝试，不可能就会变成可能。尝试，是创新思维的具体实践和应用。很多公司都是通过不断的尝试一步步走向成功、由弱变强的。

对于公司创新者来说，以下几条经验可以借鉴：

（1）困难意味着可能。
（2）做出产品比做出说明更重要。
（3）先决定尺寸和大小，再考虑内部构造和设计。
（4）把一切的想法变成实际行动。
（5）尝试之前先确定好目标。

【锦囊妙计】公司在发展过程中很容易陷入迷茫区和犹豫不定，此时忙于详细研讨不如先做起来再说，在尝试中解决问题。

7. 小公司创新三大突破口

降低成本最有效的办法是不断创新。莲花味精集团曾经围绕味精生产工艺先后进行了十几次技术创新，带来了生产效率的提高和产品成本的降低。

创新是低成本战略实施的关键，具体表现在以下几方面：

（1）产品创新是公司创新实践中最为常见的突破口。

产品创新的标准是以客户需求为导向。在当前众多同质化产品堆里，如果自身不能找出或发现优势，就会找不到运作方向最终被埋没掉。

（2）模式创新是总经理最为看重的创新形式。

不同的商业模式会带来不同的运营成本，从而影响产品在市场上的价格，总经理要多考虑模式创新的各种可能性，通过模式出效益，从而实现低成本战略的实施。金喜来科技公司就是模式创新的典型公司。

（3）流程创新是公司实现创新目标的一个重要渠道。

流程创新是指创造性地利用成熟技术，在生产流程方面进行创新。在这方面，深圳比亚迪是一个经典案例。

【锦囊妙计】实施成本战略，有赖于管理者进行多角度的创新与改革。只有这样，才能形成成本战略的可持续发展。

8. 驾好创新的三驾马车

提到公司创新，就必须提到它的"三驾马车"——领导创新、观念创新与技术创新。这三者在公司创新的过程中相辅相成。

（1）领导创新。

管理者是否具有创新精神对公司起着方向性的作用。首先，管理者能预见到别人所不能预见到的新的投资领域或新的盈利机会，从而获得新的盈利。企业家通过创新可以显示个人成功的欲望而拥有成就感。

（2）观念创新。

公司想要掌握商机、追求最大获利目标，就要让每个员工用新的工作态度，用诚意交谈、沟通，交换创新的点子，使公司的每个环节动起来，活力四射。

观念创新是个人观念的改变，永远保持学习的态度。一旦选择了目标，就要坚持下去；一群人分工合作所发挥的能力，比各自为政还要强，这个信念将组织的成员联系起来，激发员工做得更好，超越预期。

（3）技术创新。

先进的生产技术和管理技术不但能够明显地提高工作效率和产品质量，也是提升竞争优势的因素所在。对生产效率和产品质量的要求不断增加，使得技术上的创造和革新成为必然。

【锦囊妙计】公司只有驾好创新的三驾马车，才能构建创新型组织。对于总经理而言，保持创新意识才是王道。

9. 创新的源泉就是与众不同

盲目从众的做法在当今的社会中是无法立足的。创新的年代，不仅是智能的创新，更是个性的创新。公司如不清楚自己的独特之处，不了解自己潜在的优势，就很难做到真正的创新，很难凭真本事去参与竞争，也就很难在择优的环境中显出实力。

（1）人无我有，人有我优，人优我特。

马云认为："做生意就一定要做到独特。靠什么吸引顾客，靠在经营上以独特的个性和少见的手法，靠在经营商品的新奇与稀有。"在2006年第五届"西湖论剑"的现场对话中，马云讲道，"在中国做互联网，主要要做出自己的特色。像丁磊的网站是游戏，马化腾做QQ。在电子商务领域里面我不仅可以与中资竞争，而且我特别希望跟eBay等世界一流的公司竞争，我们有更多的机会就是因为这个市场。"

（2）坚持走独特的路线，坚持自己的价值体系，坚持做事的原则。

在2008博鳌亚洲论坛上的演讲中，马云也讲道："人类已经从工业时代走向信息时代，工业时代靠规模、靠资本、靠技术，而信息时代就是靠灵活、靠快速反应、靠创新。创新的源泉就是与众不同。"

【锦囊妙计】创新一定要有自己的个性，这样的创新才能有自己生存的优良土壤。

10. 群策群力做创新

如何在管理上做到创新？这是所有公司管理者都需要深思的一个问题。实践证明，在创新管理实施过程中，很容易发生偏差，造成管理与文化相背离的情况。

创新管理是一项系统而复杂的工程，关键在于以下三点：

（1）在公司运行系统中融入创新思想。

公司系统的良好运行，要依靠人力、财力、物力以及管理上的研发、生产、营销等各个环节密切组成和协调配合。公司要根据不同的发展阶段制定相应的管理制度和方法，并不断创新。

（2）在公司各部门或层面融入创新思想。

创新不是靠一个部门、一个分公司或一个成员来完成的，而是靠整个公司的力量共同去实现。公司的任何发展阶段都需要创新。让创新思想深入到各部门、各层面，将公司所有的细胞都充分调动起来，提高公司系统的整合能力。

（3）创新管理重在取得实效。

这是公司管理中的一个重要原则。

【锦囊妙计】创新的过程其实并不简单。公司要想真正做到创新，必须提高自身系统的整合能力，将创新思想灌注到公司的每一个点上。

11. 让消费者参与到创新中来

传统观念认为，市场决定消费，如今，事实证明，消费者也可以引导创新。具体表现在：

（1）在消费者群中得到创新灵感。

创新的思路大多数并非凭空而降，而是建立在客观实际的基础上的。在消费群体中，不断地搜集人们的反馈意见，是挖掘创新灵感的一个有效方法。

（2）创新不是闭门造车，重要的是搜集情报。

"两耳不闻窗外事"不是创新，创新需要广泛搜集信息，进行市场调查，找寻有价值的资料和意见等，而这些工作都需要消费群的配合和帮助。

（3）及时听取消费者的回馈。

如何得知新产品是否受欢迎，使用效果好不好，市场销量高不高，消费者可以告诉你答案。所以，要想决定是否创新，先了解一下消费者的反馈信息。

【锦囊妙计】在如今市场营销模式下，消费者的口碑、对产品的测评和产品信息反馈等都可以作为公司创新的依据和方向。

12. 市场是创造出来的

创造市场就是创造需求的过程，指公司管理者以前瞻性的眼光、务实的创新举措和独到的营销方式使消费者的潜在需求转化为效益。

（1）正确理解创造市场的含义。

越来越多的公司发现，消费者的需求是可以被诱导、激发和改变的，正是越来越多地被激发和创造出的需求，促进了商业的繁荣。

（2）做市场的有心人。

创造市场的前提是公司的管理者首先要做一个有心和善于观察的人，善于积累各类市场信息。

（3）认真对待创造市场的决策和行为。

创造市场的本质就是产品的创新，是创新性思维的应用过程。

【锦囊妙计】把握消费者潜在需求的发展脉络，在恰当时机、恰当地点，以恰当的创新手段去挖掘需求，再利用恰当的营销方式巩固市场成果，就成功地创造了市场。

13. 产品创新要"新、奇、特"

营销的灵魂在于新产品开发，公司创新的根本是产品创新。无论哪个行业，都必须不断开发新产品，否则就会失去生命力。公司只有进行产品创新，不断地使产品更新换代，用新结构、新工艺、新材料、新技术开发出一系列"新、奇、特"的产品，才能迅速占领市场。要留住顾客，产品就必须有变化、有更新、有创意、有突破。

如何在产品研发上做到创新，可以从以下几点入手：

（1）产品创新依靠观念的更新和有创意的新点子。

设计构思新产品，就是不断否定自己、提升自我的过程。新产品开发的前提是深入细致的市场调研预测，开发的方法是引进、节俭、改造、更新并以局部性开发为主。

（2）新产品开发要做到"四个新"。

即新技术、新设计、新潮流、新需求。

（3）摆脱思维定式，才能创新性地开发出好产品。

时代在变，环境在变，竞争对手在变，作为公司的管理者，应该善于学习,具有否定自己的精神,不被习惯性的思维所束缚。

(4)市场上没有永远的霸主,只有永远的竞争对手。

市场经济充满竞争,也充满机会,观念就是效益,思维就是出路。公司负责人应该意识到,不论是开发产品,还是拓展市场,如果亦步亦趋地拘泥于旧有的思想,那将十分被动,应有"敢想别人所未想,敢做别人所未做"的创新思维。

(5)善于从市场中寻求空白,从信息中捕捉商机,从观察中启迪灵感,敢于以一种全新的视角去看待事物。

这样才能开发出竞争力强的产品,从而抢占市场先机,赢得主动,在竞争中取得胜利。

【锦囊妙计】创新是一个公司生存和发展的灵魂,开发出"新"的产品,会给公司带来无比巨大的效益。

14. 营销战略创新的三大模式

近年来,各行业的产品竞争愈演愈烈,并向老套的、雷同的、千篇一律的、百店一格的产品提出了宣战。消费者需求的多样化促使公司不但要在产品上做到推陈出新,在营销战略上更要花样翻新。具体可表现在以下三个方面:

(1)市场渗透策略创新。

即让已有的顾客消费已有产品的策略。对老顾客要给予更多的关照、尊重和优惠,不断让其尝到消费带给他的愉悦。"给别人一点甜头,自己才会有赚头。"老顾客消费老产品,要在消费过程中不断创造新意,否则顾客的忠诚度就会降低。

(2)市场发展策略创新。

即让新顾客消费已有产品的策略。产品不能变,就要想办法争取新顾客的加入，增加销量，把客源市场做大。加强宣传促销，拓展新的细分市场，扩大销售面。

（3）多元化发展策略创新。

即让新顾客消费新产品的策略。这是成熟期公司的发展出路，一业为主，多种经营。或搞管理输出，或发挥硬件、技术之优势，对外拓展业务，分散冗员，广开财路。

【锦囊妙计】市场是变化的，老套的产品必然会失去消费者。根据市场来调节，根据消费者需要来生产，这样的公司才会做大做强。

15. 传播渠道创新的两大方式

如今，那些常规的传播渠道，就如同下班高峰期的交通主干道一样被塞得满满的，传播效果不断在打折扣。中小公司有限的预算如果投入到这些常规的传播媒体上，无异于烧钱，还没见到市场效果公司就已弹尽粮绝了。有限的资金迫使中小公司必须在传播渠道上进行创新。

传播渠道创新可从以下几方面入手：

（1）对原有传播方式进行改进和升级。

如在社区建设的公益广告牌，添加有当地常用联系方式如电话号码、手机号、网站、微博、公众号、扫码等的宣传页，能够抽奖的产品宣传广告等都属于这类创新。

（2）全新创意的传播方式。

如哈根达斯冰激凌利用五星级酒店的菜单建立高端的品牌形象，做到了创意领先。

【锦囊妙计】对于中小公司来说，如果在正式运作市场之前能将产品的设计与规划做到位，就有利于让自己立于不败之地。

16. 与时俱进，及时进行产业升级

企业家一心一意抓生产经营固然不错，但这远不是现代理想企业家的全部。企业家不但要埋头苦干，还要抬头看路，要善于学习、思索，从宏观角度看政策、看走势。其中，利用信息时代外界资讯的力量，是一个有效的方法。

（1）培养新闻意识。

时刻关注业界新闻，可以让公司第一时间把握行业脉搏，为公司发展方向提供借鉴。由于新闻具有时效性，由新闻衍生的网站内容同样具有新鲜味儿。

（2）关注时事变化。

任何一个行业都是在不断变化的，只一味埋头苦干而不注意时事变化不可能让自己的公司在行业内充满生命力。

（3）利用信息资讯为公司提供最新的内容素材。

经常关注业界新闻，能够扩展公司的发展思路。积累了一定数量的信息之后，就能够对行业有更全面深入的把握，使公司结构不断臻于完善。

【锦囊妙计】任何生意都不是一个停滞状态的，不懂得与时俱进，就会被市场抛弃。要明晰产业的基本状况，了解自己的公司在本行业中的排名，懂得产业升级，才不会被淘汰。

17. 注重创新型人才的选拔

创新型人才对公司的发展至关重要，创新型人才的发掘与训练是创新型

公司日益注重的一个重要方面。从某种程度上说，选择了怎样的人才，就决定了公司怎样的未来。

创新型人才一般具有以下特征：

（1）创新理念。除了品德、忠诚度，还需具备创新理念、创新能力及创新思维，才能担当起岗位职责。

（2）善于变通。变通已经成为公司与员工生存与发展的生命锁。把握住它，就能赢得成功；失去它，就将面临失败。

（3）具有很强的逻辑思维能力和主动性。健全的智力、脑力与突破性思维，在竞争激烈的商业世界中是员工生存所必备的素质。

（4）在压力面前能保持清醒、冷静的头脑和敏锐的思维。在危险时刻能够尽快找到办法的人才是公司要找的人。

（5）较强解决问题的能力。

（6）不为旧规则所限制，跳出惯性思维的束缚，勇于开拓创新。

【锦囊妙计】创新是任何一个公司及员工都应该具备的素质与能力，是员工生存和公司发展所必需的元素。总经理必须注重创新人才的挖掘与训练工作。

18. 为员工植入创新基因

张瑞敏首席执行官在接受《中外管理》杂志采访时曾表示："我佩服GE的韦尔奇，他既能把公司做大，同时又能把公司做小。在全球公司中，只有他做到了。"张瑞敏所欣赏的，也正是海尔正在做的。海尔充分发挥每位员工的创新精神，成为海尔发展的动力，从而保持公司安全稳定、快速永续的发展。

（1）将创新精神作为基因植入员工身上。

倡导员工自我经营，一方面赋予每个人一片独立创新的天地，可以最大限度地激发员工的潜能、创造性和积极性，实现员工创新空间和自我价值的最大化，是一种真正的本能管理模式；另一方面，每个人都是一个市场，每个人又直接面对一个市场，每个人的报酬与他的市场订单直接挂钩，按效分配，体现了市场经济时代分配的公平性。

（2）在为用户创造价值的过程中体现自己的价值。

如果每个员工都在创新，用户的需求无论怎么变化，公司都能抓得住用户的心。这种核心竞争力是竞争对手不能模仿和复制的。

【锦囊妙计】看公司发展前景，不是看它的规模大不大，关键是看它的细胞有没有活力。搞公司的最大问题，就是如何使每个公司的细胞都是活的，并通过新陈代谢，为未来创造价值。

第21招 情报之道：
要想事业成，必须信息灵

如果你想把东西卖给某人，你就应该尽自己的力量去收集他的与你生意有关的情报。

信息就是财富。谁掌握了信息，谁就会赢得主动，赢得先机。谁掌握的信息最多、最准确及时，谁就是财富的拥有者。

一个成功的企业家能从繁复的信息中预测出未来市场的走向，并马上将其转化为决策的行动。一个公司要发展，要提高经济效益，就必须了解国内外经济态势，熟悉市场要求和摸清与生产流通有关的各个环节。这就需要广泛、及时、准确地掌握有利于公司发展的各种信息，这样才能综观全局，预见未来，运筹帷幄，立于不败之地。精明的预测能为公司的发展决策提供自由的空间，使信息产生价值，转变成赚钱的机会。

1. 打赢信息战就是强者

当公司面临严峻的生存考验时，要想不被市场淘汰，只有让自己变得更快。

（1）竞争时代，"快"者生存。

世界变幻莫测，商场波云诡谲，把握市场，就要快人一步。只有快速地获得信息，才能快速地抢占商机。

（2）信息只在"第一时间"。

市场战略对时间提出了更高的要求，时间就是效率，时间就是效益。在第一时间抢占信息，才能赢得市场竞争。

（3）建立快速的反应机制。

公司只有建立快速的反应机制才能立于不败之地。反应机制包括客户反应要快、市场反应要快、服务内容要快等。在反应机制上做到比竞争对手更快，就能更胜一筹。

【锦囊妙计】公司应将抢先战略作为一个重要的战略内容，只有先人一步，才可以增加做赢家的胜算几率。

2. 信息就是财富，情报就是生意

信息就是财富，信息是一种商业资源。要想事业成，必须信息灵。信息是公司管理者做决策的基础，及时、准确、有效的信息，是公司做大做强的坚实臂膀。

（1）过去靠能力赚钱，现在靠信息致富。

现代公司的运营和管理离不开信息的沟通和传递。没有信息，公司将举步维艰；把握信息，公司才能胜券在握。

（2）谁掌握信息和情报，谁就能做大做强。

信息就是金钱，情报就是生意。谁获得信息，谁就拥有广阔的市场；谁闭门造车，就等于失去或错过了盈利的机会。

（3）具备强烈的信息意识。

做企业就不能不重视信息的作用和价值。一条有用的信息甚至等同于千万财富。公司管理者要通过多种方法获得信息，掌握市场主动权，把握商机，赚到大钱。

【锦囊妙计】 及时抓住市场信息，了解客户信息，掌握商业信息，研究产品信息，搜集对手信息，才能在竞争大潮中游刃有余，稳操胜券。

3. 做好信息预测，把握未来市场

当今是科学技术迅速发展的年代，也是信息"爆炸"的年代。据统计，世界各地每天约有上百亿信息单元的信息量在全球各地传递着。在瞬息万变的市场大潮中，面对诸多的信息，你怎样利用？只有预测。

（1）没有信息预测，就没有决策的自由。

一个成功的企业家能从繁复的信息中预测出未来市场的走向，并马上将其转化为决策的行动。李嘉诚就是因为善于预测，才成就了自己的事业。

（2）精明的信息预测能为公司的发展决策提供自由的空间，使信息产生价值，转变成赚钱的机会。

一个公司要发展，要提高经济效益，就必须了解国内外经济态势，熟悉市场要求和摸清与生产流通有关的各个环节。这就需要广泛、及时、准确地掌握有利于公司发展的各种信息，这样才能综观全局，预见未来，运筹帷幄，立于不败之地。

【锦囊妙计】信息在当今世界被称为第四类战略资源，它与自然资源、财物资源、人力资源，统称现代社会发展的四大资源。四大资源构成当代世界各国经济社会发展战略计划的基础。

4. 搜集信息的四大准则

信息已经成为销售的重要财富和资源，并已构成新的生产要素。公司经营者依靠信息来打开产品销路，会收到事半功倍的效果。

（1）了解消费者信息。

这包括关于现有购买者的特征、经济状况及变动情况；不同地区、不同民族购买者的消费习俗和需求特征；购买者的购买动机、购买习惯、购买频率及每次的购买数量；购买者购买的品牌、商标、商店的偏好及原因；购买者对新产品反应及其对公司的要求和意见等。

（2）了解市场供求信息。

这包括关于现有市场需求量、销售量、供求平衡状况；市场上对所销售商品的最大潜在需求量；各个细分市场的绝对占有率和相对市场占有率；公司及同行业竞争者在市场中的地位、作用及优劣势比较；国内、外市场需求的变化和发展趋势等。

（3）熟悉商品经营效果信息。

这包括关于公司经营过程中所采取的各种营销策略的效果，如产品包装的改变、价格的改变、销售渠道的变化等。

（4）掌握同业竞争对手的信息。

这包括关于竞争产品的更新状况、销售价格、分销渠道及网点设置、竞争者的促销手法的变化、目标市场及市场占有率的变化等。

【锦囊妙计】一个情报往往能为公司开辟潜力巨大的市场，事关公司的兴衰成败。公司和市场之间只有及时沟通，对信息反应敏锐，才能在竞争中无往不胜。

5. 获取信息关键在于快捷和准确

现代商业竞争对信息的要求讲究快捷和准确，这样才能实现信息的有效性。及时快速地获取有价值的商业信息，就能尽早地占据市场，多一分盈利的机会。

（1）信息要素一：快速、迅捷。

在信息化时代，谁掌握了信息的敏感度，谁就能赢。可以说，是否及时快速地获取第一信息资料，决定着公司的兴衰。对信息的要求快速和迅捷，一方面是指获取信息要快，在别人还未抢占先机时领先一步；另一方面是指当获取有效信息后迅速作决定。这体现了公司管理者执行力水平的高低。

（2）信息要素二：准确、有价值。

获取的信息一定要是确切的、有价值的，才能为公司发展带来实际的、有针对性的帮助。否则，不确定的信息或者道听途说，会造成公司发展道路的迷茫，容易陷入误区。

【锦囊妙计】在如今各类信息铺天盖地的充斥着人们的大脑时，公司管理者要提高信息的分辨能力，要具备迅速捕捉有效信息的能力，及时筛选出无效信息。

6. 获取商业情报的六大途径

商业情报包括行业分析、竞争品牌策略、公司领导言行及公司战略等，按功能分为公开情报、非公开情报和机密情报三种。

获取商业情报主要有以下几种方法：

（1）国家发布的公开数据和互联网。

通过对网络调查数据的有效分析和利用，可以有效地掌握行业动态，确定行业投资的决策。

（2）询问关键客商。

通过询问经销商可以知道产品的价格、市场支持力度、市场销售量、产品结构、销售网络、广告策略等重要情报。这里的客商包括竞争品牌的经销商、代理商、批发商、供应商等。

（3）竞争品牌的骨干。

竞争品牌的骨干人员，往往掌握竞争品牌的许多机密信息，甚至核心机密。其职务越高，掌握的情报越多。招募竞争品牌的骨干人员，是搜集品牌机密情报的有效途径。

（4）通过大型的展览活动。

厂家希望通过展会提高自己的知名度和寻找潜在客商，公司可以安排专人搜集相关资料。

（5）通过参观或学习活动情报。

参观学习主要以投资考察或寻求合作的方式，获得竞争品牌的生产规模、销售渠道、制造程序等信息。

（6）行业咨询公司或相关机构。

咨询公司因为业务关系获取了大量本行业的信息并对其进行了深入分析和研究，可以了解到有效信息。

【锦囊妙计】情报的获取要担当相当的风险，获取渠道是保证事半功倍的前提。

7. 拓宽信息渠道，扩大信息来源

公司管理者要想搜集到准确有价值的信息，就要拓宽信息渠道，寻找更多的信息来源。通常情况下，可以从以下几方面拓宽信息来源渠道：

（1）宣传媒介。

关于公司的人事信息可以通过此方式来获得。平时留心报刊、网络上的公司人员流动信息，及时与他们保持联络，会取得一定的效果。

（2）专业咨询机构。

找专业人员进行信息咨询是一个不错的渠道。由此获得的信息大多比较全面，参考性较强。

（3）高层管理者。

公司高层管理人员常常是信息来源的一个便捷渠道。如果有机会接触到一个公司的高管，即便与其聊天只有短短几分钟，也将受益匪浅。

（4）朋友圈。

如今信息化时代，朋友圈的信息可以说十分丰富，其中含有的一些有效的管理方面的信息对自己帮助很大。即使不是同行内的朋友，信息也具有一定的参考价值。因此，朋友圈的信息不可忽视。

【锦囊妙计】信息只有在相互流通中才能起到作用和有价值。因此，不但要将外部的信息及时获取和接收，也要善于将有益的信息与人分享和传播，做到资源共享。

8. 理顺信息传递机制和渠道

小公司应该理顺信息传递机制和渠道，这是一个最基本的任务与利益分离原则。应该把信息处理和管理决策分离开来。信息处理通过专门信息服务或咨询机构来完成信息处理工作。公司决策部门只需要根据信息机构提供的信息做出决策，从而减少由于利益相关而造成的信息失真成本。

（1）直接信息传递渠道。

指越级传递，撇开管理信息系统，使沟通双方直接对话。此种信息传递机制不宜过多采用，在特殊环境下可以控制使用。比如为了迅速处理管理中的重大问题；上级主管部门官气严重，会妨碍时效；时效性特别强的信息需要立即向决策者汇报；涉及个人隐私，需要保密的材料等情况下就可以采用直接信息传递机制。

（2）对信息传递进行有效的控制。

对于非正式沟通，应实施有效的控制。

（3）向上信息传递渠道。

指团体成员和基层管理人员通过一定的渠道与管理决策层所进行的信息交流。它有层层传递与越级反映两种表达形式。利用这种方式可以了解公司的经营状况，与下属形成良好的关系，提高管理水平。

（4）向下信息传递渠道。

指管理者通过向下沟通的方式传送各种指令及政策给组织的下层，包括有关工作的指示；工作内容的描述；员工应该遵循的政策、程序、规章等；有关员工绩效的反馈；希望员工自愿参加的各种活动等。其优点是可以使下级主管部门和团体成员及时了解组织的目标和领导意图，增加员工对所在团体的向心力与归属感。

【锦囊妙计】理顺信息传递机制和渠道，对信息沟通的控制是一门管理艺术，也是改善经营管理的重要一环。

9. 用现代信息技术打通关节

商业信息化是现代商业的技术标志。技术进步为提高商业效率，提高商业服务质量，拓展商业领域开辟了广阔空间。因此，现代商业必须依靠尖端信息技术，形成高信息技术含量的商业框架，最终实现具有时代特征、中国特色的现代商业。

（1）信息技术的发展是现代商业建设的催化剂。

这主要表现在提升产品与服务质量、扩展了商业市场、实现了一体化管理、强化了商业决策等方面。信息技术能帮助公司进行信息的采集、存储、传输、处理，是支撑高品质服务的重要手段。

（2）VIP卡采集客户信息。

会员卡使公司得到了大量消费者的信息，少则几万，多则几十万，并记录了每一个消费者的每一次采购记录。可以说在消费者信息的采集、存储、传输方面起到了重要作用。

（3）减少中间环节，实现信息传递的多、快、好、省。

"多"指数量，即在单位时间内传递的信息数量要多；"快"指传递速度，即信息传递要迅速、及时；"好"指质量，即要消除信息传递中的种种干扰，保持信息的真实性；"省"指效益，即在较短的时间内，花较少的费用，传递尽可能多的信息。

【锦囊妙计】减少中间管理环节，借助现代化信息传递、处理工具，可以最大限度地降低信息失真成本。

10. 控制信息传递的数量

在公司管理中，对于信息在传递过程中的数量应适当加以控制。应该让下级知道的信息必须尽快传递，适用范围有限的信息则力求保密。在这方面应当注意以下几点：

（1）信息过分保密。

公司本应共有的信息材料，由于人为过分保密，结果没有向下级部门及时传达，从而使信息阻塞，出现了无端猜疑，影响了个人社会需求的满足。

（2）不加控制，信息随意扩散。

在传递信息时，不考虑信息的保密程度，不选择信息传递的对象，将所收集的信息随意扩散，导致信息混乱。对于管理者来说，要注意信息的审查与清理，不能将所有信息全部散布到会议上，增加会议负担，引起心理疲劳。

（3）要适当控制信息传递的数量。

在信息传递时，要适当注意量的控制。应该让下级知道的信息必须尽快传递，适用范围有限的信息则力求保密。

【锦囊妙计】如果对信息传递不加控制，极有可能会导致谣言和小道消息，不利于组织的团结，影响团队士气和工作效率。

11. 收集竞争对手的情报

公司在做大做强的过程中，不但要善于经营本公司，也要努力学习竞争对手的公司经营方式和优势。其中，收集竞争对手的情报，是一个关键方面。

如何收集竞争对手的情报呢？主要有四种方式：

（1）直接获得情报。

即以参观或学习的方式获取情报；由展览会获取相关信息等。

（2）间接获得情报。

即通过中间人获取信息，如经销商、零售商、银行、广告商、供应商、上级主管部门、运输公司、物流部门、行业协会等。

（3）通过人际网收集信息。

人际网络是收集竞争情报的一个有效渠道，可以提高信息的多样性和及时性。

（4）利用竞争对手的资源。

从竞争对手那里购买其产品，研究其价格、质量、包装、宣传、营销方式等，通过竞争对手的产品对本公司造成的影响和市场冲击力，来制定本公司产品的生产方式和营销策略，提高公司的竞争力和防御能力。

【锦囊妙计】俗话说，知己知彼，百战不殆。收集竞争对手的情报，不仅是为了提高竞争力和防御的需要，也是一个相互学习和借鉴的过程。

12. 建立高效的数据化信息平台

怎样确保公司机构中各项数据的安全，做到准确和及时，方便管理和查询。其中，建立高效的数据化信息系统和管理平台是大多数公司都在采用的手段。其优点在于稳定可靠、便于及时更新、提高工作效率、方便公司人员协调工作等。

加强数据的安全管理和保护，具体可以这样做：

（1）部署统一的解决方案。

将方案进行统一化管理，可以提高公司运营效率，更具成本效益。

（2）使公司的全部数据系统化、规范化。

数据管理功能进一步简化，更加方便了公司内大量的数据信息的管理和记录。

（3）使数据管理功能得到有效执行。

借助互联网浏览器平台，对数据进行搜索、复制、录入档案和保护，可以简化公司的业务运营程序。

【锦囊妙计】建立数据化信息系统和管理平台是公司资源管理关键的途径和方法。

13. 及时反馈沟通信息

反馈就是当控制系统把信息输送出去又把其作用的结果返送回来，并把调整后的决策指令信息再输出，从而起到控制作用，以达到预期目的。比如团队的沟通和协作，能够互相及时给出反馈意见是非常重要的。下面六个步骤将帮助公司管理者给出积极的反馈意见，避免犯错误：

（1）区分事实和猜测。

当给自己的员工反馈意见时，请区别出事实和观点。

（2）关注具体的、易观察的行为。

应基于尽可能多的、明显的、具体的行为提出反馈意见。

（3）关注可能的改进。

根据可能产生的结果或可能取得的改进来设计你要讲的话。避免使用"好"或者"坏"这样的判断词。尽量使用"多"或者"少"这类的词语，并尽可能地将重点放在现在及未来，而不是过去。

（4）关注反馈对接受者的价值。

提出反馈前，要先认同和接受他人的观点，尊重他人，关注反馈对接受者的价值，而不要只图一吐为快。

（5）反馈的信息量应是可以接受的。

反馈只能以别人可以接受的信息量为限。

（6）分享想法和信息。

仅仅把意见提出来是不够的，还要让员工分享你的信息和观点。如果还需要与别人合作，以寻求解决方案，那么更应该作为一个团队共同工作。

【锦囊妙计】好的反馈意见能够促进合作，改变公司的工作动力。

14. 避免公司内部信息传递失真

信息失真是指每个经济主体对自身信息掌握的不充分、不准确。在会计、统计制度不科学、不严密、不严谨的情况下，就可能出现信息失真现象。

在公司内部，信息失真成本可从不同的角度来认识：

（1）自上而下的信息失真。

这种现象主要是因为，一个人接收一则信息后不是按原样转发，而是加进了自己的理解和态度，或按照自己的利益取向修改或截取信息。这样传下去，信息失真会被逐级放大。

（2）信息自下向上传递。

这时信息失真成本主要表现为影响力成本。有时下级从本人或从本单位的利益出发，在信息收集、信息传递等环节上，对真实信息进行取舍或加工，并以此来影响高层管理者的决策。在信息自下而上传递过程中，信息是逐级浓缩、汇总的，原来大量的信息就变成了几张报表，有时甚至是几个数字。在这个过程中，会有大量的有用信息被丢失，一些本来能够反映深层矛盾的信息被掩盖起来了。

（3）公司里横向或相关单位之间的信息传递。

其信息失真一般表现为提供虚假信息甚至是信息封锁。

【锦囊妙计】信息失真现象会导致经济主体容易高估或低估自己的财务状况、价值以及信用能力。

15. 建立避免信息失真的"防火墙"

要避免信息失真，需要建立信息"防火墙"，为此要做到以下几点：

（1）区分信息传递的不同对象。

（2）保证信息传递的目的性和保密性。

信息价值的大小因人而异，同一信息对不同的人价值不同。因此，要注意信息传递的目标，确保信息的效用。

（3）研究不同对象的不同需要，追踪信息接受者的视线所向，保证信息传递的质量，减少无效劳动。

（4）注意信息的适用范围，防止信息大面积扩散、泛滥，给员工造成不必要的心理负担，影响团队士气。

（5）建立避免信息失真的保障制度。

比如对提供虚假信息者处罚，给虚报数据的人施以重罚等。

（6）建立信息反馈机制。

这是确保信息准确性的一条可靠途径。这种反馈要求是双向的，即下级主管部门经常给上级领导提供信息，同时接受上级领导的信息查询；上级领导也要经常向下级提供信息，同时对下级提供的信息进行反馈，从而形成一种信息环流。

【锦囊妙计】建立信息"防火墙"，可以加强信息发送者和接收者之间的心理沟通，提高团队士气，调动员工参与管理的积极性。

第22招 关系之道：
人脉就是钱脉，聚人就是聚财

成就事业最关键的是要有人能够帮助你，乐意跟你工作，这就是我的哲学。

如果你的人脉上有达官贵人，下有平民百姓，左有学界名流，右有商界大亨，那么，当你有喜乐尊荣时，有人为你摇旗呐喊，鼓掌喝彩；当你有事需要借力时，有人为你铺石开路，指点迷津，你就能感到人脉的力量！

对小公司而言，利用人脉的力量，利用他人的技术、资金，可以有效地发展壮大自己的品牌，增强自己的实力。利用对方的资源，学习对方的管理运营经验和教训，可以让自己在市场竞争中占据有利位置。

1. 要做企业强者，先做人脉赢家

在公司发展的过程中，最大的收获不只是你学了多少知识，赚了多少钱，积累了多少经验，更重要的是你认识了多少人，结识了多少朋友，积累了多少人脉资源。

无论做什么行业，都要学会使用人脉。人脉包含以下几个方面的含义：

（1）人脉说明你认识对方，对方也认识你。

（2）要善于把人脉发展成关系。人际关系是目标，人脉资源是目的；人际关系是过程，人脉资源是结果。可以说，没有人脉资源落地生根的人际关系是空泛的、毫无任何意义的。

（3）人脉不仅说明你认识多少人，而是你认识什么人，这种人脉圈对你的人生有什么帮助。人脉资源的开花结果则依赖于良好的人际关系基础。

公司要想做大做强，必定要有做成大事的人脉支持力量。

【锦囊妙计】人脉资源成为你创业的重大资产。拥有它之后，你就知道，当遇到困难时，该打电话给谁。

2. 人脉资源的三大层次

人脉资源根据重要程度的不同，可分为核心层人脉资源、紧密层人脉资源、松散备用层人脉资源。

（1）核心层人脉资源。

指对职业和事业生涯能起到核心、关键、重要、决定作用的人脉资源。这些资源根据个人目前所处的职业位置、事业阶段以及未来的发展方向不同而不同。比如一个营销部门经理的核心人脉资源，可能是他的顶头上司、公司老板、关键同事和下属、对公司业务和自身业绩有重大影响的重要客户、以及其他可能影响职业与事业发展的重要人物等。

（2）紧密层人脉资源。

指在核心层人脉资源的基础上，适当的扩展，对一个营销经理而言，公司的董事会成员、其他领导、其他部门同事、一般下属、次重点客户、对自己有影响的老师、同学、朋友等。

（3）松散备用层人脉资源。

指根据自己的职业与事业生涯规划，在将来可能对自己有重大或一定影响的人脉资源。比如公司未来可能的接班人选、有发展潜力的同事、下属、客户、同学、朋友等。

【锦囊妙计】人脉资源是一个公司终身受用的无形资产和潜在财富。

3. 建立人际关系网

国学实践应用专家翟鸿燊说："人脉就是钱脉，关系就是实力，朋友就是最大的生产力。""你担心命不好，让自己命好是特别简单的事情，就是你找一个团队融入进去，找一群朋友融入进去，找一个集体融入进去，你的命不好，别人的命好，你跟着命就好。"

人脉好比一座无形的金矿，拥有了这座金矿，你就掌握了取之不尽的财富。国际机构根据数百位的富翁做出一份调查。调查中问到他们对"人际关系"的经营比重。有接近八成的富翁都表明，人际的培养是拓展事业不可缺的管道之一。

（1）结识不同行业的人，并搜集对方的信息资料。

有一些上市公司的老板，把培养人际关系当成是每天必须要做的工作之一。他们把握住各种不同的宴会和各种不同行业的人交换名片。同时在对方的名片上记下对方的特征、爱好、习惯。等下次碰到时能轻松搭上话题，很快地便和对方建立起人脉关系。

（2）经营好职场中的人脉关系。

人脉不仅能带来钱脉，也带来新的市场产业讯息。职场人可因自己的环境去建立起人脉网。

（3）经常参加各式研讨会，以积极的态度结识优秀的同行、客户及可能的未来雇主。

【锦囊妙计】要提升自我的竞争能力，就需要经营人脉，因为财富的积累很大程度上靠的是资源的整合与人脉的经营。

4. 拓展人脉圈，效益滚雪球

凡是在商界职场获得成功的人，几乎都拥有很大的人际关系网。学会恰到好处的展示自己的过人之处，给对方留下良好印象。在公众场合，若有人想主动结识你，需要马上做出友善回应，让对方感受到你的谦逊与真诚。多善待一个希望结识的人，就多增加一份人际关系，多一次事业良机。

拓展人脉圈有很多种方式：

（1）初次见面拉近距离。

面对刚认识的人，最好不要有任何设限或先入为主的观念，以坦率的态度，自然能拉近彼此距离。

（2）层层转介绍，扩大人脉圈。

人脉是透过"介绍"而增加的，无论是经由朋友、以前同事、外出时候认识的游客再转介绍，甚至是新建立关系的人再介绍他的熟人……，这样循环再循环，就能累积相当可观的人脉。接受别人的介绍的同时，也将自己的人脉介绍给别人，互惠才能互利。

（3）抓住任何一个拓展人脉的机会。

虽然你的时间非常宝贵,但如果你能无时无刻地推广,有见人就说的精神,相信没有不成功的。

【锦囊妙计】培养潜在人脉至关重要,多一个朋友,就多一条路,少一个朋友,就少更多机会。

5. 做圈子里最受欢迎的人

以下是发展人际关系的经验之谈:

(1)亲切有礼笑脸常开。不要板着面孔,不闻不问表现得不耐烦。

(2)不忘原谅、宽待别人。遇到矛盾要多把自己和别人的心理位置加以调换,设身处地为别人着想。

(3)原则性与灵活兼顾。与人相处难免有矛盾。只有对立,没有调和,很容易将事情搞糟。在对立发生时,必须学会内刚外柔,这样问题就好解决多了。

(4)以信义为重。与人相处必须讲信义,我能以信义待人,别人也会以信义待我。

(5)做人处事堂堂正正,切忌背后耍手段。否则,最终下场难免可悲。

(6)与人为善,多道人之长。假如这是出自内心,就会增进别人的好感,放心地共事合作。我授恩于人,不图报答,也不向别人夸耀,别人会记住我的好处。

(7)生活中不可能做到人人对我满意。豪爽者易受多疑者猜忌,勤奋者易受懒惰者反感。对无理的非议要心中有数,但不可无端猜疑别人。

(8)不要过分显示自己。因为在这同时,就意味着贬低别人,这样难免令人生厌,致使自己孤立。

(9)切忌傲慢。受教于他人,要虚心听取;批评别人,不要居高临下；对不如自己的人，不要冷淡，这样便会得到别人的尊敬。

【锦囊妙计】做事先做人，两者主次分明，缺一不可。明白了这一点，你才能精明处世，左右逢源。才能在竞争激烈的现代社会中安身立命！

6. 同行合作，共享共赢

公司内的各个部门可以相互合作，其实同行也可以合作，对于一个公司可能完成不了的项目，最好就是同行之间优势互补，共同做大做强，共同抢占市场先机。在2009年的广州国际照明展上，勤上光电向来自26个国家和地区的客商、专家学者及1500多家照明公司的代表频伸"橄榄枝"，希望彼此携手共赢，建立全方位战略合作伙伴关系。

对于小公司来说，借助他人的力量是很重要的，与同行合作竞争共同发展要注意以下问题：

（1）相互之间有足够的了解与信任。

没有起码的信任做基础，切不可贸然合作。诚意也是必不可少的，如果太过贪婪，就可能闹到双方都没有好处的糟糕情况。

（2）团队成员如同一条船上的人，一定要确定每个人和自己往同方向走。

竞争如此残酷，一定不能找会背后捅自己一刀的人。

（3）同行未必是对手。

仅靠自己的实力将所有的市场做完善是困难的，在很多情况下需要找代理、同行来帮助自己发展业务，建立多种渠道来拓展自己的客户资源，是不错的选择。

（4）品牌共享，合作共赢。

一旦双方以全方位合作模式结为战略合作伙伴，一切成果都将与之分享。

【锦囊妙计】同行合作共赢，建立共同的责任感和目标，公司才能走得更长远。用这样的心态来看待竞争对手，是一个企业家应该有的心态。

7. 背靠政府"大树"好乘凉

一个公司要想做强做大，必须与社会各界搞好关系，并且在各种关系中找到有利于公司发展的因素，进而将这种因素扩大为一种机遇。TCL总裁李东生就是这样一个人，搞政府公关是他"特有的天分"。

TCL一直采取渐进式路线，不但成功回避了很多敏感的问题，公司和当地政府都得到了回报，创造了多个奇迹。TCL的发展都得益于政府的支持。

公司要处理好与政府的关系，要做到以下几点：

（1）加强与政府部门的信息沟通。

及时搜寻政府相关部门的各类文件，并根据政策的变化调整公司的发展战略。

（2）为政府决策提供支持。

公司可以为政府的决策提供力所能及的帮助。

（3）熟悉政府的职能部门的相关流程和方法。

了解政府的组织机构、职权职能、办事程序等，是公司处理与政府间关系的前提。

（4）与政府人员建立合作关系。

这样做可以使政府人员充分了解公司的发展动态，有助于公司维护自身的品牌形象。

【锦囊妙计】借力政府的无形资源，充分利用各种关系对于公司的发展有着不可忽视的重要作用，公司管理者应该充分把握这一点才能更加有利于公司的发展。

8. 企业家要懂点政治

不懂政治的企业家是不合格的企业家，企业家与政治家的关系随时都考验着企业家的智慧。离开了政治，想很好很快地发展是不可能的事情。对企业家来说，处理好政商关系最根本的一条就是如何让公司获得最大可能的资源和社会支持。

美的越来越壮大，其成功经验值得我们学习和分享。

（1）在对外宣传上以公司品牌为核心，将个人隐于公司之后。

（2）能良好地驾驭政企关系，始终与政治保有一步之遥。何享健说过，企业家要懂政治，但不要搞政治，更不能热衷于成为一个政治或明星人物。

（3）做企业，不依赖政府。但政府提供的有利条件要利用起来，不要受不利因素的影响。

每个企业家都要掌握这一点。过去、现在、将来，公司都要运筹好和政府的关系，这是不能回避的。在经济发展的每一个时期，我们都要重视公司如何与外部环境结合，做到抢先、主动、超前地抓住时机。

（4）要处理好各级关系、公共关系、行业关系等，要务实地做好公司。这是推动美的进一步发展的压力和动力。

【锦囊妙计】公司发展要避免走两个极端：远离政治，一心只做企业，会走入经营的死胡同；与政府官员"亲密接触"，会成为权力更迭的牺牲品。随时随地保持高度的政治觉悟，才能使公司在任何时候都能襟怀坦荡。

9. 熟人搭伙，信任至上

很多创业者在选择"合伙人"时，总喜欢在熟悉的"圈子"里找。由于彼此熟悉了解，因此常凭感情做事，对于公司中出现的经营方向、用人问题、财务问题等也大都以忍让、和解的方式处理，而忽视了必备的契约签订和严格的约束制度。于是，随着公司的成长，这种工作关系引发的矛盾和问题会逐渐显露，不仅不利于公司的快速发展，有时甚至导致公司步入破产境地。

朋友多了路好走，多个伙伴多一条心，生意场上的合作伙伴更是尤其重要，只有大家目标一致，能力互补，资源共享，配合默契才能长久合作。

要找好的合作伙伴必须要注意：

（1）人品要好。与人品好的人合作能经历大风大浪，与人品不好的人合作连小风浪都经受不起。

（2）没有能力没有资源的人与你合作反而是累赘。

（3）发展到亲兄弟一样默契的合作伙伴是理想状态。默契即有相同的价值观、相称的能力，对将来的蓝图有相同的认识，对规则的理解和遵守。

【锦囊妙计】把熟人当做生意中最值得信任的伙伴，这样的做法有很大的片面性。看人应该是相处一段时间以后，凭借自己的经验来判断，千万不要盲目相信熟人。有时候带来的负面效应，可能大过你的想象。

10. 与客户建立长期的伙伴关系

在戴尔公司，与客户结盟是迈克尔对下属的基本要求。"重视客户体验"、"为客户创造价值"、"培养紧密客户关系"等理念被反复地提出。

与客户保持结盟关系的主要方法有：

（1）倾听顾客意见，并使自己的产品设计、业务规划等建立在客户需求之上。

（2）选定目标客户群，捕捉客户需求。

（3）与客户建立直接联系。

（4）定期与客户互动沟通等。

许多合作者认为，戴尔的价值在于其强大的销售能力、商业模式及凝聚客户的能力，而其中最为重要的成功基础是，戴尔追求和客户"双赢"的商业模式。

戴尔的老板迈克尔说："仅仅把戴尔的成功归结为直销是不够的，戴尔是靠长期让客户以低成本享受到高科技带来愉悦而起家的。显然，与客户缔结伙伴关系，促进"双赢"，正是戴尔持续成功的重要原因。

【锦囊妙计】寻求与客户建立和维系一种长期的战略伙伴关系，是使交易双方获得双赢的最大保障。通过与客户之间建立起稳定长期的战略伙伴关系，能够更有利于公司培育和加强公司市场竞争优势，与合作伙伴共享资源。

11. 培养公司的忠诚顾客

公司要给顾客进行分级，区分出对公司利润有最多贡献的那一批顾客，并为之创造更高消费价值，提供更多、更好的服务，使他们成为公司的忠诚顾客，与公司终身相伴，长久为公司创造利润。某航空公司的数据表明，一个每两个月就至少有一次长途往返飞行的商务旅客，终其一生可以为航空公司带来超过10万美元的收入。因此，一些航空公司为忠实的顾客提供了很多增值服务，比如优先登机、舱位免费升级、VIP候机室等特殊礼遇，这些服务给了商务旅客所需要的被尊重感和便利。

（1）重视培养忠实的客户，并且建立一套完善的客户关系管理体系。

客户关系管理体系要能够清晰地记录客户的特点、习惯和爱好，有利于公司为客户提供贴心服务。假如没有客户资料，连顾客都不知道在哪里，公司是无论如何都不会成功的。

（2）加强对直接面向顾客的员工的培训和管理。

如果顾客第一次接触你的公司或者你的产品，而没有得到足够的满意，那么很可能这是第一次，也是最后一次。

（3）公司要懂得感恩。

公司可拿出一定比例的费用用于奖励忠诚顾客，表达感谢，以此来促进与客户获得更加亲近的关系。

【锦囊妙计】现代管理之父彼得·德鲁克说过："顾客是唯一的利润中心。"美国经济学家威德仑说："顾客就像工厂和设备一样，也是一种资产。"可见，培养忠实的客户对公司而言是非常重要的。

12. 结交贵人圈，助你过江东

有调查显示，凡是做到中高级以上的主管，有90%都受到过栽培，至于做到CEO的，有80%遇到过贵人，自当老板创业的，竟然100%的人都曾被人提拔过。就是说，这些人很大一部分的成功，都来自"贵人相助"。

贵人结交法：

（1）生活中的"贵人"无处不在。

在生活上挂念你、关心你、照顾你的人，如父母、妻子；在事业上扶持你、帮助你、提携你的人，如同事、上司；在人生旅途上引导你、鞭策你甚至为难你的人，如榜样、对手等。

（2）搭乘头等舱。

头等舱的乘客大都是政界人物、公司总裁、社会名流。在他们身上可能会存在许多潜在商机。也许你乘坐一次头等舱，就可改变你的人生。

（3）与比你优秀的人在一起。

这样做的好处有：使你有一个见贤思齐的想法；向比你优秀的人士学习，使你少走弯路；可以在事业成就上提供很多帮助。

【锦囊妙计】对于一个渴望成功的人来说，贵人就是生命的支点，是迈向成功人生的伯乐，贵人给予的扶助、机会，都不是用聪明、努力或金钱可以换来的。

13. 结交老板圈，与成功者为伍

生意场上，公司发展如果能得到事业有成人的帮助，一定会飞得快，跑得远。因此，你的交际圈子中有几位大老板为你"呼风唤雨"是非常重要的，但你这个"小字辈"如何与他们接触，获取他们的支持呢？

（1）掌握大老板的社会关系。

大公司或知名老板是很难与一般老板会面的，要与大老板交往，最基础的工作就是要掌握他们的社会关系。现代媒体经常关注一些大老板的情况，你从中定会了解一二。你也可以从他的经历、祖辈、父辈、亲属、朋友、子女等认识了解他。

（2）从业务上了解大老板也是一条好途径。

他经营的业务范围主要是哪些，次要的是哪些，他的分公司、子公司分布在什么地方，这些公司的经营者是谁，他多长时间会查看分公司、子公司，等等。

（3）从兴趣爱好上了解大老板。

他喜欢什么运动、什么物品、什么性格的人，他经常参加什么聚会，休闲、娱乐的方式有哪些，常到什么地方去等等。

（4）制造初次见面的氛围。

当你创造了与大老板见面的机会后，在共同出席的会议或聚会上，选择位置时，一定要选择一个与大老板尽可能近的位置，以便他能发现你，并且一有机会便可搭上关系。

（5）适当展示自己的能力，以赢得大老板的青睐。

适当地表现自己的独特才干，是会受大老板喜欢的。当然，不能表现得太过锋芒毕露，让人一见就觉得有喧宾夺主之感。

（6）维系与大老板的情感和关系。

通过电话、电子邮件等形式联系，向大老板请教问题，交流思想，会让对方感到很亲切。

【锦囊妙计】世上没有攻不破的堡垒，更没有感动不了的人。你求那些功成名就的人的帮助，是需要下一番工夫的。

14. 适度发展跨国人脉

检查一下，你的人脉中，有多少人是外国朋友？如果没有，你就该去发展了。

也许你有许多次走出国门的机会，我想你也有和我同样的感觉。那就是，没有什么比身在国外一个人也不认识的感觉更空虚、更无聊了。

你独自一个人走在国外的土地上，却没有一个人可以帮助你体验这个国家真正的文化，没有人邀你到他们家，让你看看他们的实际生活，这是非常糟糕的事。

如何才能拥有一个国际性的人脉呢？

（1）参加国际性的旅行团队。在旅行中，如果你不知如何去认识他，你不妨问一句："你常旅行吗？"会发现大多数人都喜欢谈他们的旅行经验，于是便能很快为你开启一个全新的世界。

（2）可从外文图书馆或你的股票交易员那儿取得。在这些地方你可以认识到非常真诚的朋友。

（3）附近的大学。你可以找到与全世界最有广泛联系的学校或系所。

（4）如果你正在就学，国际学生组织是最佳的起点。

【锦囊妙计】良好的、广阔的人脉资源是安全感的来源，是社会生活的基础，是创造辉煌的平台。

第23招 聚焦之道：
先做专做精，后做大做强

成功地自我推销主要取决于你对自己的态度。

公司要做大就要先做强，公司要做强就要先做好，公司要做好就要做到精，公司要做精先要始于专。一切的成功来自于对专业的追求。

公司要想"高大上"，先要做到"专精优"。只有这样，才能在市场中占有一席之地，在同行中独占鳌头。

做专做精，对公司的要求是：熟悉所从事的行业；成为本领域的专家和行家；精通运用的技术，了解产品特征；精准掌握市场命脉和商机，抓住利润点。

1. 依靠实力走上强企之路

作为国内彩电业"老大",曾在全国彩电价格战中几次打响第一枪的长虹集团,在2000年新一轮彩电降价竞争中明确表示:长虹既不打算降价,也不参加任何价格同盟,而是看公司的实力。而实力是由技术、劳动力、成本、管理策略等因素决定的,是公司综合能力的体现。

增强公司的实力水平,要把握好以下几点:

(1)以公司目标为核心,专心致志地实施经营战略,高瞻远瞩,严格要求,努力争做同行业中的领跑者。

(2)争取做行业规则的制定者。这样可以使公司保持强大的竞争力,有更长远的发展。

(3)做有实力的公司,并非只在质量和技术上取胜,重要的是敢于突破传统的经营方式,勇于创新,在营销策略上做到出奇制胜。

【锦囊妙计】长虹有一个重要的理念就是:要抓市场,先抓技术,先从自己做起,以高新技术形成的核心竞争力在市场立足。这是非常值得公司的管理者学习和借鉴的。

2. 以持久战打造公司航母

强大短命型公司是激素催化的巨人,如巨人、三株、爱多、南德等。激素使其快速长大,以致公司基因不良。一些轰轰烈烈的公司总指望以小的代价在短时间内获取大的利润,而不去研究得失,更没有兴趣培养核心竞争力。所以,办公司要打持久战,而非闪电战。

（1）不搞盲目多元化。

为了打造中国公司航母，许多公司贪大求快，患了"短视"病，出现了行业不关联，金融和实业不互补，导致资金链断裂，最终变成"企图做大而难产死"的结局。

（2）不盲目求快求全、不追求"形象工程"。

谨慎和务实的做法，可以降低投资的风险，更有利于在技术和市场上取得双赢。

【锦囊妙计】 欲速则不达，稳步发展才是硬道理。盲目追求"速度"，往往事与愿违，得不偿失，事物的发展都有轻重缓急和主次之分，违背客观发展规律、盲目攀比、就很可能犯下严重的错误。

3. 一砖一石营建商业帝国大厦

马云曾说："有的公司希望一上手就迅速做大做强，这是不明智的。公司要想发展，首先的想法是做好，而不是做大。"一口吃成胖子的做法是不切实际的，任何商业帝国的大厦都起源于一砖一石的积累。

（1）降低贪欲，专注经营。

在商业中没有什么是必然的。如果孙宏斌满足于在天津城里当地产大王，如果戴国芳不去长江边建他的大钢厂，如果宋如华专心经营一个软件园，如果顾雏军买进科龙后再不从事其他收购，如果唐万新就只专注于他的"三驾马车"，那么也许所有的败局都不会发生。

（2）远离诱惑，脚踏实地。

这个时代给予身处其中的人们太多的诱惑与想象空间，它让每个人都梦想自己在一夜之间成为一个超越平凡的人。如果说跨越式的成长是中国公司勇于选择的道路的话，那么，如何在这样的过程中尽可能地规避及消解所有的危机，则是一个十分迫切而必要的命题。

（3）量力而行，不跃进。

过度膨胀，自己把自己胀死了；爬得越高，摔得越惨；做得太多和做得太快，导致在商场博弈中一败涂地。这些教训值得我们牢记。

【锦囊妙计】任何超出能力极限的欲望，都将引发可怕的后果。作为老板一定要分清楚梦想和实际，千万不能做超出实际的白日梦。

4. 用勤奋和汗水浇灌公司之树

随着市场竞争越来越激烈，只有勤奋刻苦的人才能更有机会把握住商场命脉。

（1）要有勤奋的精神。

做企业总要付出一定的辛苦和汗水，成功是垂青于勤奋者的。

（2）百折不挠，坚忍不拔。

做企业不仅要能吃苦，还要具备不怕失败不怕挫折的勇气和毅力。锻炼自己的意志，超越竞争对手，才有可能在同行中占有一席之地。

（3）做生意是实实在在的。

虽然公司在营销中要注重宣传和推广，把握消费者的心理，促进其购买力，但是要赢得市场和消费者的认可，就要靠实实在在的态度。实在的产品，实在的服务，才能打动消费者，获得丰厚的利润。

【锦囊妙计】辛勤付出，不怕劳苦，充分利用个人的专长提高生产能力，提高业务水平，才有底气立足于市场。

5. 不搞花架子，实干出效益

公司最容易犯的形式主义错误有"修辞主义"、"招标主义"、"载体主义"、"奖杯主义"、"灵感主义"这五类。这些形式主义会窒息企业文化活力。

公司如何做到不搞形式主义，将实效放在第一位呢？

（1）建立长效机制，并力求取得实效。

不仅要建章立制，以制度管人，以制度规范行政行为，而且建立一整套切实可行而有效的监督制度，确保政策制度的贯彻落实。

（2）杜绝公司内部的形式主义、教条主义。

【锦囊妙计】重形式却不重内容，被表面风光蒙住双眼，这其实就是失败的序幕。多在机制上下工夫，有效避免花架子，让工作落实在实处。

6. 满招损，谦受益

当公司做大做强，具有一定的规模和业绩后，难免会追求一些名誉、声望等虚无的东西，并以此来与其他同行进行攀比、竞争。其实，过分在意名声、名次并不利于公司的发展，真正的荣誉应该是实力和业绩。

做企业如同做人，低调经营，同样值得同行的重视和关注。而依靠声誉捧出名，是难以长久生存的。

（1）奢求虚名会滋长骄傲自满之风。

公司应以追求实际利益为目标，盲目地求取名望会让公司身心俱疲。

（2）商业的根本宗旨是追求利润。

公司的责任就是创造财富，增加利润。只要凭借核心竞争力赢得市场，受消费者的欢迎，就不怕无人问津。

（3）实至名归才能赢得信任。

【锦囊妙计】公司创造财富和确保地位不败的两大利器：一是实力，二是实效。

7. 找到自己的优势领域

公司要做大做强，就要避免将有限的资源四处分散，与其求全不如做精。就像一场战斗，集中优势兵力，才能一举歼灭。集中自己的优势领域，瞄准一个商机从而拉动全局，由点带面，逐步做大。

如何在优势领域做大做强？

（1）成功来自于对自我的清醒认知。

做企业先找到自己的专长，明确自己在哪一领域中占据优势，才能准确地制定出营销战略和计划，避免盲目和迷失。

（2）找对路子好转型。

如果公司处于转型期，前提条件是先对要转型的方向有所熟悉。盲目转型，很可能会走弯路。

【锦囊妙计】生意人要有自己的优势，集中在自身优势领域内才能走向成功。

8. 公司标准化，效益最大化

小公司要做大做强，不但要遵循国家标准、国际标准等外在的标准，还要依据行业内的标准。公司做到标准化，有助于核心竞争力的提高，赢得更大的效益。

如何做到公司标准化，可以从以下几点出发：

（1）工作任务和工作目标标准化。

（2）公司机构标准化。

（3）公司体系标准化。

（4）进行公司员工标准化培训。

公司一旦制定和发布公司标准体系制度，在生产、经营和管理等环节就要全面实施，严格按照标准化执行，在发展中不断完善。

【锦囊妙计】对于小公司来说，标准化也是提高经营实力的重要保障和战略性举措之一。

9. 天下大事，必作于细

道家创始人老子有句名言："天下大事必作于细，天下难事必作于易。"意思是做大事必须从小事开始，天下的难事必定从容易的做起。细节决定成败。不注重细节，其实就是忽视成功。

（1）要让时针走得准，必须控制好秒针的运行。

正所谓"千里之堤，溃于蚁穴"、"失之毫厘，谬之千里"。丰田的精益管理、沃尔玛的细节运作、海尔的OEC管理等，众多公司的管理方法表明：薄利时代已经来临，细节决定未来公司的成败！

（2）把简单的事做好就是不简单。

伟大来自于平凡，往往一个公司每天需要做的事，就是每天重复着所谓平凡的小事。一个公司有了再宏伟、英明的战略，没有严格、认真的细节执行，再英明的决策也难以成为现实。现在的市场竞争已经到细节制胜的时代。

（3）每个操作流程都要规范细致。

要让客户感受到服务和关怀，不能有丝毫的马虎；要做到扎实工作，用心服务，以客户的满意为首要目标。

（4）养成重视细节的习惯。

伟大事业的成功源自于每一个细节的完美。任何一场重大灾难也源自于一些不起眼的细节上的失误。

【锦囊妙计】细节决定成败，公司如果忽视细节运作也注定要失败。细节的宝贵价值在于：细节是创造性的，独一无二的，无法重复的。

10. 不放过每一个细节

微小的细节差异有时会放大到整个市场上会变成巨大的占有率差别。一个公司在产品或服务上有某种细节上的改进，也许只给用户增加了1%的方便，然而在市场占有的比例上，这1%的细节会引出几倍的市场差别。原因很简单，当用户对两个产品做比较之时，相同的功能都被抵消了，对决策起作用的就是那1%的细节。对于消费者的购买选择来讲，是1%的细节优势决定那100%的购买行为。

（1）微小的细节差距往往是市场占有率的决定因素。

比如一台故障机修复后做一个完整的检测、清洁，以及交还用户时要作相应说明，提醒用户产品的使用及保养注意事项等，都要耐心仔细地做到。

（2）细节问题在公司产品生产的每一个环节同样重要。

从产品开发到生产、销售、售后等环节，公司都不能满足于"差不多"的想法，而要把每一个有可能出现的问题控制在源头。

【锦囊妙计】今后的竞争是细节的竞争，在每一个细节上下足工夫，公司才能提高市场竞争力，保证自身长远发展。

11. 精益求精做企业

如果发现公司有不合理的现象，要立刻设法铲除，不可姑息。对产品也同样，不要因为是自己做的有了毛病就讳而不宣，等到让消费者发觉时，受损害的就不止你本人，很可能连整个公司的名誉、信用也受到拖累。

（1）精益求精是公司发展壮大应有的态度。

世界建筑大师密斯·凡·德罗在被要求用一句话描述其成功的原因时，他用"魔鬼在细节"做了回答。在设计大剧院时，他精确地测算了每个座位与音响、舞台间的距离及因此导致的不同听觉、视觉感受，并根据每个座位设计了最合适的摆放方向、大小、倾斜度、螺丝钉位置等。

（2）要求产品精细化。

丰田汽车社长认为其公司最为艰巨的工作不是汽车的研发和技术创新，而是生产流程中一根绳索的摆放，要不高不矮、不粗不细、不偏不歪，而且要确保每位技术工人在操作这根绳索时都要无任何偏差。

【锦囊妙计】就总经理而言，不要忽略一些细小的错误，否则就有可能付出惨重的代价。

12. 把简单的事做得不简单

在竞争优势上，有时产品只是一个表面现象，在产品背后有很多深层的管理策略，肯德基的真正优势在于其产品背后有一套严格细致的管理制度。

（1）肯德基"CHAMPS"冠军计划。

C—Cleanliness——保持美观整洁的餐厅；H—Hospitdity——提供真诚友

善的接待；A—Accuracy——确保准确无误的供应；M—Maintenance——维持优良的设备；P—Product Quality——坚持高质稳定的产品；S—Speed——注意快速迅捷的服务。

"冠军计划"有非常详尽、可操作性极强的细节，保证了肯德基在世界各地每一处餐厅都能严格执行统一规范的操作，从而保证了它的服务质量。

（2）细节执行在任何环节中。

肯德基在进货、制作、服务等所有环节中，每一个环节都有着严格的质量标准，并有着一套严格的规范保证这些标准得到一丝不苟的执行，包括配送系统的效率与质量、佐料搭配、制作顺序、刀刃粗细、烹煮时间的分秒限定、清洁卫生的具体打扫流程与质量评价量化、点菜、换菜、结账、送客、遇到不同问题的文明规范用语、每日各环节差错检讨与评估等上百道工序都有严格的规定。

能够把简单的事情天天做好就是不简单。大家公认容易的事情，非常认真地做好它，就是不容易。在现代公司管理之中，优势是通过细节体现出来的。

【锦囊妙计】公司的经营，只有重视细节，并从细节入手，才能取得有效的进展和实质的突破。

13. 利润来自于专业品质

商业竞争讲究的是优胜劣汰。产品品质好，就能取胜，反之就会淡出市场。如何做出产品品质，取决于专业的态度。

（1）成为专家才有赚钱的机会。

要做生意场的赢家，先做产品的专家。

（2）专业化策略。

对待特定的消费群体，走专业化的道路才能做出特色。

（3）分析消费者需求，用专业特色占据市场。

在同类产品的竞争形势下，怎样让自身的产品脱颖而出？关键在于突出产品的个性。

【锦囊妙计】俗话说，外行看热闹，内行看门道。做生意要讲究内在的门道，才能摸清其中的规律，抓住商机，这个门道就是要有核心产品。

14. 每件事都力求完美

拿汽车行业来说，生产汽车的厂家如何为用户提供高品质的产品，方式方法有很多。有些厂家注重汽车的外观，不仅要好看还要符合时代潮流。有些厂家注重汽车的动力和操控，要让驾驭者感受到澎湃的激情。

（1）雷克萨斯——每件事都力求完美。

雷克萨斯及时、个性化和专业的优质服务，会一直延续在车主的用车生活中，值得信赖。

（2）英菲尼迪——致情致盛，完美体验。

这种理念为消费者带来一系列宝贵的附加价值，包括执行标准化的销售及服务流程，提供定期的免费保养服务，提供英菲尼迪高端保险套餐，提供交付新车时油箱加满服务，提供舒适完备的商务休息室，提供高效预约服务和移动服务车辆，提供全面的车辆清洁服务，提供24小时全天候道路救援服务等多项全面而细致的服务。

（3）昂达——多渠道沟通互动。

昂达为一些乐于在线订购产品或不方便到卖场购买的用户提供了网上商城服务，可方便地获取产品的最新动态。论坛、E-mail、QQ、微信、电话等多种互动沟通方式，种种领先的思路、做法，真正体现出公司发展的优势。

【锦囊妙计】总经理应意识到细节管理的重要性，还要将细节管理深入到实际操作中,这样,才能真正享受细节管理带来的收益。

15. 公司做专做精的六"不"原则

公司要做到完美、专业、精准和优化,还应当遵循以下六个"不"原则:

(1)专心决策不盲目。

公司管理者在公司的整体目标和方针的决策制定上,要做到集中精力和专心,避免盲目做决定。

(2)经营方向不迷失。

不走寻常路,慎重选择自己的经营方向,做好市场定位,就会减少一些误区。

(3)投资项目不分散。

投资也要做到专一和精准。那种天女散花式的投资,结果很可能会付出巨大的代价。

(4)技术利用不落后。

在激烈的竞争中,如果公司不善于引起先进的技术,难免会落后于同行。在技术的利用上,公司可以超越简单的技术领域,而选择一些新的高科技手段,为公司发展助一臂之力。

(5)营销之路不浮躁。

不要一遇到产品滞销的情况就心浮气躁,盲目掉头改变方向,应当具体问题具体分析,寻求解决问题之道。

(6)产品开发不匆忙。

产品的生命力的强弱直接影响着公司发展延续时间的长短。研发符合市场需求的产品要比追求新产品的数量更重要。

【锦囊妙计】公司的目标不仅是做大做强,还要努力做优做精。如果说"大而全"是一种成功战略,那么"小而强"也是一种竞争优势。

第24招 竞争之道：
不怕竞争，就怕不善于竞争

你对竞争对手了解得越多，你战胜竞争对手的把握就越大。

无数公司置身于竞争激烈的社会环境下，有的公司在摸爬滚打中逐渐走出了适合自身发展的道路，并做大做强，而有的公司适应不了多变的市场变化，变得脆弱不堪，最终淡出市场。小公司要想在经济的大潮中拥有立足之地，稳步发展，就必须以核心竞争力为武器。

公司管理者要想把公司做大做强，先要有做大做强的目标和决心，有敢于超越对手的决心和勇气。如果连做大做强的愿望都不敢想，谈何发展和进步？有追求才有奋进的动力，有梦想才有未来的可能。

竞争是公司战略的一部分。公司竞争要解决的核心问题是，如何通过确定顾客需求、竞争者产品及本公司产品这三者之间的关系，来奠定和维护公司产品在市场上的特定地位。

1. 选择哪种方式去竞争

小公司要做大做强，最直接的衡量依据就是公司的竞争力。通常情况，公司竞争分为以下几种：

（1）形式竞争。

是最狭义的一种竞争，它反映了公司竞争主要是产品品牌竞争的观点。这些品牌属同类产品，具有相同的产品特征，面对同样的细分市场。

（2）品类竞争。

即具有类似特征的产品或服务之间的竞争。在界定竞争对手时，公司应重点考虑这一层次的竞争对手。

（3）属类竞争。

属类竞争以更长的时间跨度为导向，着重于可替代的产品分类，是满足同一顾客需求的产品或服务之间的竞争。

（4）预算竞争。

这个层面的竞争考虑了市场上争夺同一消费者钱包份额的所有产品和服务。

【锦囊妙计】在面临竞争压力下，小公司要想突出重围，一靠胆量，二靠勇气，三靠智慧。

2. 发现市场空白，抓住潜在契机

伴随着全球化技术革命的发展和网络时代的到来，小公司更需要关注未来的发展。小公司更要有基于前瞻性的战略思维，领先市场需求一小步，就是对公司贡献的一大步。

人们常说:"机会人人有,就看你能不能发现,能不能抓住。"这句话讲的也是这个道理。小公司要善于抓住潜在的契机。

在激烈的市场竞争中,要善于发现商机,把握时机。要做到这些应注意下面三点:

(1)以市场为标准,确定商业机会的范围。

选择商业机会时不要去考虑自己熟悉与否,只需要考虑市场的前景如何。要跳出自己的小圈子,从市场的角度来考虑问题,才有可能发现极具市场前景的商业机会。

(2)收集足够的市场信息。

任何决策的背后都需要有事实和数据作为支撑;否则,无法确认你的决策是否正确。在获取大量的信息后,要进行认真的分析,找出最适合行动的时间,把握时机,一举成功。

(3)行动迅速。

兵贵神速,迟缓、犹豫都会使商机稍纵即逝。所以在选择确定商业机会之后,创业者千万不能犹豫,这是创业者要获得成功的必备要素,即"决策之前慎之又慎,决策之后坚决果断"。

【锦囊妙计】发现市场空白,才能抓住潜在的契机,始终处在"领先"的位置,让公司不断地拓宽发展空间。

3. 心中有底气,竞争不畏惧

小公司要想保持竞争力,需要具备哪些条件呢?

(1)产品定位明确。

在做产品时,不能飘忽不定,今天选这个,明天选那个,这是完全不行的。一般来说,创业者比较熟悉的行业是自己最佳的选择。比如说自己熟悉建材业或是小家电业等行业，这样自己介入后相对就容易上手。当然，选择了自己熟悉的行业创业，对于需要投资多少、规模有多大，创业者也必须心中有底。

（2）及时把握市场变化脉搏。

现在的市场经营，变化比较快。如果没有很好地把握市场变动脉搏，势必就会造成货物严重积压，最终失败。

（3）一定要有足够的资金做保证。

做生意就需要资金，必须保证有足够的资金进行经营。如果在半途中便断掉资金链，而又不能及时筹到资金，可能就会导致失败。

（4）不能缺少好的生意脉络。

良好的生意脉络和人际关系网非常重要。关系网就是顾客网，就是财富链。

【锦囊妙计】评估公司是否强大的指标和关键因素是技术、人力资源、市场空间和资源配置的能力和效率。

4. 产业吸引力决定竞争力

决定公司获利能力的首要因素是产业吸引力。小公司在拟定竞争战略时，必须要深入了解决定产业吸引力的竞争法则。

竞争法则可以用五种竞争力来具体分析：

（1）新加入者的威胁。

（2）客户的议价能力。

（3）替代品或服务的威胁。

（4）供货商的议价能力。

（5）既有竞争者。

五种竞争力能够决定产业的获利能力，它们会影响产品的价格、成本、与必要的投资，也决定了产业结构。

【锦囊妙计】小公司如果要想拥有长期的获利能力，就必须先了解所处的产业结构，并塑造对公司有利的产业结构。

5. 核心竞争力是竞争的核武器

小公司要想在竞争中生存并获胜，必须要有自己的核心竞争力。核心竞争力包括以下十个内容：

（1）决策竞争力。

即对环境变化做出及时有效反应的能力。决策频频失误的公司，肯定没有决策竞争力。

（2）组织竞争力。

公司市场竞争，最终得通过公司组织来实施。公司决策力和执行力也以它为基础。

（3）员工竞争力。

公司组织的大小事务，必须有人来承担。也只有当员工的能力充分强，做好工作的意愿充分高，并且具有耐心和牺牲精神时，才能保证事事都做到位。

（4）流程竞争力。

直接制约着公司组织运行的效率和效益。公司组织各个机构和岗位角色个人做事方式，没有效率和效益，公司组织的运行也就不会有效率和效益。

（5）文化竞争力。

文化竞争力就是由共同的价值观念、共同的思维方式和共同的行事方式构成的一种整合力，它直接起着协调公司组织的运行，整合其内、外部资源的作用。

（6）品牌竞争力。

品牌直接构成公司整合内外部资源的一种能力。没有品牌竞争力，公司也就谈不上有竞争力。

（7）渠道竞争力。

渠道直接是一种资源，渠道竞争力也就直接构成公司支持力的一个内容。

（8）价格竞争力。

在质量和品牌影响力同等的情况下，价格优势就是竞争力。

（9）伙伴竞争力。

一个公司失去了合作伙伴的支持，必然在残酷的市场竞争中处于不利地位。

（10）创新竞争力。

一招先，吃遍天，这是市场竞争中的不二法门。

【锦囊妙计】十大竞争力作为一个整体体现为公司核心竞争力。任何一个方面的缺乏或者降低，又都会直接导致公司核心竞争力的降低。

6. 竞争要靠政策来撑腰

在公司竞争的成功上，国家扮演了重要的角色。加强公司创造竞争优势的国家因素包括：

（1）生产要素。

指一个国家将基本条件（如天然资源、教育、基础建设）转换成特殊优势的能力。如高度的专业技巧与应用科技。

（2）需求状况。

指本国市场对该项产业所提供或服务的需求数量和成熟度。例如，日本家庭因为地狭人稠，所以，日本的家电都朝小型、可携带的方向发展。

（3）公司的战略、结构和竞争对手。

公司的组织方式、管理方式、竞争方式都取决于所在地的环境与历史。若是一个公司所在地鼓励创新，有政策与规则刺激公司往训练技术、提升能力与固定资产投资的方向去努力，公司就会有竞争力。另外，当地若有很强的竞争对手，也会刺激公司不断地提升与改进。

（4）相关产业和支持产业表现。

一个产业想要登峰造极，就必须有世界一流的供货商，并且从相关产业的公司竞争中获益，这些制造商及供货商形成了一个能促进创新的产业"族群"。

【锦囊妙计】政府政策、文化因素与领导魅力等都会对公司各项因素产生很大的影响，如果掌握这些影响因素，有助于提升公司竞争力。

7. 竞争优势的差异取决于价值链

公司各种竞争活动源自于公司内部的产品设计、生产、营销、销售、运输、支援、交货等多项独立的活动，这些活动的集合可以用公司价值链反映出来。价值链是一套分析优势来源的基本工具。与竞争对手的价值链比较，揭示了决定竞争优势的差异所在。

公司内部各业务单元的联系构成了公司的价值链，上下游关联的公司与公司之间存在行业价值链。

（1）整个价值链的综合竞争力决定公司的竞争力。

美的微波炉的成功源于"共享价值链"理论。美的将现有的微波炉产业价值链大胆重组，进而将包括消费者在内的产业链环节纳入自己的利益共同体，当美的微波炉的价值得以实现时，必然会形成一个全产业链"共赢"的局面。

（2）公司之间的竞争，是整个价值链的竞争，而不只是某个环节的竞争。

根据价值链需要设计的组织结构，有助于形成公司保持并创造竞争优势的能力。

（3）公司的较量是物流、管理、人才等各个方面的综合力量的较量，公司要发展，要在竞争中获胜，必须把握好价值链上的每个活动，做到有的放矢。

【锦囊妙计】价值链上的每一项价值活动都会对公司最终能够实现多大的价值造成影响。

8. 用影响力加大竞争的筹码

公司的影响力将成为竞争制胜的关键。影响力来自社会责任。公司是社会经济的细胞，它既有生命力，又与外界有着千丝万缕的联系，与外界的活动时刻都在相互影响着。

（1）影响力是核心竞争力的重要组成部分。

全球1/3的用户使用的是诺基亚手机，诺基亚公司持续获得辉煌的市场业绩，与他们孜孜不倦地履行社会责任、不断扩大公众影响力有关。

（2）扩大公司影响力，实现共赢。

优秀的公司不仅在市场表现上优秀，同样，作为一个公司公民，在履行社会责任上也是表现卓著。正是如此，公司的社会影响力才能得到持续增强，促进公司在市场上获得更加辉煌的业绩表现。所以说，持续扩大公司影响力，是一个"双赢"的结果。

【锦囊妙计】总经理要充分重视公司影响力的作用，只有具备强大影响力，公司才会提高自己的核心竞争力，才能在激烈的竞争中脱颖而出。

9. 一马当先,做行业中的领跑者

公司要保持旺盛的精力,用敢闯敢拼的心态去争做行业中的领跑者。具体表现在:

(1) 冲在竞争最前列,占领市场制高点。
(2) 利用好自身的优势。
(3) 做行业的领跑者,才能先发制人。
(4) 拥有独特的见解和领先的技术水平。
(5) 建立一个能够迅速淘汰旧产品的机制。
(6) 专注产品研发,及时对产品更新换代。
(7) 让客户始终保持对主流产品的认可和接受。
(8) 在产品的包装和功能上进行不断升级。

【锦囊妙计】要做就做到最好,公司要有这种雄心和理想,才能让其他公司无法企及。

10. 先站好位置,再伺机而动

小公司在竞争中应当首先看清自己的位置,明确自己处于什么样的竞争水平,然后再考虑采取相应的竞争措施。这就需要采用位次竞争战略。位次竞争即明确本公司的竞争地位,对不同层次的竞争对手公司确定相应的策略。在竞争中,只有重视本公司的竞争地位,做到策略与位次相符合,才能保证公司稳步前行。

(1) 第一位公司的竞争策略关键在于稳定市场。

这样可以避免价格、技术、市场占有率和销售方面产生冲突。

（2）第二位公司的竞争策略重在新领域领先。

即在市场变化之前做新领域的首领，然后伺机而动，与第一位公司竞争。

（3）第三位公司的竞争策略重在结盟。

可以与第一位公司结成同盟，也可以联合多家小公司，与第一位和第二位公司进行竞争。

（4）第四位公司的竞争策略重在集结弱者。

即集结弱者公司的力量，如第五位公司以下的公司，来与第一位公司相抗衡。

（5）第五位公司的竞争策略重在避免与高位次的公司竞争。

可以和前四位公司共生存共发展，继续稳定市场。

【锦囊妙计】位次竞争注重竞争的实效性，避免了不切实际的比拼，在找到适合自己的位次上平衡协调与竞争者的关系。

11. 逆流而上，反向竞争

酒吧博弈的核心思想在于，如果我们在博弈中能够知晓他人的选择，然后做出与大多数人相反的选择，我们就能在博弈中取胜。小公司在竞争中不妨采用这种策略，以帮助自己获胜。

（1）差异化战略。

小公司在全面了解、分析目标消费者、供应商需求的信息以及竞争者在目标市场上的位置后，再确定自己产品在市场上的差异化定位以获取成功。

（2）寻找竞争的突破口，找到非同质化竞争的产品。

作为公司经营管理者，一定要抓住市场的机遇，寻找竞争的突破口，找到非同质化竞争的产品，成为酒吧博弈中的胜出者。

（3）人优我转，人弃我捡。

在别人没有看到、做到的时候出奇制胜。做生意是一种智慧的较量，关键看谁的思路更与众不同，更超前。

【锦囊妙计】 市场商机无处不在，关键是看是否敢于逆流而上，做到人弃我取，人取我予。

12. 红海竞争转向蓝海竞争

日航和其他航空公司相比，既没有硬件上的优势，也没有资金上的长处，如果他们和竞争对手做同样的改变，他们也照样无法超越对手。他们选择了对手所没有的东西——日本文化为突破口，从而改变了自己在竞争中的弱势局面。日航这种不与竞争者竞争的公司经营思维叫蓝海思维。

（1）商业竞争中的"红海"和"蓝海"。

"红海"是在现有市场空间的"血腥"厮杀，这种竞争的结果是市场愈来愈窄，公司获利越来越小，成长越来越慢甚至萎缩。"蓝海"思维探索的是尚未开发的市场和消费者内心潜在的需求，其市场空间在不断地成长，公司的利润也越来越大。

（2）公司要取得成功，必须由红海转向蓝海。

根据研究表明，在公司创始阶段，往往有86%的精力用在"红海战略"上，仅有14%用在"蓝海战略"上——探索未开发的市场或科技；到了公司利润显著成长的阶段，则有62%精力用在"红海"，38%用在"蓝海"；最后在公司明显获利的阶段，往往把更多的精力投注在未开发领域的探索，此时花费在"红海"的精力仅有39%，而用在"蓝海"的则高达61%。

【锦囊妙计】 小公司要取得更大的成功，必须由红海竞争转向蓝海竞争。

如今的市场竞争并非是盲目的，而是理性的。竞争中的不竞争，即是更高层次的合作，追求的不再是单赢，而是走向共赢。

13. 为自己树立一个竞争对手

有的小公司很害怕竞争，实际上，竞争可以促进公司的活力。树立竞争对手，可以起到振奋士气的作用，提高公司的忧患意识。

（1）市场跟随者。

市场跟随者会选择在稳定的市场中求得更多的收益。态度往往是安于现状，不主动进行竞争，不会从竞争对手的市场中挖走客户。

（2）市场补缺者。

市场补缺者的思路是专注于细分市场，不与占主导地位的公司正面交锋，通过专业化经营方式来生存和发展。

（3）与对手避免正面竞争。

如果对手选择的是低价或强势品牌的战略，不妨选择用概念打开市场，让自己的产品需求与众不同，从而避开与对手的竞争。

【锦囊妙计】选择一个竞争对手作为公司发展和跨越的标杆，有助于帮助公司认识自身的不足，延长公司的生命力，让自身更强大。

14. 不妨做竞争对手的跟随者

如果不能战胜对手，就加入其中。这是美国公司界的名言。做市场跟随者，并非是没有目标、没有营销战略的，最主要的目的是避免恶性竞争和混乱竞争。加入对手的阵营，也是一个理智的选择。

做市场跟随者通常有以下四种：

（1）仿效跟随。

仿效是创新的基础。仿效跟随并不轻易地对市场领先公司进行挑战和冒犯，而是低调地在市场中挖掘自己的一席之地。

（2）距离跟随。

比如以兼并一些同行公司的方式来让自身公司更加壮大，提高核心竞争力。

（3）择优跟随。

在对自身的公司有明显利益时追随领先者，但不会进行正面竞争。

（4）一边追随，一边创新。

跟随者可以在某些方面跟随或模仿占市场主导的公司，而在另一方面另辟蹊径，突出自己的特色。也就是在跟随的同时发挥自身的创造力。

【锦囊妙计】公司管理者要转换竞争思路，提升公司合作力是发展和壮大的关键。

15. 对恶性竞争说"不"

竞争也需要管理，因为竞争过度，势必引发恶性竞争。恶性竞争将带给公司、行业和消费者更高的成本，其后果比垄断更为糟糕和可怕，它一定是一个多输的结局。因此，小公司老板要时刻关注业内恶性竞争的苗头，通过完善制度和法律，遏制和消除它。

竞争本是一件好事，它可以带来更合理的药价和更规范的市场格局，实现"优胜劣汰"。但竞争少不了"正当"两字，竞争者绝不能使用非正当竞争手段蓄意"搅局"，这是最基本的原则。

（1）堂堂正正地参与竞争，才能树立起自己的形象。利益之争，结果也是两败俱伤。

（2）成长中的公司用行业间相互借鉴学习和渗透的方法去超脱竞争，

要善于嫁接、运用不同产业不同领域不同行业先进的理念、方法手段，来嫁接为我所用。

（3）公司在面对国际市场的时候，从心态上要抹平棱角，不应该互相诋毁对手，从寻找新的市场契机和时机上角力，共同开拓市场。

（4）不能把营销竞争理解为战争，没有必要通过价格战和恶性竞争来淘汰竞争者，相反，可以通过做透细分市场和附加服务的方法来进行和谐竞争。明智的方法是兼并和收购，通过调整策略引导对手良性竞争实现收益最大化。

【锦囊妙计】恶性竞争的结局都不会很好，往往一方失败另一方重伤。通过法律来制止同行和自己的恶行竞争，这才是正确方式。

16. 变压力为动力，化动力为竞争力

小公司想要得以发展，必须时刻保持竞争压力，善于将压力化为动力。没有压力的小公司难以抵抗激烈的竞争态势，生命力也会逐渐衰退。

小公司时刻保持压力有以下几点益处：

（1）具有较强的竞争意识和竞争力，才能生存。

有的公司如昙花一现，有的公司坚不可摧，其秘诀就在于竞争力的强弱。

（2）办公司，不能逃避竞争环境。

任何公司的发展壮大都是在一定的竞争环境中实现的。从公司的生存到发展，再到壮大、强大，可以说竞争是完成这一过程的推动力。

（3）拥有竞争心态，化压力为动力。

要进行良性竞争，在竞争中互相学习和分享，共同赢得盈利的目标。

【锦囊妙计】时刻保持竞争压力，才能挖掘动力的源泉，促进公司做大做强。

17. 竞争双赢的通途是正和博弈

正和博弈，是一种双方都得到好处（即双赢）的博弈。在当今市场条件下，公司能否取得成功，取决于其拥有资源的多少，或者说整合资源的能力。任何一个公司都不可能具备所有资源，但是可以通过联盟、合作、参与等方式使他人的资源变为自己的资源，增加竞争实力。正和博弈在市场竞争中大有用武之地。

（1）合作共赢是公司成长的秘诀。

在同行之间，竞争能够激励人心，合作也有利于互惠互利，因此，面对同行里的竞争对手，不必互相排挤，达成共赢才能创造良好的发展环境。

（2）优势互补，强强联合。

公司的力量毕竟有限，如果能做到与竞争对手合作，不但能够弥补自身的不足，学习对方的长处，借对手之力实现共赢。

（3）互通有无，增强双方的市场竞争力。

和竞争对手建立关系，彼此会增强沟通，便于寻找到有利于双方共同的利益。

【锦囊妙计】双赢是合作的目标。与其竞争，不如向竞争对手学习，多给自己相互了解和成长的机会，共赢比竞争更重要。

18. 跳出八大错误竞争思维怪圈

很多人在做企业中无论是遇到挫折，还是最终失败，都不从自己身上找问题，而是怨天尤人。其实，很多人并非不能成为成功的强者，只是他们头脑中有一些错误思想在作祟，走进了怪圈。那么要想成功，应走出哪些错误思想和认识的怪圈呢？

（1）必须比他人聪明。

公司管理者有很多非常明智的抉择，往往并不是全靠自己聪明的脑袋想出来的，而是依靠团队的智慧。

（2）应有良好的教育。

在现实当中，受到过非常良好教育而创业做生意的人，遭遇失败的同样不是少数，而即使没有受到过非常良好教育的人，成功的也有很多。积累生意经验，是生意做大做强的有力保证。

（3）只要有人脉就能赢。

人脉非常重要，但它并不是最终的决定性条件。那些具有一定开拓精神、创新意识的人进行创业，并不见得他们都有很好的人脉，但成功的大有人在，甚至，有开拓精神创新意识的创业者，成功创业的几率会高于有很好人脉的创业者。

（4）必须有充足的资金。

如果资金不是很多，可以选择小本生意。一般来说，大生意的成功都离不开小本生意的起步。

（5）胆大就会产大。

做生意必须要眼光远大，但也不可以好高骛远。有句俗话："人有多大胆，地就会有多大产。"但做生意需要的不仅是胆大，更需要的是量力而行。

（6）不择手段才能成功。

越是做大生意的商人，他们往往都会把信誉看得很重，以诚信为本。他们不会想着把别人踩在脚下，而去助自己发展，他们会以自己的诚心诚意取得他人的信任。也只有这样的创业者才能把生意做大做强。

（7）他人能做我也一样能做。

愚蠢的盲目跟风行为，多数都是以赔钱落败而告终。稳扎稳打，循序渐进，实现成功创业的把握才会更大。

（8）与过弱者、过强者合作最好。

合作伙伴尽量要找实力差不了多少的，最好是双方能够互补的，而且双方的目标是一致的，只有这样，生意才会做得风生水起，进而给自己带来滚滚财源。

【锦囊妙计】害怕竞争和对竞争采取的过激行为，都是思维陷入了对竞争不正确的认识误区。跳出竞争思维怪圈，用正确的心态看待竞争，才能朝着良好的局面发展。